Abb. 1 *Erlöserkirche, Bad Godesberg (Rüngsdorf)*

Stephan Bitter

Gott weiß allein die rechte Zeit

Superintendentenberichte
vor der Kreissynode Bad Godesberg-Voreifel
1989-2001

Mit Photographien von Winrich C.-W. Clasen

cmz

Die Deutsche Bibliothek – CIP-Einheitsaufnahme

Bitter, Stephan:
Gott weiß allein die rechte Zeit : Superintendentenberichte vor der Kreissynode Bad Godesberg-Voreifel 1989-2001.
Mit Photographien von Winrich C.-W. Clasen. - 1. Aufl.
Rheinbach : CMZ-Verl., 2002

ISBN 3-87062-043-9

Originalausgabe

Kallenturm 2, 53359 Rheinbach, Tel. 02226-912626, Fax 02226-912627

Satz (Garamond 11 auf 12,5) mit WordPerfect für Windows 8:
Kirsten Blanck, Bonn
Winrich C.-W. Clasen, Rheinbach

Papier (Arctic Volume 115g):
Stora Enso, Helsinki

Umschlagphotos in Farbe (*Erlöserkirche*, Bad Godesberg) und Schwarzweiß:
Winrich C.-W. Clasen

Umschlaggestaltung:
Kerstin Clasen, Rheinbach

Scans und Umschlaglitho:
CMZ-Verlag, Rheinbach

Gesamtherstellung:
Johannishof Druck- und Verlagsges. mbH, Konstanz / Preses Nams, Riga

ISBN 3-87062-043-9

20020725

www.cmz.de

Dem Pfarrkonvent
des Evangelischen Kirchenkreises
Bad Godesberg-Voreifel

Inhaltsverzeichnis

Zum Geleit

Mit den Worten »Ich habe euch weiter gegeben, was auch ich übernommen habe ...« leitet der Apostel Paulus im 1. Korintherbrief (Kap. 15) die Zitierung der Einsetzungsworte zum Abendmahl ein. Der 1. Korintherbrief datiert aus dem Jahre 53/54. Von allem Anfang an war und ist also die christliche Kirche darauf angewiesen, daß eine Generation der anderen weitergibt, was sie als Inhalt und Wirkung des Glaubens an den auferstandenen Christus selber erfahren hat, aber auch was sie selber schon von der vorigen Generation an Glaubenserfahrung und -inhalt übergegeben bekam.

Dieses Wesen der christlichen Kirche als einer »Traditionsgemeinschaft« ist in jeder Ortsgemeinde lebendig, in der das Miteinander der Generationen von Kinder- und Jugendarbeit über Erwachsenenkreise bis zur Seniorenarbeit in einem natürlichen Reifungs- und Wachstumsprozeß sich als ein vielfältiges »Weitergeben, was auch ich übernommen habe« darstellt.

Auch die Landeskirchen haben mit dem Traditionsprozeß wenig Probleme. Die Geschichte der Reformation und der nachfolgenden Jahrhunderte prägt die jeweils neue Zeit durch Bekenntnisse und Kirchenordnungen, in denen, wenn auch immer wieder aktualisiert und modifiziert, als Gestalt der Kirche und Inhalt des Glaubens weitergegeben wird, was schon die vorige Generation übernommen hatte. Dieser Prozeß ist in unseren Tagen sehr schön etwa an der Rezeption des Barmer Bekenntnisses von 1934 abzulesen.

Zwischen Landeskirche und Ortsgemeinde ist der Kirchenkreis als mittlere Organisationsebene angesiedelt. Obwohl hier inhaltlich alle Funktionen beheimatet sind, die in der katholischen Kirche das Wesen eines Bistums ausmachen – Ordination, Visitation, Einführung und Entlassung von Pfarrern usw. –, und obwohl hier in synodalem

Beratungsprozeß grundlegende Entscheidungen für die Ortsgemeinden fallen, ist dieses wichtige Bindeglied zwischen Ortsgemeinde und Landeskirche selbst Mitgliedern der sogenannten Kerngemeinde oft unbekannt. Da die wichtigsten Funktionen im Kirchenkreis, die Mitgliedschaft in der Kreissynode und die Leitung der Kreissynode durch den Kreissynodalvorstand, zudem zeitlich befristete »Abordnungen« aus den Gemeinden sind (4 Jahre bzw. 8 Jahre) und selbst bei mehrfacher Wiederwahl sich in überschaubarem Zeitrahmen halten, stellt sich das »Traditionsproblem« auf Kirchenkreisebene in besonderer Weise. Ohne eine sehr bewußte Wahrnehmung dieser Sachlage kann es sehr schnell geschehen, daß auf Kirchenkreisebene eine Generation Entscheidungen zu fällen hat, »die nichts mehr weiß von Josef« (Exodus 1, 8). Ein Jahrzehnt ist hier schon lang, und zwei Jahrzehnte von kaum jemandem überschaubar. Umso wichtiger ist, die Tradition dessen, was wichtig und grundlegend ist, zu einem bewußten Prozeß zu machen und zu organisieren.

Was in einem Kirchenkreis-Jahr jeweils grundlegend und wichtig ist, hat der amtierende Superintendent in seinem Jahresbericht für die Kreissynode darzulegen. Diese »Superintendentenberichte« sind also bestens geeignet, einem Traditionsbruch im Kirchenkreis vorzubeugen - wenn sie denn »weitergegeben und übernommen« werden können!

Mein Vorgänger im Superintendentenamt, Pfarrer Dr. Stephan Bitter, hat sich dieser Aufgabe angenommen und publiziert in diesem Band die von ihm in den Jahren 1989-2001 verantworteten Superintendentenberichte für die Kreissynode des Kirchenkreises Bad Godesberg-Voreifel.

Mit dieser Veröffentlichung und damit auch der Bekanntmachung für ein breiteres Publikum ist eine Grundvoraussetzung dafür erfüllt, daß künftige Entscheidungen der Gemeinden des Kirchenkreises, der Kreissynode und auch des Kreissynodalvorstandes allem Zufälligen entnommen werden und organisch aufbauen können auf dem, was an Grundentscheidungen und Weichenstellungen in den letzten Jahren auf Kirchenkreisebene vorgenommen wurde.

Ich danke Stephan Bitter und dem Verleger Winrich C.-W. Clasen für ihre Initiative, die die vorliegende wichtige Dokumentation ermöglicht hat. Da Stephan Bitters Superintendentenberichte bei allen nüchternen Zahlen und Fakten, die sie auch liefern, wesentlich die theologische Zeitgenossenschaft von Kirche in der Gesellschaft reflektieren und geistliche Wegweisung von Jahr zu Jahr sind, wünsche ich diesem Buch eine große Leserschaft im Kirchenkreis Bad Godesberg-Voreifel und so ein segensreiches Weiterwirken.

Rheinbach, am Epiphaniastag 2002

Eberhard Kenntner
Superintendent

Abb. 2 *Alte Kirche, Wachtberg-Berkum*

Vorwort

Der Evangelische Kirchenkreis Bad Godesberg ist 1968 bei der Teilung des damals übergroßen Evangelischen Kirchenkreises Bonn in drei Kirchenkreise entstanden. Er umfaßt in Bonn-Bad Godesberg die Evangelische Christus-, Erlöser-, Heiland-, Johannes- und Paulus-Kirchengemeinde und erstreckt sich nach Westen in die Voreifel; hier gehören zu ihm die Evangelischen Kirchengemeinden in Wachtberg, Meckenheim, Rheinbach, Flamersheim, Euskirchen, Münstereifel, Zülpich, Swisttal und Weilerswist. 1998 ist durch Beschluß der Synode der Namen des Kirchenkreises um den Zusatz »Voreifel« erweitert worden. In den ersten vier Jahren war Lic. Gerhard Saß Superintendent, dann sechzehn Jahre lang Theodor Brandt.

Im folgenden finden sich die Berichte, die ich während meiner Superintendentenzeit 1989 bis 2001 jeweils auf der Herbsttagung der Synode des Evangelischen. Kirchenkreises Bad Godesberg (seit 1999 »Bad Godesberg-Voreifel«) vorgetragen habe. Sie hatten die Absicht, einen Überblick über die wichtigsten Ereignisse, Aufgaben und Fragestellungen in dieser Region der Rheinischen Kirche zu geben.

In früheren Zeiten wurden die Protokolle der Tagungen der Kreissynoden gedruckt. Ich habe sie als Quellen für die Gemeindegeschichte des 19. Jahrhunderts ebenso zu schätzen gelernt, wie ich während meiner Dienstzeit im Kirchenkreis und in der Kirchengemeinde erlebt habe, daß es schon nach wenigen Jahren mühsam sein kann, aus dem Leben der Gemeinden Namen, Daten und Themen, die eben noch gewärtig waren, genau zu benennen.

Natürlich soll das Zipfelchen kirchlicher Geschichte, das sich in diesen Berichten zeigt, nicht wichtiger erscheinen, als es ist. Aber es ist manchmal das Partikulare interessant und es könnte zu dem »Quentchen geschichtlicher und regionaler Dimensionen« (J.F. Gerhard Goeters, *Der Verein für Rheinische Kirchengeschichte und die geschichtliche Landeskunde*, in: ders., *Studien zur niederrheinischen Landesgeschichte*, SVRKG 153, Köln 2002, 253-312; hier: 303) gehören, das zu bedenken der Reflexion der kirchlichen Gegenwart dient (vgl. auch unten S. 225).

Mein Nachfolger im Amt, Dr. Eberhard Kenntner, hat angeregt, dieser Zusammenstellung am Anfang meine Abschiedspredigt beizugeben, mit der ich mich als Pfarrer von der Erlöser-Kirchengemeinde verabschiedet habe, und am Schluß die Predigt anzufügen, die er selbst bei seiner Einführung als Superintendent gehalten hat. Für diese Anregung wie für sein Geleitwort danke ich ihm herzlich.

Ich widme das Büchlein, dessen Titel an Worte aus Paul Flemings Lied In *allen meinen Taten* angelehnt ist, dem Pfarrkonvent des Kirchenkreises Bad Godesberg-Voreifel, der mich auf meiner letzten Synode mit einer reichhaltigen Festschrift aus Theologie und Kirche überrascht hat, als Zeichen bleibender dankbarer Verbundenheit.

Die Texte sind im wesentlichen unverändert. Hier und da ist das Mündliche der schriftlichen Form angepaßt worden. So habe ich die jeweilige Anrede der Synodalen zu Beginn der Berichte weggelassen. An einigen Stellen füge ich in eckigen Klammern Zusätze und Erläuterungen ein. Am Schluß sind Auflistungen der Ordinationen und Amtseinführungen, ein Abkürzungsverzeichnis und zwei Register beigegeben, die das Auffinden von Personen, Orten, Sachen und Themen erleichtern sollen.

Der Herr Verleger hat sich die Mühe und das Vergnügen gemacht, für dieses Büchlein neue Photos der kirchlichen Gebäude des Kirchenkreises zu fertigen und dabei zum Teil ungewohnte Perspektiven zu wählen. Zusammen mit seiner Frau hat er den Umschlag gestaltet. Beiden danke ich hierfür herzlich.

Schließlich danke ich Frau Dr. Kirsten Blanck (CMZ-Verlag) und Frau Brigitte Schmitt (Superintendentur) für freundliche Hilfe.

Mülheim an der Ruhr, zu Pfingsten 2002 — Stephan Bitter

Schwingt freudig euch empor*

Abschiedspredigt über Johann Sebastian Bachs Kantate zum 1. Advent (BWV 36)

1. Chorus
Schwingt freudig euch empor zu den erhabnen Sternen,
ihr Zungen, die ihr itzt in Zion fröhlich seid!
Doch haltet ein! Der Schall darf sich nicht weit entfernen,
es naht sich selbst zu euch der Herr der Herrlichkeit.

2. Choral
Nun komm, der Heiden Heiland,
der Jungfrauen Kind erkannt,
des sich wundert alle Welt,
Gott solch Geburt ihm bestellt.

Die Musica erschließt uns heute den Advent. Dafür danken wir, es ist uns eine Freude. In der Kantate liegt das Evangelium beschlossen. Johann Sebastian Bach legt uns die Bibel aus. Wir folgen ihm mit unserem Verstehen. Mit schlichten Fußnoten, zu Fuß.

Schon Bach folgt alter Botschaft, ja das Evangelium selbst folgt alter Hoffnung: *Siehe, dein König kommt zu dir, ein Gerechter und ein Helfer* [Sacharja 9, 9].

Nun schließen wir uns der Menschheitshoffnung an, der Hoffnung Israels, dem Evangelium. So wie wir sind. Zu Beginn des Kirchenjahres. *Noch will das alte unsre Herzen quälen, noch drückt uns böser Tage schwere Last. Doch erwarten wir getrost, was kommen mag. Betend: Ach Herr, gib unsern aufgescheuchten Seelen das Heil, für das du uns bereitet hast.* [Bonhoeffer].

Nun komm, der Heiden Heiland. Was heißt das für uns? Aller Völker und Menschen Heiland. So wie wir sind. Am Dienstag [auf dem Pe-

* Gottesdienst in der Erlöserkirche Bad Godesberg am 2.12.2001 (1. Advent).

tersberg tagte die Afghanistan-Konferenz] setzte ich mich an den Schreibtisch, um diese Predigt zu bedenken. Vom Balkon aus vor dem Fenster sieht man den Petersberg. Nun hörte ich Flugzeug auf Flugzeug, Mahnung über Mahnung. Zu Beginn der Adventszeit: *Nun komm, der Heiden Heiland.*

Was ist das für ein Gegensatz: Licht in der Finsternis - oder auch nur: Evangelium in der Gegenwart? Bleibt das Licht nicht immerzu da oben am Himmel, und wir sind hier auf Erden? Oder werden Himmel und Erde doch verschmelzen, wie es die Völker immer wieder gemeint haben?

Schwingt freudig euch empor zu den erhabnen Sternen, ihr Zungen, die ihr itzt in Zion fröhlich seid! In Zion fröhlich - endlich, so hat Israel immer empfunden, endlich muß es so sein, wird es so sein. Frieden in Zion. Die Bibel hat das schöne Bild eines großen Festes auf dem Zion. Alle Völker sind beieinander, im Frieden. Keine Wände zwischen den Völkern. Kein Schmerz, kein Weinen, dagegen Wein und gute Speisen. Freude, Fröhlichkeit. *Eia, wären wir da* - Ungeduld des frommen Menschen? Wohin sollen wir gehen, wohin wir steigen, wo unsere Zelte bauen? Wenn man nachliest über diese Kantate, dann findet man: Bach hat ein weltlich Lied hineingenommen in den geistlichen Hymnus. Die Welt in die Botschaft hineingeholt. Ohne Scheu. Die Hoffnung der Welt.

Und dann kommt aller Glaube aus der Heilsgeschichte: Israel - Ambrosius, Luther, Nicolai - in der Mitte: der Heiland. *Schwingt freudig euch empor!* Protestanten schwingen sich freudig empor, stand in der Zeitung. Zum Mitsingen war eingeladen. Aber bedenkenswert folgt dem freudig empor dieses: *doch haltet ein!* Aber: noch wundert sich alle Welt - wie denn wird der Weg sein, der Advent in diese alte Welt hinein? Nicht zu laut, so Bach. Nicht so weit hinauf! Nicht so in die Ferne - bleibt in der Nähe. Bleibt, bleibt bei den Menschen eures Lebens, bleibt in eurer Gegenwart.

Doch haltet ein! Der Schall darf sich nicht weit entfernen! Ich hole doch nicht die Welt in mein Lied, damit ihr über sie hinwegstürmt. Der Heiland naht - er, er handelt, er tut. Nicht so schnell hinweg über die Seele. Denn hier nimmt alles seinen Anfang. Es geht um unser Herz. Von dem wir so selten reden, wenn es nicht gerade um einen Arztbesuch geht. Hat denn mein Herz zu tun mit dem, was Himmel und Erde bewegt? Bach und die Bibel behaupten: ja und ja.

Und das soll also heute an dich und mich die Frage sein - wie es denn tatsächlich um uns selbst stehe jetzt, um unsere Herzensdinge. *Und ich vernahm, wie man mit dem Herzen vernimmt*, schreibt der große Augustinus. *Keine Möglichkeit war mehr zu zweifeln*, fährt er fort [*Confessiones 7, 10*; hier nach R. Guardini, *Nähe des Herrn*, Würzburg ²1962, 14]. Es kommt der Heiden Heiland, er leuchtet ein.

Die Liebe zieht mit sanften Schritten ... In meinem Herzen, in meinem Leben ist der Anfang - bin ich von Liebe bewegt, von Liebe besucht? Habe ich dafür Sinn, ist das meine Sehnsucht? Werde ich dazu stehen, wie Unsichtbares und Sichtbartes einander versprochen sind zum Guten, Zeit und Ewigkeit auf das Heil zu? Werde ich in meinem Herzen damit einen Anfang machen - werde ich einen Anfang finden; und andere mit mir, durch mich - viele Menschen in den Gemeinden? Das wäre unser Advent. Daß schließlich sich die Herzensbewegungen auswirken bis zum Petersberg, der ja übrigens so hoch nicht ist, aber auch bis zum Zion hinauf? Von Godesberg war es nie weit zum Petersberg.

3. *Aria*
Die Liebe zieht mit sanften Schritten
sein Treugeliebtes allgemach.
Gleichwie es eine Braut entzücket,
wenn sie den Bräutigam erblicket,
so folgt ein Herz auch Jesu nach.

4. *Choral*
Zwingt die Saiten in Cythara
Und laßt die süße Musica
ganz freudenreich erschallen,
daß ich möge mit Jesulein,
dem wunderschönen Bräutgam mein,
in steter Liebe wallen!
Singet, springet,
jubilieret, triumphieret,
dankt dem Herren!
Groß ist der König der Ehren.

Wie im Glück der Brautleute - es zieht die Liebe - das Herze folgt. Nicht sternenwärts mit euren Liedern, nein, haltet ein - er naht. Notwendig kommt er auf mich zu, die Liebe auf mich zu, wenn mir geholfen sein soll. Von außen kommt das Herzensnahe, das Notwendige. Denn hier nimmt alles seinen Anfang. Christus geht in unser Herz. Deshalb in jedem Jahr die Zäsur der Zeit: ein neues Kirchenjahr beginnt, weil ein Neues schlechthin beginnen muß. Immer wieder. Unseretwegen. *Ich vernahm mit dem Herzen* - das ist der Ort, unser Glauben, unser Lieben, aber: der da kommt, kommt nicht aus uns, die Antwort, die Lösung kommt zu uns. Der Liebe und dem Glauben ist das nicht unerschwinglich.

Sie lernen ja viel, sind lernwillig. In ihnen findet sich viel Bereitschaft. Vieles, was mich über mich selbst hinauszieht. Müssen wir davon wirklich schweigen? Und ist nicht manches davon sogar sichtbar? Wenn Menschen handeln für einander? Das gibt es doch!

Wir werden es beschwören mit unseren Geschenken zu Weihnachten - aber wir beschwören ja die Wahrheit selbst. Nur: besser und wahrer als das Schwören ist die einfache Tat. Die einfache. Friedrich Smend schreibt in seinen Anmerkungen zu dieser Kantate [*Johann Sebastian Bach, Kirchen-Kantaten*, erläutert von Friedrich Smend, Berlin o. J., Heft V.], es klinge etwas an von der Tonlage der Zehn Gebote. Das paßt besser, als wir vielleicht zunächst meinen: die Gebote in das Evangelium.

Die Gebote sind doch das, was uns ins Herz geschrieben ist, und sind darum Wegezeichen unseres Lebens. Unsere Taten erschließen uns das Verstehen. Wir verstehen den Glauben und die Liebe, wenn wir aus Glauben und Liebe handeln. Kaum vorher. Die Neunmalklugen wollen sich dem nicht unterwerfen. Wollen es vorher wissen. Geht aber nicht. Es geht nur an Jesu Hand. Darum nicht zu weit weg mit euren Liedern. Der Heiland kommt und sucht euch auf. Nicht auf irgendwelchen Höhen. Du bist gemeint. Dein Leben. Genau deine Lage.

Unsere Liebe wird da anfangen dürfen, wo wir geliebt sind. Wer wollte sich denn selber helfen?! Im Ernst. Wir tun zwar so, als sei das möglich. Aber es geht ja nicht. Es geht nicht einmal recht voran mit unserer Liebe und mit unserem Glauben.

Aber hier geht jemand, liebe Gemeinde. Nur hier. Und dafür suche du Worte, aus deinem Herzen. Daß der Heiland tatsächlich in dein Leben kommt. In dein armes geschundenes kurzes Leben. Dein Heiland. Und was du an Schmerzen hast, an Seelennot, das zähle auf die Seite von Liebe und Glaube, auf die Seite der Hoffnung, auf die Seite der noch unfertigen Welt, in der wir die Wahrheit ahnen, aber nicht haben.

Daß ich möge mit Jesulein, dem wunderschönen Bräutgam mein, in steter Liebe wallen ... Niemand redet heute von Jesulein. Natürlich nicht. Die Sprache gehört ihrer Zeit, das Empfinden auch. Zeitlos sei die Musica, sagt man, zeitgebunden aber die Worte. Vielleicht es noch anders. Denn in der Sache geht es um Glaube und Liebe, so wie es hier gesagt ist. Es ist fast bestürzend, daß das so ist. So unverändert. Ganz weniges ist wichtig, einst wie jetzt. Weniges gehört zum Leben. Um eine Person geht es, die rettet, die kommt - wo niemand kommt. Bestürzend gegenwärtig.

Niemand kommt, ich elender Mensch, wer wird mich erlösen? Unverändert unsere Existenz. Jetzt erkenne ich stückweise, jetzt liebe ich wie ein armer Tropf, einst werde ich erkennen, werde ich lieben, wie ich geliebt bin - erkannt bin - die Umkehrung wird es sein.

Und in jedem Verstehen ist es so; ich frage: wie meinst du es - wer bist du i n deinem Wort; wo ist dein Herz? Also keine Angst vor einem alten Text. Er ist Wegezeichen von einst, der Wanderrock in der Zeit.

Aber immer sind wir noch in der Zeit, immer noch geschieht unser Reden und Erkennen stückweise. Jede Zeit darf und soll hier das Eigene einsetzen. Wie im Gebet - nun bete ich noch einmal das Vaterunser, das die Welt umspannt, noch einmal dasselbe Gebet, aber für mein Leben.

Manches bleibt unverändert, manches bekommt Namen, Nähe, Einzigkeit. Noch erkennen wir stückweise, dann aber werden wir erkannt sein. Eben hierum geht es hier. Diese Umkehrung ist gemeint. Der Heiland kommt.

Und was wir vorher sagten und was wir nachher sagen, wird seinen Sinn erst bekommen, wenn wir Anfang und Ende nicht vertauschen. Er ist A und O.

5. *Aria*
Willkommen, werter Schatz!
Die Lieb und Glaube machet Platz
vor dich in meinem Herzen rein,
zieh bei mir ein!

6. *Choral*
Der du bist dem Vater gleich,
führ hinaus den Sieg im Fleisch,
daß dein ewig Gotts Gewalt
in uns das krank Fleisch enthalt.

Der Sieg im Fleisch. In dieser Welt, wie sie ist. In dem Unfertigen, Schmerzvollen, Verirrten. Da noch Haß und Unfrieden sind. Und Verhandlungen. Und Krieg. Mord und Totschlag. Böse List - *Groß Macht und viel List sein grausam Rüstung ist.* Der Teufel ist's. Der Sieg: es wird nicht dabei bleiben. Bei der Blödheit des Fleisches. Bei der Angst. Bei der Beklommenheit des Herzens. Bei der Frage: Warum? Warum ich? Warum das Leiden? *Sieg im Fleisch*, so sagen wir nicht. Aber darum geht es natürlich.

Wir müssen nicht weghören - wir müßten es nur dann, wenn wir uns der Wahrheit des eigenen Lebens verschließen wollten - das wäre das Nichtzuhören. Nein, liebe Seele, es geht um dich. Ob du das verstehen willst, daß du herausgezogen werden sollst und daß du mittun darfst an dem heiligen Werk der Versöhnung. Nicht zu hoch hinaus mit eurem ersten Jubel - nicht zu weit weg von eurem wahren Leben - denn er naht euch.

Nicht weg von euren Schwachheit, nicht weg von den Tatsachen. Denn siehe, dein Heiland kommt zu dir, ein Gerechter und ein Helfer. Willkommen, werter Schatz! *Die Lieb und Glaube machet Platz vor dich in meinem Herzen rein, zieh bei mir ein*! Nein, wir sagen hier nicht: *werter Schatz.* Aber: *die Liebe und der Glaube machen Platz.* Darüber ist nachzudenken. Beide, in denen wir so oft versagen; Glaube und Liebe, die so sehr der Welt gehören, gehören doch auch hierher, bis an diesen Punkt führen sie. Das weltlich Lied und sein Ziel.

Manchmal denke ich: die Liebe sei ein Wegbereiter des Glaubens; und der Glaube sei ein notwendiger Gefährte der Liebe. Die Welt schreit nach beiden; und in der Welt sind sie die Mächte, die uns lösen zur Freiheit, weil sie mit uns andere lösen. Können, könnten. Und nun führen sie, so vorläufig wie sie sind, bis hierher - und bleiben dann zurück. *Es bleiben Glaube, Hoffnung, Liebe, diese drei, aber die Liebe ist die größte unter ihnen*, sagt Paulus. Aber da, wo die Hoffnung an ihr Ziel kommt, kommen auch Glaube und Liebe an ihr Ziel - und machen der Erfüllung, der Versöhnung Platz.

Ein wunderschönes Bild - nun wird geborgen sein in der Gegenwart des Herrn, was menschlich noch zerfiel. Glauben und Liebe führen zum Verstehen der Gnade, aber selbst sie werden noch erlöst. Was der Geist für uns beten wird, ist uns gar nicht fremd. Es geht um uns. Aber es wird weit über uns hinausgehen - das ist Gnade.

Die unerlöste Liebe kommt an ihr Ziel, die Freundschaft, die noch so viel in sich hätte bergen können. Ein Dolmetscher sind sie, aber nicht mehr, ein Platzhalter. Es war gut und wichtig *und* es wird erlöst, was uns manchmal schwer war. Und was so unvollkommen war. Herr, ich glaube, hilf meinem Unglauben. In wie viel Unklarheit führten unsere Wege. Aber: *in wieviel Not hat nicht der gnädige Gott über dir Flügel gebreitet.* Nun zieht er ins Herz.

Wenn das so ist, dann ist Glanz und Ewigkeit im Herzen. Dort, wo Glanz und Ewigkeit tatsächlich sein können. In den Herzen der einzelnen Menschen ist der Anfang; in denen der Völker muß die Welt zum Frieden kommen.

Es können die Lieder aufsteigen vom Zion her - freilich: nicht zu weit hinaus, nicht zu weit hinauf. Nur Hülle ist unser Lied: der Geist selbst wird in ihm wohnen - er begabt - *Schallet nur der Geist darbei ...* Dann, dann erst findet sich das Lob der Himmel - weit geht es hinaus über unten und oben, über die Gegensätze von Himmel und Erde, ja über unseren Glauben, unsere Liebe hinaus. Die Musica ist schon so weit voraus: Lob - Lob - Lob.

Es ist, als sähen wir in den Himmel. Und wenn wir nun aber auf dem Boden dieser Erde Advent feiern, am 2. Dezember des schwierigen Jahres 2001 - im Angesicht der Nöte dieser Welt - aber in einer Gemeinde sein dürfen, in der jede und jeder sagt: es sei: mein kleiner Glaube, meine kleine Liebe, dann ist das Gnade. Unsere Lieder sollen uns hinaufführen zu seinem Lobe - bis das alles hinsinken kann vor seiner Gegenwart, bis es beruhigt und erlöst das wenige sein kann, was es war – so daß wir mit gedämpften Stimmen weitersingen.

Unser Herz versteht es zuerst. Dort wird der Anfang sein. Das Herz singt, die Kehlen singen, die Menschen singen. Es werden schließlich die Völker singen. Amen.

7. *Aria*
Auch mit gedämpften, schwachen Stimmen
wird Gottes Majestät verehrt.
Denn schallet nur der Geist darbei,
so ist ihm solches ein Geschrei,
das er im Himmel selber hört.

8. *Choral*
Lob sei Gott dem Vater g'ton,
Lob sei Gott sein'm eingen Sohn,
Lob sei Gott dem Heilgen Geist
Immer und in Ewigkeit!

Abb. 3 *Die Arche, Meckenheim*

1. Der christliche Glaube ist immer aktuell

Weilerswist (Martin-Luther-Kirche), 11. November 1989

Der christliche Glaube ist so aktuell wie nur je. Die Kirche ist der Raum, in dem der Glaube leben kann, in dem er Fragen stellt und nach Antworten sucht. Es ist kein Versagen der Kirche, wenn in ihr Dialoge unabgeschlossen sind und wenn offene Fragen und Schwierigkeiten unserer Zeit sichtbar werden. Dies sind Zeichen der Lebendigkeit unserer Kirche und Hinweise auf die Aufgabe, die sie stellvertretend wahrnimmt.

Ich denke, daß die Ereignisse dieser Wochen und Tage [Fall der Mauer] in ihren Folgen uns alle noch vor ganz neue Aufgaben des Verstehens und Beistehens führen werden. Mag im Augenblick der diakonische Aspekt im Vordergrund stehen. Die Herausforderungen werden viel weiter reichen. Das, was womöglich bei uns ungefragt gilt, wird neu zur Rede kommen. Die Mündigkeit des christlichen Glaubens wird sich neu zu bewähren haben.

Schon heute ist das kirchliche Reden und Tun mehr als befragt. Es gibt Menschen, die dem zentralen kirchlichen Geschehen, namentlich dem Gottesdienst, recht fern stehen und die sich doch dem christlichen Glauben verbunden fühlen. Diese Spannung können wir nicht abtun durch Vorwürfe an die Fernstehenden. Vielmehr müssen wir uns fragen, ob nicht das kirchliche Leben selbst an verschiedenen Stellen an Formen und Formeln haftet, die als bloße Zitate früheren Lebens von sich aus dem heutigen Leben fern stehen. Die Herausforderungen der Neuzeit sind längst noch nicht aufgenommen von der Kirche. Daß heute statt von den ernsten Aufgaben der Neuzeit von den Phänomenen des *New Age* gesprochen werden muß, ist eine Mahnung an uns.

Das reiche kirchliche Leben in unserem Kirchenkreis ließe sich auf verschiedene Weise schildern. Man müßte ganz zuerst die einzelnen

Gemeinden sehen; hier müßten wir einander zuhören und austauschen. Es ist die Frage, ob die Gemeinden genügend voneinander wissen und ob man in der Synode nicht neue Wege gegenseitiger Information finden sollte. Man kann und muß auch auf die Arbeitsfelder sehen, in denen sich mehrere Gemeinden und deren Arbeitskreise zusammengeschlossen haben; man kann und muß auf die übergreifenden diakonischen Arbeiten sehen und man könnte und müßte schließlich die sich ausweitenden Aufgaben des Kirchenkreises und der Kirchenkreise bedenken.

Heute kann von alledem nur wenig zur Sprache kommen. Es soll das genannt werden, das mir als gegenwärtige kirchliche Arbeit und als zukünftige Aufgabe in den letzten Monaten besonders deutlich geworden ist.

Ich gehe damit über zum Einzelnen, meine aber, daß die zunächst bezeichnete Aufgabe des Dialogs unseres Glaubens mit den Fragen und den Nöten der Neuzeit sich durch das Einzelne hindurchzieht wie ein roter Faden, daß diese Aufgabe nicht abgeschoben werden darf an Ausschüsse, Kirchenleitungen oder Fakultäten. Es sind Fragen an jeden von uns, an seine Bereitschaft, Aufgaben auf sich zu nehmen und Lebensformen zu überprüfen.

1. Die Jugend. Wir fragen, was die Eltern ihren Kindern im Glauben vermitteln; wie weit sich ihr Verhalten und ihre Unentschiedenheit und Sprachlosigkeit in Glaubensdingen als ein Schatten auf das Leben der Kinder legen. Wirkt sich hier ein volkskirchlicher Verzicht auf klare Rede und geistige Auseinandersetzung aus? Der kirchliche Unterricht, die Jugendarbeit und der Religionsunterricht an den Schulen versuchen hier auszugleichen; aber sie vermögen nicht, das aufzufüllen, was im täglichen Leben an konkreter Begegnung zwischen dem Glauben einerseits und den Fragen der Lebensführung, der Deutung unserer Gegenwart und unserer Geschichte andererseits versäumt worden ist. Was bedeutet die Familie für den Glauben und der Glaube für das Leben der Familie? Ich habe den Eindruck, daß die Jugendarbeit und der Unterricht an den Schulen unter Forderungen leiden, die nicht immer von der Tatsache ausgehen, daß der christliche Glaube im Vollzug unseres modernen Alltagslebens eo ipso gefährdet ist. Es wäre wohl denkbar, daß der Jugendausschuß, über dessen Arbeit Pfarrer Hatscher kritisch berichtet hat, an dieser Stelle noch neue Vermittlungsarbeit leisten kann. Sollte dem Gedanken nachgegangen werden, die Schulpfarrstellen übergemeindlich »anzubinden«, so ist - mit Erwägungen des KSV - zu überlegen, ob auf Kirchenkreisebene ein Forum geschaffen werden kann, das den Pfarrern den mit ihrer Aufgabe gegebenen Dialog zwischen Schulwirklichkeit und christlichem Glauben erleichtert. Wir müssen aber auch versuchen, die unterschiedliche Lage der Jugendlichen in der Stadt und im Oberland deutlicher zu erfassen. Die Wege, auf denen sich die jungen Menschen in unserer modernen Welt zu finden haben, sind hier und dort sehr unterschiedlich.

2. Männer und Frauen in der Kirche. Die Synode der Evangelischen Kirche in Deutschland, die Landessynode und auch unsere Synode haben sich zu befassen mit der Frage nach der Stellung der Frau im öffentlichen Leben und in der Kirche. Ich bitte, den Arbeitskreis unseres Kirchenkreises unter Leitung von Frau von Huhn zu unterstützen in der Bemühung, sich an die Fragen und Probleme auf diesem Feld heranzuarbeiten. Wir erleben täglich, daß Frauen besonderen Schwierigkeiten ausgesetzt sind, wenn es um Wahrnehmung ihres beruflichen Weges geht. Darüber hinaus ist an vielen Stellen den Frauen durch Benachteiligung in der Anerkennung ihrer Arbeit Unrecht geschehen. Wir sollten uns nicht scheuen, diese Fragen zu behandeln, und auf der anderen Seite natürlich uns freihalten von Einseitigkeiten. Unser Glaube verpflichtet zu Wahrhaftigkeit, Gerechtigkeit und ruhigem Urteil.

3. Die alten Menschen. Für die alten Menschen geschieht in unseren Gemeinden viel. Wir werden freilich im Auge haben müssen, daß der Anteil der alten Menschen in unseren Gemeinden weiter zunimmt. Der Beistand, den sie brauchen, liegt ja nicht in formelhaftem Tun bereit. Die *Menschen mittleren Alters* werden oft zu wenig erreicht, aber auch zu wenig angesprochen. Warum sind der 40. und der 50. Geburtstag zum Beispiel nicht Anlaß zu einem Besuch des Pfarrers?

4. Diakonie. Das Leben der Moderne impliziert leicht durch Technisierung und andere Faktoren und auch infolge menschlicher Schwächen einen nihilistischen, wenn nicht zynischen, Umgang mit dem Leben. Hier ist der entschiedene Widerspruch des christlichen Glaubens und Verhaltens notwendig. Der Widerspruch geschieht, wie in der Predigt, so in der Seelsorge und so besonders sichtbar in den diakonischen Tätigkeiten unserer Kirche.

Mit besonderem Dank ist der Behindertenarbeit der Kirchenkreise Bonn und Bad Godesberg (Pastorin Daub), der Arbeit in Euskirchen (Dr. Schaich-Klose) und auch in der Paulus-Kirchengemeinde zu gedenken. Das gleiche gilt für die Arbeit der Sozialstationen, der Beratungsstelle, Gemeindeschwestern und an anderer Stelle für die wesentlich von Herrn Diehl getragene Arbeit für Flüchtlinge, Asylanten und Aussiedler. Wir stehen ja jetzt vor täglich neuen Aufgaben. Einige Gemeinden sind stark hineingezogen in diese Arbeit, andere bisher noch weniger. Beim Diakonischen Werk Bonn/Bad Godesberg wird jetzt die dringend erforderliche Koordination der Hilfsmaßnahmen angeboten. Aus den Gemeinden kommen auch einzelne Hilfsangebote. Es wäre gut, wenn in jedem Falle jetzt das Diakonische Werk eingeschaltet würde, das seinerseits mit der Stadt und den Kommunen (Sozialämtern) zusammenarbeitet (auch Rhein-Sieg-Kreis).

Das Diakonische Werk als solches stellt uns derzeit vor die Aufgabe umfänglicher konzeptioneller Erwägungen, weil sowohl in der Geschäftsführung des Werkes wie in der Behindertenseelsorge mit einem personellen Wechsel zu rechnen ist und auch weil neue Aufgaben, die u.a. im Zusammenhang mit der Gesundheitsreform entstehen, neue personelle Regelungen wohl notwendig machen werden. Ich denke, es wäre gut, wenn die Gemeinden, Presbyterien sich hierüber informieren würden.

5. Umgang mit der Geschichte. Zu der Verantwortung des Glaubens gehört das Gespräch mit unserer Geschichte. Nach wie vor gilt, so schwer es ist, daß wir über die Katastrophen dieses Jahrhunderts, an denen unser Volk viel Schuld trägt, nicht hinweg gehen und zur Tagesordnung übergehen dürfen. Die Tagesordnung ihrerseits belehrt uns derzeit eines Besseren. Ich bin dankbar dafür, daß es in unserem

Kirchenkreis die Arbeit der Friedenskreise gibt, Kontakte nach Rußland, Polen, zu den Gemeinden in der DDR und daß es ein jüdisch-christliches Gespräch gibt, Kontakte nach Israel und die sehr bedeutsame Arbeit des *Vereins an der Synagoge*, die sich Bruder Brandt insbesondere zur Aufgabe gemacht hat. Vom 12. bis 22. November begehen wir die Friedensdekade.

Ich freue mich, daß in diesen Tagen eine Delegation der Synagoge von Leningrad bei uns sein wird und daß der Pfarrkonvent Gelegenheit zum Austausch mit ihr hat.

Der Neigung des Glaubens, sich vorzüglich mit Fragen des persönlichen Lebens im engeren Sinn zu befassen, muß hier und da insofern widersprochen werden, als sich in unserer Moderne das persönliche Leben und sein individuelles Verstehen nicht von dem Gesamtzusammenhang der heutigen Wirklichkeit abspalten läßt. Was hier bei uns geschieht, hat weltweite Folgen; davor darf man die Augen nicht verschließen.

6. Der konziliare Prozeß. Der konziliare Prozeß bezieht uns alle in diesen Horizont ein und nimmt in mancher Hinsicht noch stellvertretend das wahr, was dem einen oder anderen nach wie vor fremd erscheint. Was theologisch in dieser Hinsicht geschrieben worden ist - auch in Basel -, erscheint mir freilich noch sehr unreif.

Wir haben es in den ethischen Forderungen unserer Gegenwart - Frieden, Gerechtigkeit, Erhaltung der Lebensvoraussetzungen auf dieser Erde - nicht mit Forderungen zu tun, die jeweils mit einer Bibelstelle belegt werden müßten. Die Fragen der Neuzeit sind auch nicht unmittelbar etwa mit Antworten aus dem Alten Bunde zu konfrontieren. Die Vermittlung liegt in unserem Glauben - wir als Personen sind gefordert mit unserem Glauben und mit unserer Vernunft. Und es geht um unser konkretes Verhalten, um unseren Lebensstil; um das, was wir verantworten vor der Menschheit und vor Gott; verantworten vor den Menschen, die nach uns sein werden. Wir müssen erkennen, daß sich uns mitten im Alltag Grundsatzfragen stellen, manchmal wie versteckt. Wir sollten und dürfen nicht zu denen gehören, die mithelfen zu verstecken und die froh sind, wenn die Probleme ihrerseits noch stumm sind oder wenn die Menschen noch stumm sind. Ich denke in diesem Zusammenhang auch an die Nöte der Arbeitslosigkeit. Wir versuchen, mit mehreren Maßnahmen Jugendlichen zu helfen und ihnen beizustehen. Aber dies ist eigentlich noch ein Randgeschehen im Blick auf das, was heute Arbeitslosigkeit in unserer Gesellschaft bedeutet.

7. Partnerschaft mit Mbandaka/Zaire. Wir haben in diesem Jahr eine Delegation aus unserem Partnerkirchenkreis Mbandaka im Zaire hier gehabt. Wir sind sehr dankbar dem Arbeitskreis für Ökumene und Weltmission, der diesen Besuch vorbereitet und die Delegierten in das Leben unserer Kirchengemeinden und Familien hineingeführt hat. Ich danke hierbei namentlich Frau Pfnorr-Leihner für die unermüdliche Freundlichkeit, mit der sie alle Alltagsschwierigkeiten überwunden hat, die sich hier und da ergeben haben. Auch danke ich besonders Herrn Erdmann, der immer wieder viele Wege geebnet hat.

Ich weiß, daß es einiges Zögern gibt gegenüber dieser Partnerschaft, und kenne die Frage, ob es hier nicht im wesentlichen um finanzielle Hilfe geht. Wer in unseren Haushalt sieht, muß einsehen, daß es nicht so ist. Es sind faktisch verhältnismäßig kleine - und wohl eigentlich zu kleine - Beträge, mit denen bei Einzelprojekten in Mbandaka geholfen wird. Besonders ist der Unterhalt der Frauenschule (Mama-Schule) unterstützt worden, auch durch viele Einzelspenden, für die zu danken ist.

Die Partnerschaft mit Zaire ist über den Anfang hinaus. Der vor vier Jahren geschlossene Vertrag besagt, daß über die Fortsetzung der Partnerschaft nachzudenken ist. Es scheint mir undenkbar, die begonnenen Kontakte nicht fortzusetzen; und ich freue mich, daß sie an mehr als einer Stelle bereits freundschaftlicher Natur sind. Wir stehen hier tatsächlich für den weltweiten Bezug unseres Glaubens ein, und wenn weder unser Partner noch wir die Glaubensweise des anderen kopieren wollen und können, so lernen wir wohl doch auf beiden Seiten aus der Begegnung, über unseren eigenen Glauben und seinen faktischen Vollzug, über unsere Lebenspraxis, neu nachzudenken. Aus Mbandaka liegt eine Einladung vor, die sich an die Jugend unseres Kirchenkreises wendet. Ich denke, es wird im Jahre 1991 möglich sein, daß eine jugendliche Delegation nach Mbandaka fährt.

8. Kirchlicher Entwicklungsdienst. In einem Brief an die Gemeinden hat der Präses noch einmal zu bedenken gegeben, ob wir mit unserem bisherigen Beitrag für den kirchlichen Entwicklungsdienst uns zufrieden geben dürfen. Wir müssen sehen, daß sich die rheinischen Gemeinden im Verhältnis zu anderen Landeskirchen bisher recht zögerlich verhalten haben. Ob wir uns eines Tages schämen werden für ein Zuwenig? Möglicherweise spielt eine noch nicht ausreichende Kenntnis der konkreten Aufgaben eine Rolle. Die Presbyterien könnten Mitarbeiter des KED einladen, um hier mehr zu erfahren.

9. Volksmissionarischer Arbeitskreis. Wir haben eingangs von den Menschen gesprochen, denen das zentrale kirchliche Geschehen eher fremd geblieben oder geworden ist. Unser Volksmissionarischer Arbeitskreis sucht nach neuen Wegen, um diese Menschen anzusprechen. Es kann hier kein festes Muster geben, und wir müssen wohl nicht ängstlich sein vor möglichen neuen Formen kirchlicher Rede. Es muß aber auch bedacht werden, daß der Dialog des Glaubens mit der Kunst, der Philosophie, der Politik gegenwärtig schwach ausgebildet ist. Man ist hier in den 10er oder 20er Jahren des Jahrhunderts mutiger gewesen. Mancher Skeptiker könnte ganz neu ins Gespräch gezogen werden, wenn etwa über die Beziehung zwischen Kirche, Glaube, Theologie, Naturwissenschaft neu nachgedacht würde.

10. Öffentlichkeitsarbeit. Gefragt sind wir durch die Planung eines Lokalrundfunks. Wir sollten uns nun nicht einfach der Tagesordnung anschließen und also irgendwie mit diesen Fragen fertig werden, sondern die neuen Chancen erkennen und tatsächlich dort, wo wir Redezeit haben, etwas sagen, was sich zu hören lohnt. Wie auch sonst die Kirche den Raum, den sie hat, in den Medien zu guter Rede nutzen sollte. Das gilt auch für die Spalten, die uns im Gemeindebrief zur Verfügung stehen. Dort etwas zu schreiben, sollte uns nicht eine lästige Aufgabe, sondern Chance und Herausforderung sein.

Was den Lokalrundfunk betrifft, gibt es intensive Vorarbeit durch den von Herrn Wurm begleiteten Arbeitskreis. Wir werden von dort bald mehr hören. Auch finanzielle Erfordernisse sind zu berücksichtigen. Hilfe ist nötig.

11. Einzelnes. Schließlich noch einzelnes in Stichworten. Der KSV hatte - wie in den Vorjahren - viel mit Personalangelegenheiten zu tun. Die Stelle des Schulreferenten wurde mit Pfarrer Johannes Kramp neu besetzt. Wir freuen uns über den Neuanfang in diesem für alle Beteiligten wichtigen Arbeitsgebiet. Sein Nachfolger in der Berufsschulpfarrstelle wird zur Zeit gesucht. In der Johannes-Kirchengemeinde konnten die beiden freigewordenen Pfarrstellen mit den Pfarrern Klaus Kohl und Christian Werner besetzt werden. Sie sind heute erstmalig in unserer Synode. wir begrüßen sie mit guten Wünschen für ihren Dienst. Neue Pastoren im Hilfsdienst sind Anna-Margarete Wirges in Swisttal, Norbert Waschk in Zülpich und Walter Niefindt in der Erlösergemeinde.

Als Pastoren im Sonderdienst konnten Ruth Reusch in Meckenheim, Beate Warning-Rau in der Krankenhausseelsorge, insbesondere im Rehabilitationszentrum Bad Godesberg, und Joachim Brose für die Berufsschularbeit in Rheinbach angestellt werden. Die hauptamtlichen Kirchenmusiker-Stellen in Zülpich und Euskirchen sind mit besonders qualifizierten A-Kirchenmusikern, Klaus Heiwolt und Friedericke Brudereck, besetzt.

Die Aufgaben der Gemeinden für ihre alten und neuen Häuser begleitete der Kreissynodalvorstand nicht nur mit der Bewilligung von zum Teil erheblichen Zuschüssen. Wir wurden bei den Planungen beteiligt und haben den Gemeinden zu helfen gesucht. Das Gemeindezentrum Friedenskirche in der Neuen Mitte von Meckenheim ist unter starker Beteiligung der Gemeindeglieder im Sommer eingeweiht worden. Der 2. Bauabschnitt ist geplant, aber seine Realisierung ist noch nicht in Sicht. Die Rigalsche Kapelle in Bad Godesberg wird von der Johannes-Kirchengemeinde, insbesondere auch von den Bewohnern des benachbarten Altenheims und zunehmend von der Francophonen Gemeinde erfreulich genutzt. Die Kellerräume sollen für die Gemeindearbeit unserer französisch sprechenden Schwestern und Brüder ausgebaut werden. Das Gemeindehaus in Swisttal-Heimerzheim reicht nicht mehr aus. Die Planung für die Erweiterung sieht einen neuen Sakralraum und weitere Jugendräume vor. Wir sind dankbar für die uns gegebenen Möglichkeiten, die berechtigten Bedürfnisse der wachsenden Gemeinden zu erfüllen.

In einer Beratung mit den Herren Kirchmeistern am vergangenen Montag haben wir die gemeinsam interessierenden Finanzfragen erörtert. Unsere Kirchensteuer-Einnahmen sind erfreulich stabil. Die Umlagen der Landeskirche wurden für 1989 und 1990 gesenkt, so daß den Kirchengemeinden höhere Netto-Beträge zur Verfügung stehen. Ich danke den Kirchensteuerzahlern für ihre zum Teil erheblichen Beiträge. Wir wollen als gute Haushalter sparsam und wirtschaftlich damit arbeiten.

Der Kreissynodalvorstand hat aus den laufenden Haushaltsmitteln verschiedene Hilfen bewilligt, die ich kurz nennen möchte. Der *Verein an der Synagoge*, dem wir beigetreten sind, erhält für seine Aufgaben DM 8.000,-. Das Altenheim *Christliches Hospiz* in Bad Godesberg bekam für Umbauarbeiten DM 10.000,-. Der CVJM in Bonn renovierte sein Haus und bekam ebenfalls DM 10.000,-. Den christlichen Pfadfindern in Rheinbach haben wir für ihr neues Gebäude DM 5.000,- zugesagt. Das Studienwerk in Villigst erhielt für seine Aufgaben DM 3000,-. Die Ausländerarbeit der Ev. Studentengemeinde in Bonn unterstützten wir mit DM 2.500,-. Verschiedene Gemeinden bekamen Zuschüsse zur Weiterleitung an Partnergemeinden in der DDR. Und wir haben Geld bereitgestellt für Asylanten und Aussiedler, denen in unserem Kirchenkreis geholfen werden soll. Schließlich hat der Kreissynodalvorstand für DM 20.000,- weitere Anteile der ökumenischen Entwicklungsgenossenschaft aus dem Überschuß der Jahresrechnung 1988 erworben. Damit möchten wir Hilfe zur Selbsthilfe leisten.

Ich danke allen, die ehrenamtlich und hauptamtlich in unserem Kirchenkreis gearbeitet haben und arbeiten. Das Maß der ehrenamtlichen Arbeit ist sehr beachtlich und ein beredtes Zeugnis aktiven Glaubens. Ich bin gerade darüber sehr froh. Ich danke schließlich allen, mit denen ich in diesem Jahr zusammenarbeiten durfte.

2. Wirklichkeit und Verheißung Gottes

Bad Godesberg (Thomaskapelle), 10. November 1990

In unserem Glauben sind Wirklichkeit und Verheißung Gottes miteinander verbunden. Der Glaube hat seine Wurzeln in der Tiefe eines jeden persönlichen Lebens; es ist wichtig, daß wir voneinander wissen: jeder von uns ist hier mit seinem ganzen Herzen und seiner ganzen Vernunft beteiligt. Einen Vormund haben wir nicht in Sachen des Glaubens. Wir müssen selbst die Wege finden, auf denen wir unsere Gegenwart im Lichte der Verheißung zu sehen lernen und auf denen wir wahrzunehmen versuchen, was um Gottes und des Menschen willen zu tun ist. Wir haben keinen Vormund, aber wir haben gemeinsames christliches Leben in den Gemeinden. Hier wird die Wirklichkeit wahrgenommen und nach unserer Verantwortung gefragt; hier geschehen Seelsorge und Verkündigung, Diakonie und Dialog. Und wir haben die Synode, um einen gemeinsamen Weg zu finden in vielen Aufgaben, die sich uns aus unserer Gegenwart ergeben.

1. Neue Einheit und neue Dialoge. In der Begegnung mit den Gemeinden der ehemaligen DDR haben wir zu tun mit den Abschaffungen der Mauer in den Herzen und dem Denken der Menschen und mit den Schatten ihrer langen Vorgeschichte. Auf beiden Seiten haben die Menschen mit der Mauer gelebt. Auch wir hatten uns eingerichtet mit ihr und wohl in mancher Hinsicht in einem künstlichen Raum gelebt. Manche Fragen waren ausgespart und sind nun erneut und mit großer Wucht uns vorgelegt. Durch einen historischen Erdrutsch sind verschiedene Schichten der jüngeren Geschichte aneinandergeraten. Viele Gemeinden haben Partnergemeinden in der früheren DDR. Es könnte einen Augenblick lang so ausgesehen haben, als sei die erhöhte Aufmerksamkeit, die dieser Partnerschaft gegolten hat, nun nicht mehr so nötig. Das Gegenteil ist offensichtlich der Fall. Wo wir uns früher auf Zeichen beschränken konnten und manchmal auf finanzielle Hilfe uns beschränkt haben, ist jetzt eine ganze dialogische Wirklichkeit gefordert. Wir müssen beieinander bleiben und dabei die Fülle von Fragen, Sorgen und Nöten auf uns nehmen. Wir erleben in dem allen eine Infragestellung unserer eigenen Situation und unserer eigenen kirchlichen Konzeption. Konkrete Fragen sind die nach dem Verhältnis zwischen Staat und Kirche, ja zwischen Kirche und Welt überhaupt; nach der Präsenz der Kirche im öffentlichen Leben, nach der Eindeutigkeit kirchlicher Rede. Sicherlich geht es nach wie vor um finanzielle Hilfe für die östlichen Gemeinden, mehr noch aber ist der intensive Dialog gefordert und die Bereitschaft unsererseits, die Grundlagen unseres kirchlichen Lebens neu durchdenken. Ich freue mich, daß in beiden Richtungen Besuche zwischen den Gemeinden stattfinden; es kommen nun zum ersten Mal die Kirchenvorstände der östlichen Gemeinden hierher; manchmal werden sehr unverhoffte Fragestellungen uns begegnen.

Der Kreissynodalvorstand hat im Frühjahr in Mecklenburg Gespräche mit Vertretern des kirchlichen Lebens geführt und ebenso wie der Pfarrkonvent vor einigen Tagen in Erfurt von vielen Ängsten der Menschen Kenntnis genommen, von der Sorge einer Bevormundung durch den Westen, der Furcht vor einer schlichten Anpassung an unsere kirchlichen Lebensformen und von der verbreiteten Angst vor Arbeitslosigkeit. Auch in diesem Jahr sind vom Kirchenkreis finanzielle Einzelhilfen in Gemeinden der früheren DDR geflossen.

2. Konturen des Christlichen. In der Begegnung mit den östlichen Gemeinden sind Grundfragen der Kirche und der Theologie neu gestellt worden. Zugleich sind auch an anderer Stelle wesentliche Aussagen der christlichen Theologie neu zu bedenken aufgegeben worden. Ich denke besonders an das christlich-jüdische Gespräch und darin namentlich an die Deutung der Gestalt Jesu.

Es ist ferner zu erinnern an die Diskussion über den Sinn der Rechtfertigungslehre, die von manchen als Ausdruck eines menschenunfreundlichen Pessimismus verstanden wird, der seiner Inhumanität

Abb. 4 *Christuskirche, Bad Godesberg (Plittersdorf)*

wegen zu meiden ist. Unser theologischer Nachwuchs wird mit einer Fülle solcher Fragen konfrontiert. Andererseits entsprechen dem Fragestellungen in unserer Gemeinde, so daß hier neue Chancen des Dialogs zu finden sind. Es gehört hierher auch die Auseinandersetzung mit dem Islam, mit den sehr unterschiedlichen geistigen Bewegungen, Sehnsüchten, die man unter dem Stichwort *New Age* zusammenfaßt, mit alten und neuen Sektenbildern. Angesichts der Unruhe unseres heutigen Lebens und der Vielgeschäftigkeit in unserer Kirche ist es erforderlich, dafür Sorge zu tragen, daß im Pfarramt Zeit und Ruhe gefunden werden, sich mit der neueren Theologie, mit weltanschaulichen Kontroversen, mit den Humanwissenschaften und mit der Kunst zu befassen. Es ist zu begrüßen und fördern, daß Pfarrer und Pfarrerinnen die Möglichkeiten der Fortbildung nutzen.

Auch müssen wir alle dafür Sorge tragen, daß unser Glaube im persönlichen alltäglichen Leben Ausdrucksformen findet und zu einer auch für unseren Nächsten spürbaren Größe wird.

3. Frauen in der Kirche. Um die Frage neuer Formen christlichen Lebens und um neue Chancen geht es auch, wenn darüber nachgedacht wird, wie die Situation der Frauen in unserer Kirche in ihren spezifischen Inhalten deutlicher als bisher formuliert werden kann. Nach dem Beschluß der Landessynode 1989 hat sich in unserem Kirchenkreis ein Arbeitskreis unter Leitung von Heidi von Huhn intensiv mit dieser Frage befaßt. Im einzelnen wird Frau von Huhn heute darüber berichten. Mir scheint wichtig, daß die Arbeit dieses Kreises für die Zukunft abgesichert wird durch die Einsetzung eines festen Ausschusses, so daß auch weiterhin auf der Ebene des Kirchenkreises Gesprächsmöglichkeiten für Frauen vorhanden sein werden. Im übrigen sehe ich die Notwendigkeit, in den Gemeinden mehr als bisher für Frauen die Möglichkeit zu schaffen, sich miteinander über die spezifischen Bedingungen ihrer beruflichen und persönlichen Existenz auszutauschen. Die Frage, ob auf Kirchenkreisebene die Stelle einer Frauenbeauftragten zu schaffen sei, ist im Kreissynodalvorstand erwogen worden und zunächst noch einmal an die Gemeinden zurückgegeben worden. Sie ist dort in der Regel schon beraten worden, doch haben mehrere Gemeinden darum gebeten, die Entscheidung in dieser

Sache auf die Frühjahrssynode zu verschieben, um vorher noch einmal Gelegenheit zur weiteren Klärung zu haben.

4. Jugend und Kirche. Wir müssen sehen, daß die Jugendlichen unserem kirchlichen Leben oft fremd gegenüber stehen und daß die Jugendarbeit mit den vielleicht größten Schwierigkeiten innerhalb der Tätigkeiten der Gemeinden zu kämpfen hat. Die Presbyterien werden dieser Tatsache nicht ausweichen und das fortgesetzte Gespräch mit den Jugendleitern suchen. Die Fragen, die junge Menschen an die Kirche haben, können wir nicht als unwesentlich abtun. Es gibt in ihnen durchaus ein Gespür für Wesentliches; und da, wo junge Menschen die Praxis christlichen Handelns erleben, wird die Zustimmung nicht ausbleiben. Besondere Bedeutung kommt dem kirchlichen Unterricht (auch Elternarbeit) und der Präsenz der Kirche an den Schulen zu. Das Jugendpfarramt trägt Sorge für einen regelmäßigen Austausch unter den Jugendleitern. Es hat auch in diesem Jahr Begegnungen mit jungen Christen aus Mühlhausen in Thüringen und mit jungen Menschen aus Israel gegeben. Der Kirchenkreis wird auch im kommenden Jahr eine Fahrt von Jugendlichen nach Israel unterstützen. Nach wie vor leistet die Kontaktstelle für arbeitslose Jugendliche eine wertvolle Arbeit. Der Kreissynodalvorstand hat der Anmietung eines eigenen Raumes zugestimmt und er schlägt der Synode vor, über die Dauer der AB-Maßnahme hinaus den Schreinermeister Rübsam, der die schwierige Arbeit mit den Jugendlichen trägt, weiterhin zu beschäftigen. Am Rande sei gesagt, daß es den Gemeinden möglich ist, Schreineraufträge in der Kontaktstelle in Auftrag zu geben; die dort geleistete Arbeit wird auch in technischer Hinsicht immer wieder gelobt.

5. Strukturen. Der Unabgeschlossenheit des theologischen Denkens steht innerhalb der Kirche ein Feld gegenüber, auf dem wir immer schon am Ziel, nämlich beim Menschen sind, ich meine die Diakonie. Die Kritik an der Kirche macht hier in der Regel abrupt halt. Wir müssen nicht fürchten, daß die Akzentuierung des Diakonischen unserer Kirche durch Fernerstehende das Augenmerk mehr auf ein Randgeschehen als auf das Wesentliche lenkt. Im Diakonischen liegt das Wesen der Kirche beschlossen, und wir sind bei ihrem ureigensten

Anliegen, wenn Diakonie geschieht. Hier ist die Chance einer großen Unmittelbarkeit gegeben und einer Freiheit von Problemstellungen, die wir an anderer Stelle freilich auf uns zu nehmen haben. Wir haben uns im zu Ende gehenden Jahr mit den Aufgaben unserer diakonischen Einrichtungen eingehend befaßt. Es stand einerseits an, die Neubesetzung der Leitung des Diakonischen Werkes der Kirchenkreise Bonn und Bad Godesberg vorzubereiten, weil Frau Niemeyer im Frühjahr in den Ruhestand treten wird. Es haben hierzu eingehende Gespräche zwischen den Kreissynodalvorständen und auch mit dem Landeskirchenamt in Düsseldorf stattgefunden. Wir haben die Kirchenleitung gebeten, uns die Möglichkeit zu eröffnen, ggf. eine Theologin oder einen Theologen in die Leitung des Diakonischen Werkes zu berufen und dafür die Errichtung einer Pfarrstelle vorzusehen. Wir trafen darin zusammen mit entsprechenden Anträgen der Kirchenkreise Leverkusen und An Sieg und Rhein, so daß aus vier Kirchenkreisen analoge Anliegen in Düsseldorf vorgetragen wurden. Trotzdem hat man sich dort zur Errichtung einer Pfarrstelle nicht verstehen können. Angesichts des Pfarrstellenstops hat man empfohlen, auf der Landessynode im Januar 1991 sich für die Aufhebung des Pfarrstellenstops einzusetzen. Andererseits ist im Blick auf die von den Kirchenkreisen angebotene Eigenfinanzierung dieser Stelle nicht ausgeschlossen worden, daß ein Theologe im Angestelltenverhältnis für die Leitung des Diakonischen Werkes berufen wird. Es entsprach den Beratungen, die wir gehabt haben, daß die Ausschreibung dieser Stelle sich an ein breiteres Berufsspektrum wandte, so daß sich Theologen und Sozialarbeiter - natürlich jeweils Damen und Herren - haben bewerben können. Es liegen jetzt Bewerbungen vor; eine erste Sitzung ist vom Vorstand des Diakonischen Werkes und den beiden Kirchenkreisen abgehalten worden. Eine andere Frage, die uns beschäftigt hat, ist die Einbeziehung der Behindertenseelsorge in das Diakonische Werk. Frau Niemeyer hat hierzu ein Satzungsentwurf erstellt, der dem allseits geteilten Wunsch Rechnung trägt, dem Seelsorger bzw. Seelsorgerin in der Arbeit mit den behinderten Menschen einen größtmöglichen Freiraum zu gewähren. Wir können keinen Gegensatz sehen zwischen der Seelsorge und den Anliegen der Diakonie und meinen, daß eine verwaltungstechnische Entlastung der Behindertenarbeit durch das Diakonische Werk erstrebenswert ist. Der Entwurf ist erstellt worden in Abstimmung mit der gegenwärtigen Inhaberin der Stelle für Behindertenarbeit und ist meines Erachtens geeignet, diesem Feld die nötigen Wirkungsmöglichkeiten offen zu halten. Herr Dr. Koban wird hierzu berichten. Eine weitere Frage, die aber noch nicht zu einem Abschluß geführt werden konnte, ist die nach Schaffung neuer räumlicher Möglichkeiten für die Behindertenseelsorge; dabei hat der Wunsch eine Rolle gespielt, dieser Arbeit auch einen deutlichen Standort im Godesberger Raum zu geben. Man wird zu fragen haben, ob bei einer baulichen Unternehmung auch andere kirchliche Stellen unter einem Dach zusammengefaßt werden können. Es ist schließlich zu erwähnen, daß zur Errichtung einer Außenstelle des Diakonischen Werkes in Rheinbach ein Zuschuß von DM 50.000,- gewährt worden ist.

6. *Aussiedler und Asylanten in unserer Mitte.* Eine Fülle von Aufgaben ist nach wie vor gestellt durch die Nöte der Aussiedler und Asylanten. sie wissen, daß die Arbeit des Kirchenkreises auf diesem Felde eine schwere Einbuße erlitten hat durch den Tod von Bruder Richard Diehl. Seine Arbeit war so kraftvoll und prägnant, daß wir Mühe haben, jemanden zu finden, der sie fortführen kann und will. Im Kirchenkreis Bonn ist für diese Arbeit eine Sonderdienststelle eingerichtet; wir müssen auch diese Möglichkeit für unseren Kirchenkreis erwägen; andererseits ist das Arbeitsfeld doch richtiger wahrzunehmen durch einen Sozialarbeiter. Auf die ehrenamtliche Hilfe in den Gemeinden ist nicht zu verzichten.

7. *Konziliarer Prozeß.* Im Wort »konziliar« steckt der lateinische Wortsinn »Versöhnung«. Es geht um Versöhnung mit den Völkern und auch um Versöhnung mit der Natur. Wir haben die Begegnung mit jungen Israelis erwähnt. Es wurden auch in diesem Jahr die Kontakte nach Polen und in die UdSSR fortgeführt, und in beiden Fällen auch finanzielle Hilfen des Kirchenkreises gewährt. Der Kirchenkreis wird finanziell und personell beteiligt sein an den von der Rheinischen Kirche geplanten Veranstaltungen anläßlich des 50. Jahrestages des Einmarsches in Rußland. Das Zentrum dieser Veranstaltung ist die

Stadt Pskow (Pleskau). Ich bin dankbar dafür, daß die Friedenskreise in unserem Kirchenkreis diese Veranstaltungen unterstützen und auch ihrerseits weiterhin Kontakte zu unseren östlichen Nachbarn pflegen. Finanzielle Hilfe wurde auch für eine Begegnungsstätte in Minsk bewilligt. Ich bin auch dankbar dafür, daß in den Gemeinden unvermindert die Aufgaben des Umweltschutzes artikuliert werden und das trotz einer weithin herrschenden Gleichgültigkeit und Unbedachtheit immer wieder auf das gewiesen wird, was uns im persönlichen und kirchlichen Leben möglich ist. Es ist im übrigen ganz sicher so, daß die ethischen Forderungen, die im kirchlichen Leben ausgesprochen werden, von den Menschen nur dann aufgenommen und verstanden werden, wenn sie von faktischen Vollzügen der Mitmenschlichkeit begleitet werden und wenn sie im Zusammenhang einer deutlichen Verkündigung des Evangeliums stehen. Wir wollen Rede und Antwort stehen in unserem christlichen Glauben und können dies nicht nur als eine bloße Last empfinden, sondern als Gelegenheit, die Tiefe, Weite, Schönheit und Kraft unseres Glaubens neu zu ermessen.

8. Partnerschaft mit Mbandaka/Zaire. Für das Jahr 1991 ist die Entsendung einer Jugenddelegation unter Leitung von Synodaljugendpfarrer Hatscher und Frau Pfnorr-Leihner in unseren Partnerkreis Mbandaka im Zaire vorgesehen. Die Gruppe der Jugendlichen wird seit langem intensiv von Pfarrer Hatscher und Frau Pfnorr-Leihner vorbereitet. Im Jahre 1991 soll auch die Konsultation stattfinden, in der der bisherige Weg der Partnerschaft zwischen beiden Kirchenkreisen kritisch gewürdigt wird und die Frage nach der Fortführung dieser Partnerschaft zu stellen sein wird. Offizielle Delegierte unseres Kirchenkreises werden Pfarrer Terpitz und Pastorin Edelmann sein. Wir haben uns bemüht, in enger Abstimmung mit der *Vereinigten Ev. Mission* zu stehen, und uns im Kreissynodalvorstand eingehend über die neuen Entwicklungen in Mbandaka berichten lassen. Es ist gewiß nicht ganz einfach, die dortige Situation einzuschätzen; trotzdem sollten wir auf die Chance der Bereicherung des christlichen Lebens hier und dort durch einen dauernden Kontakt nicht verzichten. Die finanzielle Seite der Partnerschaft ist, wie Sie dem Haushaltsplan entnehmen können, nicht so gravierend, daß diese Fragestellung im Vordergrund stünde.

9. Öffentlichkeitsarbeit - Lokalfunk. Die öffentliche Wirksamkeit unserer Kirche hat heute auch zu tun mit der Wahrnehmung der neuen Möglichkeiten der Medien.

Ihnen liegt heute ein Antrag vor, zusammen mit den Nachbarkirchenkreisen Bonn und An Sieg und Rhein einen Beauftragten für den Lokalrundfunk zu bestellen. Herr Wurm hat bisher die wachsenden Aufgaben ehrenamtlich wahrgenommen, seit langem aber signalisiert, daß hier ein Hauptamtlicher ans Ruder muß. Soweit ich aus Bonn und aus dem Kirchenkreis An Sieg und Rhein weiß, ist man dort noch nicht so weit in den Erwägungen wie wir, anderseits drängt die Zeit. Ich vermute, daß sich die Kirchenkreise Bonn und An Sieg und Rhein uns anschließen werden, wenn wir bereit sind, zusammen mit ihnen die Stelle für den Lokalrundfunk einzurichten. Es geht nicht um neuen Lärm, sondern darum, die Möglichkeiten wahrzunehmen, Menschen in ihrem Leben und an ihrem Ort einen Anstoß zu vermitteln, ihr Leben und Handeln mit dem Glauben an den Dreieinigen Gott zu verbinden.

Es ist hier wie auch sonst wichtig, daß nicht lose daher geredet, sondern fundiert vom Glauben gesprochen wird. Es gibt im kirchlichen Leben eine gewisse Inflation in der Rede, eine Redseligkeit, die bei dieser Gelegenheit nun kritisch zu prüfen wäre. Es hängt alles daran, daß wir unsere Person in ihren Aussagemöglichkeiten und mit ihren Fragen und Nöten nicht hinter dem Geschehen der Medien verstecken. An der Person vorbei geht nichts; nur an ihr findet die kirchliche Rede ihre Schärfe und Brisanz.

Ein Ort, an dem viel Außenkontakt der Kirche geschieht, ist in unserem Kirchenkreis auch die Jugendbildungsstätte in Merzbach. Bruder Helmuth Hofmann hat in einem eingehenden Schreiben den Gemeinden zu bedenken gegeben, ob nicht ein Ausbau Merzbachs, nämlich durch einen Erweiterungsbau mit kleinen Zimmern, die Möglichkeiten der Jugendbildungsstätte wesentlich erweitert werden. Ich weiß, daß es hier ein Für und Wider gibt, wir sollten das alles in Ruhe erwägen. Ich schlage darum vor, einen Ausschuß zu bilden, der die Chancen und finanziellen Belastungen eines Ausbaus in Merzbach im einzelnen prüft und der Synode im Frühjahr einen Bericht vorlegt.

10. Einzelnes - Dank. Es ist erfreulich, berichten zu können, daß die frei gewordene 2. Pfarrstelle in Rheinbach neu besetzt werden konnte. Im Sommer ist dort Dr. Hanns Stephan Haas neu in sein Amt eingeführt worden, den ich nun hier besonders begrüße. Daß die Berufsschulpfarrstelle in Bad Godesberg durch Gabriela Voß-Kaminski neu besetzt wurde, habe ich schon im Frühjahr berichtet; inzwischen konnte auch die neu geschaffene Schulpfarrstelle für den Dienst in Euskirchen durch Bruder Achim Hasselhoff neu besetzt werden. Dagegen ist die Sonderdienststelle in Rheinbach für die außerschulische Arbeit, die im Rahmen der Glasfachschule geschaffen worden ist, noch nicht wieder besetzt. Es wäre hier sicherlich wünschenswert, daß die Neubesetzung in enger Zusammenarbeit mit der Rheinbacher Gemeinde geschieht und daß jemand gefunden wird, der zumindest für einige Jahre bereit ist, diese erhebliche Aufgabe auf sich zu nehmen. Auch die Stelle des Krankenhausseelsorgers in Godesberg ist noch zu besetzen. Es sind nun im Sonderdienst in unserem Kirchenkreis inzwischen tätig: Frau Emge zu meiner Entlastung. Herr Niefindt in Münstereifel; dort war die Errichtung einer zweiten Pfarrstelle beantragt und dabei war auch die Notwendigkeit dieser Errichtung überzeugend dargetan worden; trotzdem konnte auch hier wegen des Pfarrstellenerrichtungsstops noch nicht die notwendige 2. Pfarrstelle errichtet werden. Eine Entlastung von Bruder Sassenscheidt ist nun durch Bruder Niefindt gegeben, der seit dem 1.10. dort tätig ist. In Merzbach ist die Dienstzeit von Pastor Steffen verlängert worden. In den Hilfsdienst wurden aufgenommen: in Zülpich Frau Kreß, in Flamersheim Frau Lauterjung, in der Christus-Kirchengemeinde in Godesberg Herr Meßner, in der Heiland-Kirchengemeinde Herr Rönsch, in Rheinbach Frau Schlösser und in der Erlöser-Kirchengemeinde in Godesberg für die Arbeit im Altenheim Herr Trauthig; aus dem Hilfsdienst ausgeschieden ist Pastor Waschk, der als Prediger in unserem Kirchenkreis auch weiterhin zur Verfügung steht und nun mit einer Promotionsarbeit befaßt ist. Frau Kreß wird besonders viele Aufgaben wahrzunehmen haben, weil es Herrn Hembeck nicht gut geht; Bruder Hembeck gelten unsere herzlichen guten Wünsche. Als Vikare sind seit dem Frühjahr bzw. seit dem Herbst des Jahres in unseren Gemeinden neu hinzugekommen: Herr Alsdorf, Frau Bachus, Frau Rackow-

Mönkemeier, Frau Schlarp, Herr Thönes, Herr Triebel-Kulpe, Herr Will und Frau Wirths. Wir freuen uns darüber, daß junge Theologen in unsere Gemeinde kommen und den Mut haben, auch neue Arbeitsfelder zu betreten.

Das kirchliche Leben in den Gemeinden und unseres Kirchenkreises ist für jeden eine Freude, der an ihm teilhat. Dies kann trotz aller Fragen und neuen Aufgabenstellungen, Sorgen und Belastungen gesagt werden. Ich danke insbesondere allen Ehrenamtlichen, die ihren Sachverstand und die Zuversicht ihres Glaubens in die Aufgabenstellung unserer Gemeinden und des Kirchenkreises hineingeführt haben und dabei ein reiches Opfer an Zeit nicht gescheut haben. Ich danke allen, die mit mir in diesem Jahr zusammengearbeitet haben und bedauere nur, daß das Nebeneinander meiner Aufgaben im Pfarramt und im Kirchenkreis manches hat zu kurz kommen lassen.

3. Wahrnehmungen des Glaubens

Euskirchen (Evangelische Kirche), 16. November 1991

Wir sehen zurück auf ein Jahr, in dem sich uns viele neue Fragen und Aufgaben gestellt haben. Es geht um vertiefte Wahrnehmungen des Glaubens: Er muß neue Wirklichkeit aufnehmen und in aller Wahrhaftigkeit Stellung beziehen. Am Anfang des Jahres stand der Golfkrieg, der die Menschheit in tiefe Angst stürzte und wohl jeden von uns in seiner Lebenshaltung und in seinem Glauben herausgefordert hat. Wir suchten nach neuen Worten und nach neuen Gebeten und dachten nach über Umkehr und neue Lebensweisungen. Wir fragten nach unserer Schuld und bemerkten, wie viel ungeklärt geblieben war in unser aller Lebensführung. Welche Folgen hat dies alles für uns gehabt? Welche Pflichten sind uns deutlich geworden? So sehr unser Glaube in den Bereich des Persönlichen gehört, im Bereich des einzelnen Lebens seine Fragen findet und nach Antworten sucht, so sehr wissen wir, daß der Glaube eine umfassende Weltverantwortung hat, und daß wir uns den umfassenden Fragen der Neuzeit und den ethischen Forderungen der einen Menschheit nicht entziehen können. Unsere Abneigung, den Glauben zu verbinden mit Gefühlsduselei, ist ein Hinweis auf seine wahren Aufgaben. Wie geht die Kirche um mit den ihr anvertrauten Pfunden? Was leistet sie neben dem Staat, der Wissenschaft und der Kunst, um Wirklichkeit zu verstehen und um Notwendigkeiten wahrzunehmen? Wir haben ja doch die Aufgabe, wie Carl Friedrich von Weizsäcker seit langem anmahnt, den Acker zu pflügen »für eine Saat der Wirklichkeit« (*Deutlichkeit*, 1981, 110).

1. Dialog im vereinten Deutschland. Die veränderte Lage unseres Volkes, das nun endlich in Freiheit vereint ist, hat, wie es abzusehen war, ebenfalls eine intensive Befragung unserer geistlichen und ethischen Grundlagen mit sich gebracht. Viel an Harmlosigkeit ist verloren gegangen. Und wir müssen einsehen, daß manche Frage, die sich uns jetzt stellt, längst hätte von uns bedacht werden müssen. Was insbesondere von uns gefordert ist, ist die Rechenschaft von dem, was für unser Leben tatsächlich verbindlich und ausschlaggebend ist. Was zählt, wenn es nicht die wirtschaftliche Zahl sein soll? Was ist uns heilig? Wie stehen wir zur Würde des Menschen, zur Würde des Lebens, zur Herausforderung, die Stellung der Kirche im öffentlichen Leben zu definieren? Die weitreichenden Fragen des Glaubens dürfen nicht verdecken, daß er sich in einem ersten Schritt zunächst einmal auf unser allerengstes Lebensfeld zu beziehen hat. In den Dimensionen unseres eigenen Lebens haben wir uns zuerst zu bewähren. Es ist durchaus nicht gleichgültig, wie wir täglich miteinander umgehen, wie viel Mühe wir uns geben, im Gemeindeleben einander zu würdigen und in Wahrhaftigkeit aufeinander zuzugehen. Es ist nicht damit getan, daß jeder still für sich zwischen dem, was der Alltag mit sich bringt, und dem, was er glaubt und hofft, unterscheidet. Das eine gehört zum anderen. Es gibt keinen ausgesparten Raum, im Gegenteil: Dieser mein Alltag ist die Chance meines Glaubens, und diese Zeit ist auch der Ort der Ewigkeit. Wie ein Presbyterium sich verhält, wenn es zu schwierigen Mitarbeiterfragen Stellung zu nehmen hat, in welchem Ton Gespräche geführt werden und welche Argumente schließlich den Ausschlag geben, ist von erstrangiger Bedeutung in der Bewährung unseres Glaubens. Und nicht zufällig pflegen Menschen, die der Kirche ferner stehen, auf diese Äußerungen des Glaubens pointiert zu achten. Wir sagen, unsere Gemeinde soll einladend sein. Ich frage mich oft, ob das, was von unserem Gemeindeleben zu sehen ist, nicht manchmal geradezu ausladend wirken muß. Hier ist die größte Aufmerksamkeit von uns gefordert und ein tägliches Nachfragen nach dem eigenen Verhalten. Dies ist die Lebensnähe des Glaubens. Von solcher Selbstprüfung aus ist es sinnvoll, Dialoge mit den Christen zu führen, die in den neuen Bundesländern nach neuen Formen christlicher Lebensäußerungen suchen. Es ist gut, daß die Kontakte unserer Gemeinden zu den Partnergemeinden in den sogenannten neuen Bundesländern intensiv gepflegt werden. Die Mißverständnisse, die es gegeben hat und gibt, sind ein Hinweis auf die Notwendigkeit neuer Gemeinsamkeit.

2. Friedenswege. Ich freue mich darüber, daß besonders in den Schulen Dialoge mit den Nachbarn des Ostens gesucht werden. Möglicherweise ist es an der Zeit, auch den Gesprächszusammenhang mit unseren westlichen Nachbarn neu und vertieft wahrzunehmen. Ich bin dankbar für alle Wege in den ehemaligen Ostblock. Der Kreissynodalvorstand hat gerne Begegnungsfahrten von Schülern unterschiedlicher Schularten nach Polen gefördert. Er hat ebenso die Reise von Bewohnern der russischen Stadt Pskov zu uns und einen Gegenbesuch unsererseits unterstützt. Die Gespräche mit den Menschen aus Rußland waren sehr eindrücklich. Sie führten u.a. darauf, den Spuren der Opfer des 2. Weltkrieges, so weit sie sich in unseren Gemeinden feststellen lassen, weiter nachzugehen. Der *Verein an der Synagoge* hat sich dies zur Aufgabe gemacht. Dankenswerterweise hat Pfarrer Kohl den Vorsitz dieses Vereins übernommen. Der Kirchenkreis sucht, die Arbeit dieses Vereins zu fördern, er ist auch Mitglied in der Deutsch-Israelischen Gesellschaft, und er hat jetzt beschlossen, eine Veröffentlichung zu fördern, die der *Intersynodale Arbeitskreis Christen und Juden* plant, um das Schicksal jüdischer Mitbürger in der Zeit der Naziherrschaft (»Unbesungene Helden«) aufzuklären und zu beschreiben. Über alle notvollen Situationen hinweg ist im Rahmen der Jugendarbeit der Kontakt zu Israel weiter gepflegt worden. Pfarrer Hatscher war eben mit Jugendlichen in Israel; und im nächsten Jahr werden junge Israelis wie auch im vorigen Jahr wieder hierher kommen. Unter dem Stichwort Friedenswege sei schließlich erwähnt, daß es innerhalb unseres Kirchenkreises zahlreiche Kontakte nach Riga und Leningrad und daß es auch Konzerte eines Chors aus Leningrad und eines Chors aus Tallin (Reval) bei uns gegeben hat. Ich danke allen Helfern, Lehrern, Presbytern und Pfarrern dafür, daß sie diese Verstehensarbeit gefördert haben. Und ich danke den Partnern in Rußland, in Israel und in Polen – es ist zu Menschlichkeit gekommen, wo Unmenschlichkeit gewesen ist. Die Arbeit der Versöhnung muß auch künftig Weisung für unser konkretes Verhalten sein und Ausgangspunkt für unseren Umgang mit Menschen, die uns ihrer Herkunft nach und ihrem Glauben nach fremd sind.

Abb. 5 *Christuskirche, Meckenheim*

3. Der Glaube und der fremde Nächste. Unser Glaube macht es unmöglich, daß wir uns bestimmen lassen von der schlichten instinktiven Ablehnung alles Fremden. Nur das Heidentum glaubt an sich selbst und fürchtet das Fremde. Möglicherweise haben wir zu tun mit untergründigen Ängsten in uns selbst. Es gilt nicht, Schwierigkeiten zu verschweigen, denen wir heute in der großen Zahl der Flüchtlinge, Aussiedler und Asylsuchenden gegenüberstehen. Die Aufgaben sind nicht klein, aber es ist für eine christliche Gemeinschaft unverzichtbar, daß sie sich nicht von Vorurteilen und Selbstüberhebung leiten läßt und daß sie zu Opfern bereit ist. Ich bin dankbar dafür, daß viele Menschen das, was ich hier anzudeuten versuche, in ihren Taten zum Ausdruck bringen. Ich denke nicht nur an die zahlreichen Zeichen, die am 9. November von vielen Menschen gegeben worden sind, sondern auch an die in unserem Kirchenkreis vielfältig gesuchten Begegnungen mit den Menschen, die hier fremd und auf unsere Hilfe angewiesen sind. Zwar ist es bisher nicht gelungen, einen Nachfolger in der Arbeit des verstorbenen Herrn Diehl zu finden, aber es hat sich angesichts des veränderten und erweiterten Arbeitsfeldes unter Leitung von Frau Terpitz, Pastorin Emge und Herrn Birck ein Kreis gebildet, der für uns alle die Aufgaben sichtbar machen möchte, um die es hier geht. Herr Piest hat damit begonnen, einen Überblick über das zu erstellen, was jetzt und in naher Zukunft zu tun ist. Wir werden auf der Frühjahrssynode zu entscheiden haben, wie die Arbeit auf der Ebene des Kirchenkreises fortgeführt werden kann, ob es einer Zentrierung durch hauptamtliche Tätigkeit bedarf. Ich bitte, die Arbeit nicht zu scheuen und die Fragen zu beantworten, die Herr Piest uns in einem Fragebogen vorgelegt hat. Das kann uns helfen, ein Arbeitsfeld wahrzunehmen, das bisher möglicherweise vernachlässigt worden ist.

4. Verantwortung gegenüber der Schöpfung. In vielfacher Weise behaften uns die Gefahren unserer Zeit bei der Verantwortung gegenüber der Schöpfung. Pfarrer Doepner ist bereit, die Synodalbeauftragung für das Aufgabenfeld Umweltschutz zu übernehmen. Er hat aber zu Recht gefordert, daß diese Beauftragung keine Alibifunktion haben dürfe. Sie hat nur dann Sinn, wenn tatsächlich in jeder Gemeinde die Frage der Umweltschonung bei allen einschlägigen Entscheidungen mit bedacht wird. Wir sollten uns jede Leichtfertigkeit und gar jeden Spott in dieser Frage verbieten. Die Aufgaben richten sich zunächst an jeden einzelnen und seine Gewohnheiten. Den Menschen unserer Zeit stehen in der Erledigung der alltäglichen Aufgaben Hilfen zur Verfügung wie nie zuvor. Wir müssen aber nicht alles tun, was möglich ist. Der Verzicht ist eine nicht überhörbare Forderung an uns und gehört im übrigen zur Entstehung und Erhaltung einer jeden Kultur. Ich denke, wir haben uns darin zu üben, mit dem gleichen Ernst, mit dem wir Fragen unseres persönlichen Lebens entscheiden, auch über die Fragen nachzudenken und zu befinden, die dem Leben der Gemeinschaft und der nachfolgenden Geschlechter gelten.

5. Partnerschaft mit dem Kirchenkreis Mbandaka/Zaire. Unsere Partnerschaft mit dem Kirchenkreis Mbandaka im Zaire hat einerseits zu intensiver Arbeit und Gemeinschaft und andererseits zu schmerzlichen Erfahrungen geführt. Sie wissen, daß unsere Jugenddelegation ihre für den Sommer geplante Reise nicht antreten konnte. Die Entscheidung ist dabei allen Beteiligten schwergefallen - insbesondere deshalb, weil die Nachrichten über die Lage im Zaire und auch in der Partnerkirche schwer zu werten waren. Von den Beteiligten ist kritisch nach der Form der Kooperation mit der *Vereinigten Evangelischen Mission* gefragt worden. Dieser Frage werden wir in Gesprächen zwischen der *Vereinigten Evangelischen Mission* und unserem Kreissynodalvorstand zu Beginn des neuen Jahres nachgehen. Die kirchliche Lage in Mbandaka ist für uns immer noch undurchschaubar. Die äußere Lage hat sich so entwickelt, daß gegenwärtig tatsächlich an den Aufenthalt einer Jugendgruppe dort nicht zu denken ist. Neue Nachrichten finden sich in einem Bericht von Eva Meinerts, der bei unserem Arbeitskreis einzusehen ist. Wir denken an die uns verbundene Kirche in ihrer schwierigen Lage, suchen nach Zeichen dieser Verbundenheit und werden alle Möglichkeiten von Hilfeleistung prüfen. In der Hoffnung auf eine Wandlung zum Besseren und im Ernstnehmen der Entscheidung für diese Partnerschaft ist alles getan worden, um nach Möglichkeit im nächsten Jahr die Reise nachzuholen. Die Jugendlichen, die mit viel persönlichem Eifer sich auf Mbandaka vorbereitet haben, wollen bei der Sache bleiben. Frau Pfnorr-Leihner und Pfarrer

Hatscher danke ich herzlich für ihren Einsatz und nicht zuletzt für ein besonders eindrucksvolles Kapitel gelungener Jugendarbeit. Es ist eine Freude für unsere Gemeinden! Ich freue mich über die aktive Francophone Gemeinde in unserem Kirchenkreis und die Predigt, die Pastor Kabemba am 2. Juni in der Christuskirche gehalten hat.

6. Frauenausschuß und Frauenbeauftragte. Der auf der Herbstsynode 1990 gebildete Frauenausschuß hat im vergangenen Jahr intensiv gearbeitet und sich mit der Frage befaßt, wie die Teilhabe von Frauen am kirchlichen Leben sichtbarer und hörbarer werden kann als bisher. Der Kreissynodalvorstand hat sich wiederholt mit der Frage befaßt, wie die Aufgaben einer hauptamtlichen Beauftragten für Frauenfragen im Kirchenkreis zu bestimmen wären und von welchem Aufgabenumfang auszugehen wäre. Die Kirchengemeinden waren hierzu um Äußerungen gebeten. Frau von Huhn wird gleich den Antrag auf die Berufung einer hauptamtlichen Beauftragten für Frauenfragen vortragen und erläutern. Es gilt, die Wirklichkeit der Frauen in der Kirche sichtbar zu machen und über vielleicht stillschweigend hingenommene Benachteiligungen oder Einschränkungen nachzudenken. Gemeinschaft soll nicht gefährdet, sondern besser als bisher fundiert werden. Das Forum, auf das ich hoffe, soll Gelegenheit geben, Unmut abzutragen, der durch Jahrzehnte dort entstanden ist, wo die Situation der Frauen nicht genügend gewürdigt wurde. Die Frauenbeauftragte soll nicht nur Anliegen der Frauen zur Sprache bringen und Frauen helfen, ihre Situation zu durchdenken und zu artikulieren, sondern auch Männern und Frauen Hilfe zu einer Gemeinschaft zu geben, die vor Gott, voreinander, vor den Familien und den Kindern verantwortet ist.

7. Diakonie - Telefonseelsorge - Kindergartengesetz. Die Diakonie ist eine Lebensäußerung unserer Kirche und eine Form ihrer Seelsorge und ihrer Aufmerksamkeit für den Menschen in seiner jeweiligen Situation. Jeder von uns ist berufen dazu, seinem Nächsten zu helfen. Den Jahresberichten unserer Diakonischen Werke ist die Fülle der Aufgabenfelder und die Ausweitung der Aufgaben zu entnehmen. Unserem Wunsch, für die Leitung des Diakonischen Werkes Bonn/Bad Godesberg eine Pfarrstelle einzurichten, hat die Kirchenleitung nicht entsprochen. Trotzdem ist es gelungen, als Nachfolger von Frau Niemeyer einen neuen Geschäftsführer des Diakonischen Werkes - Herrn Ulrich Hamacher - zu finden, auf den alle Beteiligten gerne zugegangen sind. Es hat bereits ein Gespräch zwischen ihm und unserem Kreissynodalvorstand gegeben. Weitere Kontakte sind für das neue Jahr vorgesehen; in ihnen soll es vor allem um frühzeitige Klärung zwischen dem Diakonischen Werk und den beiden Kirchenkreisen bei der Planung und Bestimmung der diakonischen Arbeitsfelder gehen. Im kommenden Haushaltsjahr macht sich für unseren Kirchenkreis die Einbeziehung der Behindertenarbeit durch einen Mehrbetrag von DM 140.000,- deutlich bemerkbar. Die Einbeziehung der Behindertenarbeit in das Diakonische Werk war von den beiden Synoden zunächst für ein Probejahr beschlossen worden, so daß wir in dieser Sache im Frühjahr endgültig zu entscheiden haben werden. Der Kirchenkreis unterstützt weiterhin die Arbeit der Telefonseelsorge. Auch hier sind neue Kosten durch eine Erweiterung der Arbeit entstanden. Zum 1.10. des Jahres hat Frau Hildegard Schiffer den Vorsitz des Vorstandes niedergelegt. Sie hat in vorbildlicher Weise ihre Arbeit im Horizont einer weiten Menschlichkeit getan. Wir sind ihr dafür sehr dankbar. In ihre Nachfolge ist Herr Eckart Panitzky eingetreten. Wiederholte Male ist im Kreissynodalvorstand über die Implikationen des neuen Kindergartengesetzes (Gesetz über Tageseinrichtungen für Kinder) gesprochen worden. Noch ist eine abschließende Einschätzung nicht möglich, weil die Ausführungsbestimmungen und auch die Erfahrungen vor Ort noch abzuwarten sind. Die Fülle von Voten, mit denen im Vorfeld am Entwurf des Gesetzes Kritik geübt worden ist, hat zu mehreren Neufassungen im Text geführt. Es scheint, daß die Träger der Kindergärten jetzt eher als zuvor mit den neuen Bestimmungen einverstanden sein können. Ich weise hin auf ein Papier, das Frau Gerlach-Keuthmann angefertigt hat. Wir werden uns weiter mit den Neuregelungen und überhaupt mit dem Thema Kindergarten und Gemeinde zu beschäftigen haben. Dem gilt unter anderem ein für den 28. November vorgesehener gemeinsamer Pfarrkonvent mit den Erzieherinnen aus dem Kirchenkreis. Es ist erfreulich, daß im Kindergarten Heimerzheim mit Hilfe des Kirchenkreises die Möglichkeit geschaffen werden konnte, behinderte Kinder in eine Gruppe zu integrieren.

8. Medien und Medienbeauftragter. Die Möglichkeit der Medien und auch des Lokalfunks sind von uns wohl noch nicht ausreichend wahrgenommen worden. Auch wenn es viel Arbeit in unseren Gemeinden gibt, die sich wie zum Beispiel die Seelsorge naturgemäß der Öffentlichkeit entziehen muß, so müssen wir doch sehen, daß auch zentrale Inhalte des kirchlichen Lebens mit Hilfe der Medien durchaus verdeutlicht werden können. Die Synoden Bad Godesberg, Bonn und An Sieg und Rhein haben im vergangenen Herbst bzw. in diesem Frühjahr sich für die Berufung eines Medienbeauftragten für die drei Kirchenkreise ausgesprochen. Inzwischen konnte, nachdem die Stelle in Fachorganen bzw. in der allgemeinen Presse ausgeschrieben war, auf einen Bewerber zugegangen werden. Doch müssen noch die tarifrechtlichen Voraussetzungen für seine Einstellung geschaffen werden. Voraussichtlich schon im kommenden Jahr wird im Dümmler-Verlag das Buch erscheinen, das unter dem Arbeitstitel »Führer durch die Kirchen und Gemeinden im Großraum Bonn« vorbereitet wird. Viele von Ihnen haben diese Vorarbeit durch eine Fülle von Angaben über die Geschichte und Gegenwart der Kirchengemeinden unterstützt.

9. Baumaßnahmen – Jugendbildungsstätte. Der Kirchenkreis hat in diesem Haushaltsjahr verschiedene Bau- und Bauerhaltungsmaßnahmen in den Gemeinden unterstützt, so den Ausbau des Kellers in der Rigalschen Kapelle für die Belange der Francophonen Gemeinde und die Erweiterung des Gemeindezentrums der Paulus-Kirchengemeinde. Er hat Mittel bereitgestellt für den Ausbau des Gemeindezentrums in Swisttal und hat die neue Orgel für die Friedenskirche in Meckenheim mitfinanziert. Nach dem Beschluß der Frühjahrssynode zum Ausbau der Jugendbildungsstätte in Merzbach ist die Planung des Vorhabens in einem von Pfarrer Hofmann geleiteten Ausschuß gut vorangegangen, so daß im Sommer des kommenden Jahres mit den konkreten Baumaßnahmen begonnen werden kann.

10. Einzelnes - Dank. In unserem Kirchenkreis sind in der Heiland-Kirchengemeinde sowie den Gemeinden Swisttal und Euskirchen neue Pfarrstellen beantragt worden. Ferner wurde für die von Pastorin Daub wahrgenommene Behindertenarbeit die Errichtung einer Pfarrstelle erbeten. Wiederholte Male ist von der Kirchenleitung die Frage angesprochen worden, ob nicht deutlich mehr Pfarrstellen als bisher, und zwar mit Gemeindegliederzahlen von etwa 800 pro Pfarrer, geschaffen werden müssen und ob nicht das Pfarrerdienstrecht dahingehend zu ändern wäre, daß von einem Dienstverhältnis auf Lebenszeit abzusehen und möglicherweise auch die Einrichtung einer Neuwahl des Pfarrstelleninhabers nach einer Frist von etwa zehn Jahren vorzusehen wäre. Es ist erfreulich, berichten zu können, daß die lange Zeit vakante Krankenhauspfarrstelle in Godesberg wieder besetzt werden konnte. Die Einführung von Pfarrerin Erika Heller ist für den zweiten Advent vorgesehen. Bei der Frauenhilfs-Diakonieschwesternschaft ist im Mai Pfarrer Wachowsky als Schwesternschaftspfarrer eingeführt worden. Für diese Verbindung unseres Kirchenkreises mit der Gemeinschaft, die unter anderem für die Arbeit unseres Krankenhauses von entscheidender Bedeutung ist, bin ich besonders dankbar. Seit dem 1. Oktober ist in der Glasfachschule Rheinbach Gudrun Schlösser als Pastorin im Sonderdienst tätig. Die seelsorgerliche Arbeit an Schulen und Berufsschulen verbinde ich mit viel Zuversicht. Die neuen Pastoren im Hilfsdienst sind: Frau Viertel in Weilerswist (durch ihre Tätigkeit ist möglich gewesen, daß Herr Pfarrer Doepner für ein Studienhalbjahr in Leipzig freigestellt wurde), Frau Frentzen-Stöhr (mit einer halben Stelle) in Flamersheim und schließlich Herr Rau in der Heiland-Kirchengemeinde zur Entlastung des Synodalassessors. Als Vikar ist seit dem 1.10. Siegfried Eckert Pfarrer Ziegler in der Heiland-Gemeinde zugewiesen. Mit Sorge sehe ich, daß für die Arbeit mit den Gehörlosen in der Nachfolge von Pfarrer Frickenschmidt noch kein Seelsorger gefunden werden konnte. Ich bitte Sie sehr, sich dieses Anliegen zu eigen zu machen und über die Fortsetzung dieser Arbeit nachzudenken. Pfarrer Frickenschmidt wird im Frühjahr des nächsten Jahres in den Ruhestand eintreten. Es ist heute zu früh, ein Wort des Abschieds zu sagen; doch für ein Wort des Dankes ist es nie zu früh, und das sei hiermit ausgesprochen. Ich danke ihm und danke zugleich Ihnen allen für gute Zusammenarbeit und sehe überhaupt dankbar auf alle gute Arbeit in unseren Gemeinden. Es ist ein großes Geschenk, daß wir in den Gemeinden arbeiten dürfen und daß wir mit Menschen guten Willens zu tun haben.

4. Verantwortete Gemeinschaft

Bad Godesberg (Pauluskirche), 14. November 1992

1. Die geschichtliche Situation und unser Glaube. Die Not von Völkern und Menschengruppen, mit denen wir im Sinne einer »Weltinnenpolitik« (Carl Friedrich von Weizsäcker) verbunden sind, stellt gegenwärtig die Politik und die Kirchen vor erhebliche Aufgaben. Mein Ausgangspunkt, das dicht geflochtene Bündel von Fragen und Aufgaben wahrzunehmen, sei in den folgenden Sätzen umschrieben. Die Beziehung unseres Volkes zu den Völkern und zu angeblich Fremden hat in diesem Jahrhundert die schreckliche Gestalt zweier Kriege gehabt und des Versuchs, die jüdischen Mitbürger und andere Minoritäten in Deutschland auszulöschen. In Dankbarkeit sehe ich die Bemühungen, Menschen unseres Landes auf ihre Erinnerung, auf ihre Verantwortung, ja schließlich auf nicht mehr als den Anstand anzusprechen. Es ist gut, daß sich Menschen in unserer Situation öffentlich zu dem bekennen, was die Humanität gebietet. Nach der Geschichte unseres Volkes und unserer Kirche in diesem Jahrhundert können wir nicht anders als mit äußerster Empfindlichkeit reagieren, wenn die Verletzung der Menschenwürde und Haß gegen solche Menschen hingenommen werden, deren Situation aus den Nöten dieses Jahrhunderts gewoben ist. Es ist mir ein Bedürfnis, ausdrücklich zu sagen, wie sehr ich eine Mahnung an uns alle darin sehe, daß Kinder im Alter von 13 und 14 Jahren jüdische Friedhöfe schänden. Die Ursachen hierfür können nur in den geistigen bzw. ungeistigen, moralischen bzw. unmoralischen Zuständen liegen, die diese Kinder vorgefunden haben. Was ist verschwiegen, was ist »ausgeschwiegen« worden? Der Weg zur Inhumanität wird freilich täglich durch unsere Medien reichlich geebnet. Es ist eine Schande, was einige Zeitschriften unseren Kindern vor Augen zwingen. Und ebenso sind die Inhalte des Fernsehens und der Umgang mit dem Fernsehen auf weite Strecken nicht geeignet, junge

Menschen in ein verantwortliches Leben hineinzuführen. Was das Judentum ist in seinem Glauben, in seiner Herkunft, in seiner Bedeutung für die Weltkultur und für die deutsche Kultur insbesondere, ahnen die Kinder natürlich nicht, und das werden sich auch sonst nur verhältnismäßig wenige Menschen in unserem Volke klarmachen. Und das gilt auch für das Entsetzen, ja den Holocaust, der über das Judentum gebracht worden ist; für das persönlichste Leiden, das bis in die Gegenwart reicht. Eltern, Schulen und Kirchen müssen bereit sein, sich Zeit zu nehmen für ihre Jugendlichen, und an den Lebensvollzügen sichtbar machen, was Wert und Verantwortung in einem Leben sind. Ich fürchte, es geschieht in dieser Beziehung viel zu wenig. Und ich fürchte, daß Kinder zu selten am Leben ihrer Eltern sehen können, was diese glauben und daß sie glauben. Das Mitschwimmen in einer Wohlstandsmentalität, wie sie sich in unserem Staat seit Jahrzehnten gebildet hat, muß als Verführung durchschaut werden (vgl. *Weil das Land sich ändern muß* von Helmut Schmidt u. a. in: DIE ZEIT Nr. 47 v. 13. November 1992, S. 3). Der Synodalbeauftragte für Kirchlichen Unterricht in unserem Kirchenkreis weist auf die verfließenden Konturen des Christlichen außerhalb und auch innerhalb des kirchlichen Lebens hin und fragt, ob angesichts der Neigung, den christlichen Glauben zu verbrämen etwa mit der allgemeinen Überzeugung von der Wirksamkeit übersinnlicher Kräfte, unser Land nicht geradezu als ein »Missionsland« bezeichnet werden müsse. Diese Beobachtungen und diese Mahnung werden für uns heute dadurch verstärkt, daß der Volksmissionarische Arbeitskreis berichtet, es falle kirchlichen Mitarbeiterinnen und Mitarbeitern nicht leicht, »in ihrer eigenen Sprache das weiterzusagen, was sie persönlich im Glauben trägt«. Ich bin überzeugt davon, daß wir evangelischen Christen den ethischen Herausforderungen unserer Gegenwart in Wort und Tat nur dann werden begegnen können, wenn wir intensiv bemüht sind um die Läuterung des eigenen Glaubens. In großer Nähe dieser Aufgabenstellung sehe ich die Notwendigkeit, unser Verhalten untereinander ständig unter dem Gesichtspunkt einer verantworteten Gemeinschaft zu prüfen. Nach dem biblischen Verständnis der Gemeinde werden wir uns unbedingt davor zu hüten haben, aufeinander mit dem Finger der Anklage zu weisen: die Guten gegenüber den Bösen, die Wachen gegenüber den Unverantwortlichen und so fort. Voreiligkeit und Lieblosigkeit sind nicht die Sache des christlichen Glaubens. Die uns gestellten Aufgaben sind zum Teil sehr schwierig, und die Lösungen müssen in klarer Vernunft bedacht werden. Zugleich müssen wir einander helfen, unsere eigene Neigung zu Vorurteilen gründlich und kritisch zu prüfen und ohne zu großen Selbstschutz auszuleuchten, was in Kopf und Herz herumlichtert. Menschen in unserem Volk, die sich eben der Tatsache erfreuten, daß nach zwei Weltkriegen ihre Familie und schließlich auch das Vaterland einigermaßen zu sich gefunden haben, stehen unverhofft vor neuen großen Aufgaben, denen wir nicht ausweichen können. Wer vor ihnen die Augen verschließen wollte, würde sich weigern, die Situation unserer Welt auf sich zu beziehen. Es geht um die innere Bereitschaft zur Aufnahme von Flüchtlingen aus Kriegsgebieten und zur Hilfe für Menschen, die bei uns Zuflucht gefunden haben und in deren Leben sich die wirtschaftlichen und politischen Spannungen und Nöte der Gegenwart spiegeln. Von den politisch Verantwortlichen sind strikte Sachlichkeit und klare Humanität zu fordern.

2. Aussiedler und Flüchtlinge in unserer Mitte. Unsere Kirchengemeinden sind intensiv mit der Hilfe für Aussiedler, Flüchtlinge und Asylanten befaßt; oft sind die Mitglieder der Kirchengemeinden die einzigen Menschen, die Zugang zu diesen Personengruppen haben. Eine intensive Zusammenarbeit mit den kommunalen Stellen ist dringend nötig und muß verstärkt werden. Einem Ruf nach »den Kirchen« als Lückenbüßer für sozialpolitische Versäumnisse muß entgegengetreten werden. Es sollten auch nicht die besonders laut nach den Kirchen rufen, die ihre eigene Stellung zu diesen völlig ungeklärt lassen oder ihnen den Rücken zugewandt haben. Die Aufgaben, um die es geht, sind im übrigen allgemein humaner Natur; niemand kann sich ihnen entziehen. Die Berichte von Frau Green und Herrn Birck empfehle ich der genauen Beachtung. Im Godesberger Raum sind von deutlicher Reichweite das Leben der Francophonen Gemeinde und die regelmäßigen Einladungen von Ausländern in das Axenfeldhaus durch

Abb. 6 *Christuskirche, Zülpich*

Frau Pastorin Emge und ihre Helferinnen. Die Gemeinden des Kirchenkreises kommen den Aussiedlern und Flüchtlingen mit einer Fülle von Hilfestellungen entgegen. Von einer Gemeinde weiß ich, daß sie Flüchtlinge in die eigenen Gemeinderäume aufgenommen hat. Der Kreissynodalvorstand hat verschiedentlich Mittel für Ausländer in Notlagen zur Verfügung gestellt.

3. Diakonie sowie Seelsorge und Beratung für einzelne Gruppen. Ich möchte heute insbesondere auf die Arbeit des Diakonischen Werks Euskirchen hinweisen, das getragen wird von den Gemeinden Bad Münstereifel, Euskirchen, Flamersheim, Weilerswist und Zülpich. Der Bericht zeigt den starken Einsatz auf den Gebieten Familienentlastungsdienst (ca. 290 Familien), Entlastung pflegender Angehöriger - Vormundschaften - offene Altenhilfe - Aussiedlerarbeit - Hilfe für Alleinerziehende. Der Kirchenkreis ist mit erheblichen Haushaltsmitteln und auch mit Einzelzuschüssen an der Finanzierung dieser Arbeit beteiligt. Das Diakonische Werk Bonn/Bad Godesberg hat gemäß dem Beschluß der Frühjahrssynode und den Beratungen in den Kirchenkreisen Bonn und Bad Godesberg die Einrichtung einer Stelle für Beratung von Eltern in Trennungs- und Scheidungsfragen (und hier besonders für die Hilfe an den Kindern) und die entsprechenden Haushaltsplanungen vorbereitet; wir werden heute hierüber noch einmal zu sprechen haben. Für die Kosten von rd. DM 82.000,- ist vorgesehen, daß ⅓ der Gesamtkosten für einen Zeitraum von drei Jahren aus Spenden des Diakonischen Werkes aufgebracht werden soll. Laut Kinder- und Jugendhilfegesetz ist die Stadt verpflichtet, diese Beratung anzubieten, sieht sich aber derzeit zu ihrer Finanzierung nicht in der Lage; wir hoffen auf ihre künftige Beteiligung. Die Integration der Behindertenseelsorge in das Diakonische Werk ist gut gelungen. Für die Seelsorgerin, Frau Pastorin Daub, ist mittlerweile (ab 1.1.1992) eine kreiskirchliche Pfarrstelle (beim Kirchenkreis Bonn) errichtet worden. Im Haushalt des Diakonischen Werks ist eine Erweiterung der Mittel für die Behindertenarbeit vorgesehen. Den Bericht der Beratungsstelle für Erziehungs-, Jugend-, Ehe- und Lebensfragen empfehle ich besonders der Lektüre. Aus dem vorgelegten Zahlenmaterial ist zu erkennen, daß ein großer Teil der Ratsuchenden keiner Kirche angehört. Wir sehen die Neigung, einerseits der Kirche eine Fülle von Aufgaben zuzuweisen und Hilfe von ihr zu erwarten, auf der anderen Seite aber die besondere Grundlage des kirchlichen Lebens nicht teilen zu wollen. Für die Gehörlosenseelsorge hat Pfarrer i. R. Frickenschmidt noch einmal einen Bericht vorgelegt. Pastorin Frentzen-Stöhr, die seit 1.10.1991 mit einer halben Hilfsdienststelle im Flamersheim tätig ist, hat sich auf diesem Arbeitsfeld engagiert, so daß wir hoffen können, daß sie die Gehörlosenseelsorge für die drei Kirchenkreise wird ganz übernehmen können. Eine besondere Ausbildung ist dankenswerterweise neben der Hilfsdienstzeit von der Kirchenleitung genehmigt worden; die Finanzierung ist aus den Haushalten der Landeskirche, der Vereinigten Kirchenkreise und des Kirchenkreises Bad Godesberg möglich gewesen.

4. Wege des Friedens. Ich bin dankbar für alle Kontakte der Gemeinden zu Partnergemeinden in den sogenannten neuen Bundesländern. Und ich bin dankbar für die Hilfsaktionen unserer Gemeinden für notleidende Menschen in den östlichen Nachbarländern, insbesondere in Rußland (vor allem Friedenskreis Marienforst für St. Petersburg, mit Unterstützung des Kirchenkreises; und Hilfsaktion der Gemeinde Meckenheim für Orenburg) und in Polen. An einer Fahrt zu evangelischen Gemeinden im südlichen Polen habe ich im Herbst des Jahres teilgenommen; ich hoffe, daß sich aus den gewonnenen Kontakten ein Jugendaustausch zwischen polnischen Gemeinden und Gemeinden der Kirchenkreise Bad Godesberg und Bonn ergeben wird. Den Vorsitzenden des polnischen Gustav-Adolf-Werkes, Pfarrer Janik, habe ich anläßlich der Feiern zum 150jährigen Bestehen des rheinischen Gustav-Adolf-Werkes im kommenden Jahr nach Bad Godesberg eingeladen. Dem Jugendpfarramt verdanken wir einen regelmäßigen Austausch mit Israel.

5. Partnerschaft mit dem Kirchenkreis Mbandaka. In diesem Jahr ist die Fahrt einer Jugenddelegation in den Zaire (2.-31.8.1992) nachgeholt worden; es konnten jetzt nur noch drei Jugendliche dabei sein; mit ihnen reisten Frau Pfnorr-Leihner und Pfarrer Hatscher. Die Delegierten haben innerhalb unseres Kirchenkreises bei verschiedenen Gelegenheiten über diese Reise berichtet. Auch im KSV ist mehrfach berichtet und eingehend über die weitere Partnerschaft und die Möglichkeiten der Hilfe im Zaire berichtet worden. Der Kirchenkreis hat die Vollversammlung (Versöhnungssynode) der Jüngerkirche im Juni 1992 mit DM 30.000,- unterstützt. In der letzten Sitzung des Kreissynodalvorstandes ist beschlossen worden, DM 10.000,- für die medizinische Versorgung (Einrichtung einer zentralen Apotheke) zur Verfügung zu stellen; die Spenden für die Mamaschule sind weitergeleitet sowie Mittel für Lehrergehälter zur Verfügung gestellt worden. Frau Pfnorr-Leihner als der Vorsitzenden des Mbandaka-Arbeitskreises möchte ich herzlich und nachdrücklich danken für ihr Engagement und die geleistete Arbeit.

6. *Kirche und Mission.* Das Vorhaben der Umwandlung der Vereinigten Evangelischen Mission (VEM) in ein internationales Missionswerk United in Mission (UIM) hat ein beinahe unerwartet großes Echo gefunden und in vielen Gemeinden ein intensives Gespräch über den Sinn der äußeren und inneren Mission und die Beziehung zwischen Kirche und Mission eingeleitet. Nur sieben (inzwischen: acht) unserer 13 Gemeinden haben freilich der Bitte um ein Votum zur Umwandlung des Missionswerks entsprochen. Pfarrer Terpitz wird hierüber berichten. In Arbeitsgruppen werden wir über ein Papier beraten, das Grundlage einer Empfehlung an die Landessynode sein könnte. Dem Wunsch nach der Möglichkeit weiterer Klärung des Charakters der missionarischen Arbeit in ihrer Beziehung zu den überseeischen Kirchen und zu den verschiedenen Ebenen unserer Kirchen sollte Zeit gegeben werden.

7. *Kindergartenarbeit.* Die Kindergartenarbeit nimmt in den Beratungen der Gemeinden und in der Begleitung der Arbeit im einzelnen einen hervorragenden Platz ein. Es war im Laufe diesen Jahres eine große Zahl von Personalentscheidungen zu fällen; noch heute abend wird sich der Kreissynodalvorstand in einer außerordentlichen Sitzung mit solchen Fragen zu befassen haben. Auch hat in den Gemeinden die bauliche Erweiterung bzw. der völlige Neubau von Kindergärten eine Rolle gespielt. Es besteht nach wie vor ein erheblicher Mangel

an Kindergartenplätzen. Es ist - und ich tue dieses auch im Blick auf die weitere Öffentlichkeit - den Gemeinden für den erheblichen finanziellen Einsatz für die Kindergärten zu danken; und es ist besonders den ehrenamtlich Tätigen für das hohe Maß an Zeit und Kraft zu danken, die sie für die Kindergärten, namentlich für die zahlreichen Personalentscheidungen, aufwenden. Die Fülle dieser Entscheidungen wird augenfällig in der Tagesordnung des Kreissynodalvorstandes, der in jeder seiner monatlichen Sitzungen durchschnittlich fünf Anstellungsverträge zu genehmigen hat.

8. Jugendarbeit. Unsere Kinder und Jugendlichen werden heute von schulischen und außerschulischen Anforderungen derart in Anspruch genommen, daß es der kirchlichen Einladung an sie oft schwer fällt, Gehör zu finden. Selbst für den kirchlichen Unterricht ist es mühsam, die nötige Freizeit zu finden. Ich sehe mit Besorgnis, daß Eltern ihren Kindern den Weg zum christlichen Glauben nicht zeigen zu wollen scheinen; und daß unsere Kinder und Jugendlichen den schädlichen Einflüssen unseres öffentlichen Lebens ausgesetzt sind. In meiner Sicht müssen die Gemeinden sich intensiv mit den Möglichkeiten der Jugendarbeit befassen; sich auch hier finanziell mindestens so freudig engagieren wie auf jenen Gebieten, in denen die sichtbaren Erfolge leichter zu erzielen sind.

In unserem Kirchenkreis hat die sehr beliebte Jugendbildungsstätte in Merzbach eine feste Bedeutung für die Jugendarbeit gewonnen, und zwar auch im Sinne einer Konzentration auf die Glaubensinhalte. Es ist gut, daß Pfarrer Hatscher in einem jungen Theologen und einer Berufspraktikantin wieder eine Unterstützung zugeführt werden konnte. Besondere Bedeutung hat die Kontaktstelle Arbeit und Jugend. Die Werkstatt, in der junge Menschen zu ordentlicher handwerklicher Arbeit geführt werden, ist inzwischen gut ausgestattet. Viele Gemeinden haben Aufträge an die Kontaktstelle gegeben und haben sehen können, daß sie handwerklich solide Arbeit leistet; wichtiger als diese selbst ist deren pädagogische und menschliche Seite, nämlich die Tatsache, daß Jugendliche hier persönliche Unterstützung und Orientierung finden.

9. Frauenarbeit. Die Frauenbeauftragte hat ihre Arbeit aufgenommen und eine Fülle von Kontakten hergestellt. Die Seminareinladungen werden angenommen. Die Zusammenarbeit mit dem Frauenausschuß ist gut. Frau Manecke hat ihr Büro in der Mitte Godesbergs im Axenfeldhaus, Habsburger Straße 9, und ist in Sprechstunden dort anzutreffen, obwohl sie naturgemäß sich meist in den einzelnen Gemeinden aufhält. Sie hat inzwischen deutlich gemacht, daß sie zur Wahrnahme ihrer Aufgaben einer Schreibhilfe bedarf; entsprechend diesem Wunsch ist ein Betrag in den Haushalt eingestellt worden. Der Frauenausschuß hat dem Kreissynodalvorstand einen Satzungsentwurf zugeleitet, der nach gründlicher Beratung heute der Synode vorgelegt wird. Er enthält u.a. die von den weitaus meisten Gemeinden vorgeschlagene Regelung, daß jede Gemeinde in diesen Ausschuß eine Vertreterin und eine Stellvertreterin entsendet. Wenn wir heute dieser Satzung zustimmen, können wir auf der Frühjahrssynode die Mitglieder des Ausschusses berufen. Unter den Themen, die mir in der Frauenarbeit der Behandlung wert scheinen, nenne ich das der Erziehung der Kinder und der Hilfestellung für die Mütter in einer schwierigen Zeit; wir sehen mit Besorgnis die Gewalttätigkeiten an den Schulen. Die Erziehung der Kinder liegt zu erheblichen Teilen nach wie vor in den Händen von Frauen. Ich wäre dankbar, wenn diese Fragen, die über die soziale Stellung der Frau hinausgehen, in dem Gesprächsangebot der Frauenbeauftragten eine Rolle spielen könnten.

10. Pfarrstellen/Sonderdienst/Hilfsdienst. Es ist erfreulich, berichten zu können, daß die erste Pfarrstelle der Johannes-Kirchengemeinde unmittelbar nach Ausscheiden von Pfarrer Frackmann neu besetzt werden konnte. Pfarrer Dr. Dose ist am Erntedankgottesdienst in sein neues Amt eingeführt worden. Er kann leider wegen einer Verpflichtung, die er schon lange zuvor eingegangen war, heute nicht hier sein. Vor einer Woche ist in der Gemeinde Flamersheim nach Ausscheiden von Pfarrer Frickenschmidt nun Pfarrer Wengenroth in das Pfarramt der Kirchengemeinde eingeführt worden. Ich begrüße ihn auch heute in diesem Kreise herzlich. In Zülpich hat sich die Christus-Kirchengemeinde nach dem Tode von Pfarrer Hembeck für die Besetzung der Pfarrstelle durch ein Ehepaar ausgesprochen. Ich hoffe, daß nach einer bedauerlichen Verzögerung des Verfahrens das Ehepaar bald in sein Amt eingeführt werden kann. Die mit einer Sonderdienststelle betraute außerschulische Arbeit an der Glasfachschule Rheinbach kann wegen des Mutterschaftsurlaubs der Pastorin Schlösser nur partiell durch eingeschränkte Vertretung wahrgenommen werden. Jörg Langlitz nimmt mit wöchentlich fünf Stunden die außerschulische Jugendarbeit an der Glasfachschule wahr. Im Jugendpfarramt hat Pastor Kai Hollensteiner am 1. Oktober des Jahres in der Nachfolge von Pastor Steffen eine Sonderdienststelle angetreten. Unbesetzt ist leider noch die Sonderdienststelle an der Rehabilitationsklinik Bad Godesberg; doch besteht die Aussicht auf eine baldige Lösung. Aus drei Gemeinden liegen Anträge an die Kirchenleitung auf Neuerrichtung von Pfarrstellen vor, nämlich aus der Heiland-Gemeinde in Bad Godesberg sowie aus den Gemeinden Euskirchen und Swisttal. Die Errichtung einer vierten Pfarrstelle in der Heiland-Gemeinde ist eine alte Forderung. Ihre Notwendigkeit ist in einer Ortsbegehung mit Vertreterinnen und Vertretern der Gemeinde, des Kirchenkreises und der Kirchenleitung verdeutlicht worden. Wir hoffen, daß der Gemeinde bald durch die Genehmigung einer neuen Pfarrstelle die Wahrnahme ihrer Pflichten außerhalb der Stadtgrenze Bonns erleichtert wird. Gleichzeitig hoffen wir freilich, daß auch die großen und wachsenden Aufgaben in den Gemeinden Euskirchen und Swisttal bald zur Errichtung neuer Pfarrstellen führen werden. In unserem Kirchenkreis sind auch im vergangenen Jahr mehrere junge Theologinnen und Theologen zum Amt der Verkündigung ordiniert worden.

11. Baumaßnahmen. Am Wohnungsbau teilzunehmen, hat sich der Kreissynodalvorstand nach längeren Beratungen durch Fachleute und unter Auswertung der Erfahrungen der Wohnungsbau- und Siedlungsgesellschaften nicht entschließen können. Es fehlen nach seiner Sicht im Kirchenkreis nicht nur die Organe, sondern auch die notwendigen erheblichen finanziellen Mittel, um sich in einem sinnvollen Maße am Wohnungsbau zu beteiligen. Der Kreissynodalvorstand sieht, daß durch die bisherige Schaffung von Altenheimplätzen in Godesberg erheblicher Wohnraum freigeworden ist, und wünscht, daß auch künftig der Bau von Altenheimen gefördert wird. In diesem Jahr wurde die Erweiterung des Gemeindezentrums der Paulus-Kirchengemeinde abgeschlossen, so daß wir heute mit der Synode hier in diesen Räumen tagen können. In Flamersheim wird gegenwärtig das Gemeindezentrum durch Aufstockung einer Etage erweitert. In der Kirchengemeinde Meckenheim ist jetzt die Errichtung des schon ursprünglich geplanten Glockenturmes der Friedenskirche vorgesehen. In der Gemeinde Swisttal ist im zweiten Bezirk (Buschhoven) der Bau eines Pfarrhauses notwendig geworden. Der Kirchenkreis hat auch hier eine erhebliche Hilfe zugesagt. Kurz vor Abschluß stehen die Bauarbeiten an der Maria-Magdalena-Kirche in Swisttal-Heimerzheim. Dem Presbyterium und seinen Vorsitzenden ist herzlich zu danken für das besondere Maß an Arbeit, das dieser Neubau mit sich gebracht hat. Für die Erweiterung der Jugendbildungsstätte Merzbach in Anknüpfung an die ursprüngliche Planung ist die bauaufsichtliche Genehmigung in diesem Monat zu erwarten. Wir hatten immer wieder mit einer Nachbarschaftsbeschwerde wegen Lärmbelästigung aus der Jugendbildungsstätte zu tun. Ich hoffe, daß schließlich ein friedliches Nebeneinander möglich und daß die Notwendigkeit der kirchlichen Kinder- und Jugendarbeit in den Wohnbereichen anerkannt wird. Mehrfach ist im vergangenen Jahr die Möglichkeit ventiliert worden, für die Superintendentur, das Rechnungsprüfungsamt und das Verwaltungsamt in Bonn sowie Einrichtungen des Diakonischen Werkes für Bonn und Bad Godesberg ein geeignetes gemeinsames Haus zu finden. Gegenwärtig fehlt nicht nur dem Diakonischen Werk und dort namentlich dem Behindertenreferat und den Sozialstationen Raum; auch die beiden Verwaltungsämter in Bonn arbeiten in beengten Verhältnissen. Die räumliche Entfernung zwischen ihnen und dem Kirchenkreis ist häufig hinderlich. In diesem Jahr hat sich der Kauf eines geeigneten Hauses an der zu hohen Preisforderung zerschlagen. In Zukunft sollte auch der Gedanke an einen Neubau ernsthaft geprüft werden.

12. Ökumene. Im kommenden Jahr ist des Reformversuches des Hermann von Wied zu gedenken. Das Vorwort der berühmten *Einfältigen Bedenken* des Jahres 1543 ist bekanntlich in Buschhoven unterzeichnet

Abb. 7 *Evangelische Kirche, Bad Münstereifel*

worden. Aber nicht nur deshalb ist die Besinnung auf die Geschichte des evangelischen Glaubens im Rheinland von Bedeutung. Ihr Ziel ist eine wirklich durchdachte und gelebte Ökumene. Das Bild des Zusammenlebens zwischen katholischen und evangelischen Christen ist in unserem Kirchenkreis vielerorts sehr erfreulich; es kann freilich nicht unabhängig gesehen werden von amtlichen Stellungnahmen der katholischen Kirche, die, wie es der Präses neulich klar bezeichnet hat, deutlich von dem abgehen können, was die Grundlage gelebter Ökumene sein müßte. Für den 27. Mai 1993 ist eine ökumenische Veranstaltung zum Reformationsgedenken geplant. Herr Pfr. Greven wird sich zu diesem Punkt noch mit einem Antrag zu Worte melden.

13. Küsterkonvente 1992 und 1993. Bei einem Konvent der Küster unseres Kirchenkreises am 28. September des Jahres in Buschhoven ist u.a. die gegenwärtige sozialrechtliche Stellung der Küsterinnen und Küster behandelt worden. Der Wunsch des Konvents zielt wie in anderen Kirchenkreisen auf die Anerkennung des Küsterberufes als Ausbildungsberuf, um soziale Nachteile zu beheben. Der Kreissynodalvorstand hat sich den Antrag zu eigen gemacht und eine entsprechende Bitte an die Landeskirche formuliert. Im kommenden Jahr wird am 7. Juni mit Unterstützung des Kirchenkreises und der Ortsgemeinde der Rheinische Küstertag in Rheinbach zu Gast sein.

14. Visitation der Gemeinden. Im Kreissynodalvorstand und im Kreise der Pfarrerinnen und Pfarrer ist wiederholte Mal über die Notwendigkeit gesprochen worden, wieder die von der Kirchenordnung vorgesehenen Visitationen vorzunehmen. Die erste Visitation soll nach dem Wunsch des Kreissynodalvorstandes im kommenden Frühjahr in der Gemeinde Weilerswist stattfinden. Der Kreissynodalvorstand hat über die Form beraten und hofft, aus dieser ersten Visitation auch Anregungen für die weitere Praxis zu gewinnen. Die Form der Visitation ist ein Thema, das auch die Kirchenleitung beschäftigt; sie hat hierfür Vorschläge in Aussicht gestellt.

15. Delegation neuer Aufgaben an den Kirchenkreis. Im kommenden Jahr tritt die beabsichtigte Delegation von Angelegenheiten der kirchlichen

Aufsicht aus der Zuständigkeit der Landeskirche an die Kirchenkreise in Kraft. Es handelt sich vor allem um Verfahren im Zusammenhang der Einstellung von Mitarbeitern bis zur Vergütungsgruppe Vc/Vb und um die Vermögensaufsicht. Ich verzichte auf die Darlegung der Fülle von Details, die hierher gehören. Seit langem wird in der Kirchenleitung beraten, wie die Folgerungen aus diesen neuen Aufgaben für die Ausstattung der Büros der Superintendenten aussehen können und wie eine Entlastung der Superintendenten, die bisher im Hauptamt in der Regel Pfarrer einer Ortsgemeinde sind, erzielt werden kann. Die Pläne gehen dahin, schon für das kommende Jahr möglich zu machen, daß die Superintendenten deutlich mehr als bisher von den Aufgaben des Pfarramtes freigestellt und daß auf Wunsch Pfarrstellen auf Zeit eingerichtet werden, deren Inhaber die Aufgaben des bisher von dem Superintendenten wahrgenommenen Pfarramtes übernehmen.

16. Kirchensteuerverteilungsschlüssel. Nach erheblichen Vorarbeiten hat das Verwaltungsamt die Grundlage schaffen können für eine Neufestsetzung des Kirchensteuerverteilungsschlüssels der drei Kirchenkreise An Sieg und Rhein, Bad Godesberg und Bonn. Der neu gebildete Verteilungsausschuß hat am 10. des Monats getagt und nach dem Vorschlag des Kreissynodalvorstandes Bad Godesberg den Vereinigten Kreissynodalvorständen empfohlen, den neuen Schlüssel zum 1. Januar 1993 in Kraft zu setzen. Die Vereinigten Kreissynodalvorstände werden hierüber in der kommenden Woche (19.11.1992) entscheiden. Unabhängig von dem Ergebnis dieser Entscheidung hat der Kreissynodalvorstand Bad Godesberg beschlossen, auch dann, wenn zwischen den drei Kirchenkreisen im Jahre 1993 die Verteilung der Kirchensteuern noch nach dem alten Schlüssel vorgenommen werden sollte, innerhalb unseres Kirchenkreises zwischen den Gemeinden bereits nach den neuen Prozentverhältnissen zu verteilen, um eine Benachteiligung der Gemeinden zu verhindern, die seit der letzten Festsetzung des Schlüssels im Jahre 1972 (für 1976) an Steuerkraft deutlich gewonnen haben. Da das Verwaltungsamt die neueste Bundeslohnsteuerstatistik erst für das Jahr 1993 erwartet, empfiehlt der Ausschuß, bereits für das kommende Jahr eine erneute Festsetzung des Schlüssels, der dann drei Jahre gelten sollte. Für die Einzelheiten verweise ich auf den Bericht von Herrn Schwarz zum Haushalt.

17. Dank. Angesichts der bevorstehenden Neubildung des Kreissynodalvorstandes danke ich dessen Mitgliedern, insbesondere den ausscheidenden, sehr herzlich für die vorzügliche Zusammenarbeit in den vergangenen vier Jahren. Am engsten war die Zusammenarbeit naturgemäß mit dem Assessor, Pfarrer Hofmann, dessen sorgfältige und kenntnisreiche Beratung mir eine besondere Hilfe gewesen ist. Ich danke auch allen anderen, mit denen ich 1991/92 in den Gemeinden, im Kirchenkreis und in der Kirchenleitung zusammengearbeitet habe, herzlich; ich denke besonders an diejenigen, die mit mir täglich in der Superintendentur das anfallende Arbeitspensum geteilt haben. Namentlich nenne ich Herrn Diesterhöft, der nach einem Jahr guter Zusammenarbeit abgelöst wird von Herrn Schmidt, weil er in eine andere kirchliche Dienststelle wechseln wird. Im Blick auf den heutigen Tag danke ich im Namen der Synode herzlich dem Prediger unseres Gottesdienstes und der gastgebenden Gemeinde für die freundliche Aufnahme.

5. Die geistliche Grundlage unseres Glaubens

Swisttal-Heimerzheim (Maria-Magdalena-Kirche), 19. November 1993

1. In vielen Bereichen des öffentlichen Lebens ist in diesem Jahr aus unseren Gemeinden heraus *Verantwortung* übernommen worden. Es bewährt sich die Mündigkeit unseres Glaubens. Der Glaube erzieht uns dazu, uns nichts vorzumachen. Nicht zu schweigen, wo sonst gerne geschwiegen würde. Nicht wegzusehen, wo sonst gerne ausgeblendet würde. Ich denke zum Beispiel an den Beistand, den heimatlose Menschen in den Gemeinden gefunden haben; die Vielfalt der Arbeitsfelder der Diakonie und damit an die Beteiligung unserer Gemeinden an den sozialen Aufgaben der Städte und Kommunen: Suchtberatung, Schuldnerberatung, Eheberatung, Erziehungsberatung, Hilfe für Alleinstehende und für Alleinerziehende, für Verarmte, für Behinderte und für ihre Familien, Vormundschaften; unser Kirchenkreis hat u.a. erhebliche Mittel für den Kauf eines Hauses der Diakonie in Bonn zur Verfügung gestellt; es ist uns eine besondere Freude, daß in diesem Haus auch für die Behindertenseelsorge geeignete Räume vorhanden sind, so daß die so wertvolle Arbeit der Pfarrerin Daub auch an dieser Stelle eine Frucht getragen hat; im übrigen ist die Behindertenarbeit in der Kirchengemeinde Meckenheim und in der Pauluskirchengemeinde besonders hervorzuheben; ich denke weiter an den Unterhalt der Kindergärten mit zunehmenden menschlichen und finanziellen Aufgaben; die Beteiligung unserer Gemeinden an der Arbeit der Schulen; auch die erheblichen finanziellen Mittel, die der Kirchenkreis zur Verfügung stellt; die Einrichtung einer Kontaktstelle für arbeitslose Jugendliche; eine große Zahl von Jugendlichen findet hier sinnvolle Tätigkeit, Erziehung zu geordnetem Arbeiten, persönlichen Beistand; ich danke hierfür besonders Herrn Gunnemann und Herrn Rübsam; die Beteiligung an der Arbeit der Telefonseelsorge; der Jahresbericht von dort kann die Augen öffnen für die seelische Lage vieler Menschen heute; ich bin dankbar dafür, daß es im Kreissynodalvorstand nie eine Frage war, hier finanziell zu helfen; die Beteiligung unserer Gemeinden an der Arbeit des Evangelischen Krankenhauses in Bad Godesberg; jeweils an die Arbeit der Hauptamtlichen und die der Ehrenamtlichen; die Beteiligung unserer Gemeinden in dem Evangelischen *Verein für Diakonie* mit dem Christlichen Hospiz und mit dem Godesheim, das Jugendlichen in schwierigen Phasen ihres Lebens Obhut gibt; der Vorsitzenden des Vorstandes, Frau von Wangenheim, ist sehr zu danken für hohen ehrenamtlichen Einsatz; wie auch die Existenz eines solchen alten evangelischen Vereins, der schlichtweg zu helfen sucht, ein ermutigendes Zeichen der Zeit ist; die hauptamtliche und ehrenamtliche Tätigkeit in den Altenheimen; die Beteiligung von Menschen aus unseren Gemeinden an der Hilfe und Seelsorge für Gefangene in Rheinbach; beinahe durch einen Zufall habe ich erfahren, welche ehrenamtliche Hilfe für die Gefangenen es hier gibt; ferner denke ich an die Hilfsgüter und Gelder aus unseren Gemeinden zu notleidenden Menschen in aller Welt: in den Osten Europas, nach Südamerika, nach Afrika. Ich denke an die Hilfsaktionen für Bosnien. Es hat mich sehr beeindruckt, daß spontan an unserer kirchlichen Schule in Godesberg, dem Amos-Comenius-Gymnasium, der Anfang gemacht war für eine sehr weitreichende Hilfsaktion, die sich jetzt mit vielen Helfern auf die medizinische Versorgung und den menschlichen Beistand für bosnische Kinder konzentriert. Ich danke den Schülern und Familien und Lehrern. Den Anfang hat eine Schülermutter gemacht, Barbara Fromm, der ich auch von hier aus einen besonderen Dank sagen möchte. Es ist beachtlich, was hier an sichtbarer und unsichtbarer Arbeit geleistet wird, allein aus dem Gefühl der Verantwortung heraus. Die Landeskirche hat spontan mit erheblichen Mitteln diese Hilfsbereitschaft ihrerseits unterstützt; auch dafür ist sehr zu danken. Ich bin dankbar dafür, daß unsere Gemeinden an den Nöten dieser Welt nicht vorbeigehen, nur weil sie vor Ort hier und da noch nicht in aller Deutlichkeit erkannt wären. Und ich bitte jedermann um Verständnis dafür, daß dort, wo Hilfsbereitschaft ist, auch ein Suchen des richtigen Weges nötig ist. Das gehört dazu. Und wenn es unterschiedliche Meinungen in Einzelfragen gibt, dann sollen diese ohne Erbitterung behandelt werden. Die, die helfen wollen, wollen ja nichts für sich, sondern suchen das Gute für andere. Die Aufgaben werden auf allen Gebieten größer, wie die Berichte der beiden Diakonischen Werke zeigen und wie jeder Pfarrer und jede Pfarrerin, die Presbyterien und die Diakonieausschüsse aus der täglichen Arbeit wissen. Das Stichwort, das uns begleiten wird, heißt: Armut. Die öffentlichen Zuschüsse nehmen ab; die Kirchengemeinden werden das nicht überall auffangen können. Die finanziellen Möglichkeiten der Kirchengemeinden stehen in einem einfachen Verhältnis zur wirtschaftlichen Gesamtentwicklung und zu den Mitteln, die die evangelischen Christen ihrer Kirche auf dem Wege der Kirchensteuer zur Verfügung stellen.

2. Mich beschäftigt zugleich die Frage, ob *die geistliche Grundlage* aller Tätigkeiten unserer Kirche deutlich genug umrissen wird. Ohne Woher gibt es kein Wohin. Wir sind gewöhnt daran, die Aufgaben wahrzunehmen und ernst zu nehmen, die ohne Worte als menschliche Aufgaben einfach da sind. Aber die Art und Weise der Wahrnahme von Aufgaben ist nicht gleichgültig. Wer nicht immer wieder den Weg abschreitet zu den Anfängen, zu der im persönlichen Glauben geschenkten Kraft, der wird verzagen vor der Größe der Aufgaben und der wird auch seiner Hilfe nicht das innere Wesen schenken können, das alle kirchliche Hilfe zu einem Teil der Verkündigung und zu einem Teil ihrer Seelsorge macht. Der große Apparat, den wir haben, macht manchmal die Wurzeln allen kirchlichen, auch diakonischen, Handelns unerkennbar - oder läßt vergessen, daß diese Wurzeln, so unsichtbar sie ihrem Wesen nach sind, das Leben des Ganzen sind. Es hat zwar vieles einen Platz auch in der Besoldungsordnung (die übrigens in der Kirche im Verhältnis zu anderen Einrichtungen nach wie vor der Bescheidenheit verpflichtet ist), aber es ist alles verloren, wenn es nicht im Herzen seinen Anfang hat. Das gilt für *alle* menschlichen Beziehungen - manche Anklagen der Kirche und ihrer Versäumnisse klingen so, als sei eben nur von *ihr* Humanität einzufordern, während sich jeder und jede andere gehen lassen kann, wie er oder sie nur wolle. In der Frage der Ethik, ja auch in der Frage des Glaubens, lasse man die Kirche nicht allein. Jeder von uns ist mit Herz und Vernunft begabt, damit er unmittelbar vor Gott das Gute suche. Jugendliche und nicht nur sie suchen das, was sie benötigen für ein sinnerfüllendes Leben, oft in einem merkwürdigen Salto Mortale, einer Flucht in Vereinfachung, ja in Gewalt; sie sind eine Frage an uns alle, ja eine Infragestellung unserer Lebensformen. Mit Sorge sehe ich die *Schwäche der Familien*. Wird hier nicht doch zuviel geopfert? Was sind die Ziele des Menschenlebens - was können sie denn sein, wenn die ersten Anliegen einer nur ichbezogenen Erfüllung gelten sollen - es wird nie Erfüllung des Lebens geben ohne ein Opfer für andere Menschen und für die Gemeinschaft. Es wird zu viel geopfert von der ursprünglichen Ahnung vom Sinn und Ziel unseres Lebens; die ja weither gesucht werden muß, wenn man ein Kind sieht in seiner arglosen Hoffnung. Soll die Erfüllung des Lebens wirklich an der Fülle des Gehaltskontos abgelesen werden? Wir müssen uns gegenseitig bestärken in der Freiheit des Glaubens von der Knechtschaft der Sachen; in der Freiheit von Menschenfurcht, von Anpassung an das Übliche. Es fehlt wahrhaftig nicht an Menschen, die es gut meinen und in überzeugender Weise über den Augenblick, ja über die Zeitlichkeit unseres Lebens hinausfragen. Trotzdem fehlt viel. So gibt es zu wenig Dialog. Zu viel Schweigen, zu viel geistige und geistliche Einsamkeit. Es beginnt in den Elternhäusern. Verstehen wir unsere Aufgabe, einem Kind seelische und geistige Heimat zu schenken? Und daß diese Aufgabe nicht delegiert werden kann, auch nicht an die Schulen und an die Kirchen? Was Hänschen nicht lernt, lernt Hans nimmermehr. Das gilt auch in Fragen der persönlichen Lebensführung; warum entziehen wir Kindern die Möglichkeit, an den Eltern Maß zu nehmen? Wer will es verantworten, daß unsere Kinder bei uns nicht lernen, einen Tag mit einem Gebet zu beginnen und zu enden? Wer will es verantworten, daß die Medien buchstäblich das letzte Wort haben tagaus tagein - und was für Medien und was für Zeitschriften. »Aus Gewinnsucht inhuman« (hierzu Pfarrer Jochum zum Kirchlichen Unterricht). Wir müssen darüber nachdenken, was jeder einzelne von uns in den Maßen seines eigenen Lebens vermitteln kann. Ein aufrechter Glaube in seiner Wahrhaftigkeit und Demut braucht sich nicht zu scheuen, sich in unserem täglichen Leben zu Wort zu melden.

Abb. 8 *Evangelische Kirche, Euskirchen*

Viele Menschen warten darauf. Warten auf mutige Worte. Nicht auf Moden. Ich meine auch, daß in Schulen, kirchlichen Einrichtungen wie Krankenhäusern und Kindergärten hier mehr persönlicher Mut sein könnte - muß man sich wirklich scheuen, die Hände zu falten am Tagesanfang und Tagesende? Der Arzt und der Seelsorger zum Beispiel gehören hier ebenso zusammen wie die Pfarrer und die Schwesternschaft. Es ist an der Zeit, daß jeder sich auf seinen Glauben besinnt und zu sagen wagt, was er wirklich glaubt. Und wer seine berufliche Tätigkeit in einer kirchlichen Einrichtung gesucht hat, ist mit Recht von den Menschen, mit denen er zu tun hat, auf eine Äußerung seines Glaubens hin anzusprechen.

Wohlgemerkt, ich rede keiner Vereinsmeierei das Wort, aber die Kirche steht dafür, daß dem Glauben und der Verkündigung Raum gegeben wird. Und wir sind ja überzeugt, daß die tägliche Öffnung für den Glauben in einen jeden Tag befreiendes Licht hineinbringen wird. Wenn es heute heftige Töne gegen die Kirche gibt, dann womöglich doch auch, weil diese entweder an einer Stelle gefunden worden ist, wo sie sich wie ein schlechter Verein verhalten hat; oder umgekehrt auch, wo Menschen die Kirche noch gar nicht ernst genommen haben, nicht gefragt haben nach den Möglichkeiten, die aus dem Glauben zur Deutung unseres Lebens, der Zeit, des Menschen erwachsen; und den Möglichkeiten, die der Glaube zum tätigen Aufbau von Gemeinschaft umschließt. Ich wüßte nicht, was wichtiger zu bedenken wäre in der sehr neuartigen Aufgabenstellung der europäischen Völker im Blick auf eine vielgewollte, aber offenbar noch wenig durchdachte Vereinigung: was wichtiger wäre als das realistische Menschenbild des christlichen Glaubens, der Versagen, Schuld nicht verschweigt, der Demut ist vor Gott, dem Schöpfer, Hoffnung auf den Herrn, den Erlöser; und Achtung vor jedem Menschenleben, Ehrfurcht vor dem Leben überhaupt. Dem der unbedingte Willen zu Frieden und Versöhnung eignet. Ich wünsche mir, daß in unseren Kirchen Geistliches gesucht und gefunden werde. Die Kirche ist nicht primär eine Einrichtung, die Geld verwaltet und Geld einsetzt. Alle Ämter der Kirche dienen der Verkündigung, so heißt es in jeder Ordination eines Dieners, einer Dienerin des Wortes. Darauf sollen wir befragbar sein und bleiben und dabei geht es um den ganz persönlichen Glauben des einzelnen Menschen. In unseren Gemeinden ist die *Auslegung der Heiligen Schrift* intensiv betrieben worden. Ich weiß, daß die Pfarrerinnen und Pfarrer, Pastoren und Pastorinnen, Vikarinnen und Vikare und die Predigthelfer ihre Aufgabe sehr ernst nehmen, und bin dankbar für die eingehende Bemühung, die Texte der Bibel für unsere Gegenwart heute auszulegen. Hierher gehören auch die zahlreichen Bibelabende und Bibelseminare. Die *theologische Arbeit* der Pastoren hat sich u.a. in einer Gesprächsrunde des Kirchenkreises zentriert, in der wir grundsätzliche systematische Texte durchsprechen und die Beziehung der theologischen Arbeit zu unserer Pastorenpraxis eingehend behandeln. In den Gemeinden ist anläßlich der Vorlage der *Erneuerten Agende* über Aufbau und Inhalte der Gottesdienste nachgedacht worden. Die *konziliaren* Themen sind weiter verfolgt worden; in sehr praktischer Hinsicht ist manches geschehen, auf den Wegen des Friedens und in der Bemühung um ökologisch sinnvolle Maßnahmen. Über das, was die Kirche als Arbeitgeber für Pflichten hat, ist nachgedacht worden; so insbesondere gegenüber den Frauen (vgl. den Bericht der Frauenbeauftragten). In vielen Gemeinden hat die Vorlage der Kirchenleitung zum Thema der *homosexuellen Liebe* zu eingehender theologischer Aussprache geführt. Noch haben die Gemeinden keine schriftlichen Eingaben hierzu vorgelegt. Doch haben sie sich nicht gescheut, sich des weitreichenden Themas anzunehmen. Das Beieinander biblischer Aspekte, systematisch-weltanschaulicher Gesichtspunkte und empirischer Einsichten fordert zur Vertiefung wichtiger Formulierungen unseres Glaubens heraus. Es zeigt sich, daß über das für den Glauben Gültige durchaus nicht ohne weiteres Klarheit besteht; auch nicht über den Umgang mit der Heiligen Schrift angesichts einer solchen Frage. Es wäre gut, wenn die vernachlässigten, hierher gehörenden Themen der Ehe, der Familie, des Schutzes des ungeborenen Lebens auch gründlich neu bedacht würden. Ich bitte die Gemeinden, ihre Voten zum landeskirchlichen Papier recht bald vorzulegen und Vorschläge zu machen für die weitere Behandlung im Kirchenkreis: zur Frage, ob dieses Thema auf der Frühjahrssynode oder vielleicht auf einem synodalen Arbeitstag in Seminarstil behandelt werden soll. Seit einigen Tagen liegt eine neue Vorlage der Landeskirche zum Thema *Kirche und Israel* vor. Auch dies ist eine Aufforderung zur Behandlung sehr grundsätzlicher Fragen. Es wird zu entscheiden sein, ob bzw. wie der Grundartikel unserer Kirchenordnung zu ändern ist, damit die Gemeinschaft der im jüdischen Glauben und der im christlichen Glaubens lebenden Menschen ausgedrückt werden kann. Der christliche Glaube hat in der Beziehung zum Judentum in der Profilierung der eigenen Glaubenssubstanz in einer langen Geschichte immer wieder Formulierungen gesucht, die dem Antisemitismus Vorschub geleistet haben. Welche Kritik ist nötig? Und wie können wir von unserem Glauben reden, ohne daß er Menschen beschädigt und ohne daß er die Nähe zum jüdischen Glauben leugnet? Nicht *das* wird das Ziel der Überprüfung unserer Glaubensgeschichte und unserer Kirchenordnung sein können, die Übereinstimmung der Glaubenswege zu postulieren, um *aus ihr* das Gebot des Friedens und der gegenseitigen Anerkennung herzuleiten. Es wäre damit einem schlimmen Fehler gehuldigt. Das Gebot des Friedens und der gegenseitigen Anerkennung besteht vielmehr zuvor, für sich, und besteht gegen jedermann. Die Versöhnung, um die Christen bei den Juden nachsuchen, hat nicht die Einheitlichkeit der Glaubenswege, sondern deren Unterschiedlichkeit zur Voraussetzung. Aus der Forderung der Einheitlichkeit ist einst unendliches Leid geworden; wir müssen einander begegnen können in der Vielfalt der Unterschiede. So wie die beiden Teile unserer Bibel miteinander verbunden sind, enthalten sie recht verstanden die Aufforderung an die Ausleger der beiden Teile: von der jeweiligen Eigenständigkeit des anderen zu lernen und darin eine Vertiefung der eigenen Exegese zu finden. Der Reichtum liegt in dem Ineinander von Nähe und Unterschied.

Ich bin dankbar dafür, daß in der *Jugendarbeit* unseres Kirchenkreises unter der Leitung von Pfarrer Hatscher ein beständiger Austausch mit jungen Menschen aus Israel gepflegt wird, so auch in diesem Jahr und so geplant für das kommende Jahr. Das gehört zu dem ganz Wesentlichen unseres kirchlichen Lebens. Ich bin dankbar für die Arbeit des *Vereins an der Synagoge* unter dem Vorsitz von Pfarrer Kohl; die historisch tief gehenden Fragen unserer Gegenwart machen es unbedingt notwendig, daß unsere Geschichte nicht geleugnet wird. Ich bin dankbar für die sehr durchdachten und seelisch und geistlich bedachten Fahrten nach Auschwitz, die im Zusammenhang der kirchlichen Jugendarbeit wie in dem der kirchlich geförderten schulischen Arbeit unternommen worden sind (vgl. den Bericht von Pfarrer Dr. Schüpphaus). Auch was der christliche Glaube in Ost und West in den letzten *50 Jahren* war und sein konnte, muß um unserer Zukunft willen noch weiter bedacht werden; besonders bedeutsam waren hierzu die Ausführungen Friedrich Schorlemmers, der dankenswerterweise von der Christus-Kirchengemeinde zu einem Vortrag eingeladen worden war. Alles an unserem Glauben und an unserer Kirche ist in der gegenwärtigen historischen Situation befragt und gefragt, wie an einem kleinen Teil die Angelegenheit des früheren Bonner Pfarrers Gottfried Busch zeigt. Aber auch weiter zurück ist zu fragen. 450 Jahre nach dem *Reformationsversuch* des Hermann von Wied hat das Jubiläum mit Vorträgen und Gesprächen Gelegenheiten zur Besinnung auf die Geschichte unserer Kirche und unseres Landes gegeben. So weit entfernt die Vorgänge von einst scheinen mögen, so sehr reichen sie an aktuelle Fragen heran, wie zum Beispiel der bemerkt, der auf einer Reise nach Polen dem Geschick der evangelischen Gemeinden nachgeht. Eingehend haben wir uns in den Gemeinden mit der *Umwandlung der VEM/UIM* befaßt. Der Präses hat sich jetzt mit einem Schreiben an die Gemeinden gewandt und zu einem beschleunigten Tempo der Überlegungen und des Bereitwerdens für ein neues Konzept aufgerufen. Unser Arbeitskreis Weltmission hat unter Leitung von Pfarrer Terpitz intensiv zu diesem Thema gearbeitet. Ich freue mich besonders darüber, daß er für das Frühjahr 1994 zu einer Fahrt nach Bossey eingeladen hat; Presbyterinnen und Presbyter aus vielen Gemeinden haben ihre Teilnahme angekündigt. Im kommenden Jahr erwarten wir zweimal Besuch aus *Mbandaka*. Einmal im Zusammenhang des Jugendcamps im April und dann vor allem im September: es ist dann der Besuch einer Delegation unter Leitung des Superintendenten Inkale vorgesehen. Frau Pfnorr-Leihner hat in ihrem Bericht den Stand der Beziehungen beschrieben; unsere Sorgen bezeichnet, aber auch das, was erfreulicherweise möglich ist. Für die Leidenschaft und tiefe Anteilnahme, mit der Frau Pfnorr-Leihner unsere Partnerschaft mit Leben erfüllt, möchte ich ihr herzlich danken. Viele Fragen und Nöte machen uns alle gemeinsam immer noch ratlos. Und es ist schlimm anzusehen, wie sich Notlagen noch verschlechtern und wie hierzu auch die Verschlechterung der Möglichkeiten gehört, etwas zu verändern. Wir haben hier an einer Stelle Einblick in eines der größten Probleme der Menschheit, das man mit dem Stichwort Nord-Süd bezeichnen kann und das zu einem guten Teil Afrika heißt.

3. Nun noch Einzelnes aus unserem kirchlichen Leben! Der Kreissynodalvorstand ist in ein intensives Gespräch mit dem Fachausschuß für *Jugendarbeit* eingetreten; wir hoffen nicht nur auf eine neue Satzung, sondern auf neue Klarheit in den Zielen der Jugendarbeit; das ist nicht nur eine methodische Frage, sondern, wie schon gesagt, eine Frage an die Lebensform unseres Glaubens und unserer Kirche. Der Kirchenkreis hat Anteil genommen an den *Personalentscheidungen* in den Gemeinden. Er hat versucht zu beraten, so bei Besuchen in Euskirchen und in Weilerswist, und hat dabei die neue Form einer *kleinen Visitation* erprobt. Besuche in der Paulus-Kirchengemeinde und in der Gemeinde Flamersheim sind vorgesehen. Zu unserer Freude ist nach einem langen, mühsamen Weg nun die *Gemeindepfarrstelle* in Zülpich wieder besetzt. Die Pfarrstelle ist geteilt worden und wird von einem Ehepaar gemeinsam wahrgenommen. Das ist etwas Neues in unserem Kirchenkreis. Das Ehepaar Zumbusch begrüße ich in der Mitte unserer Synode herzlich. In Flamersheim und in Euskirchen konnten die Pfarrstellen schnell wieder besetzt werden: In der Nachfolge von Pfarrer Frickenschmidt und von Pfarrer Greven haben Pfarrer Wengenroth und Pfarrer Thönes ihr Amt angetreten. Beide begrüße ich ebenfalls herzlich. In der *Rehabilitationsklinik* auf der Godeshöhe wurde Pastor Horn in das Amt des Seelsorgers eingeführt. In der Heiland-Kirchengemeinde ist die Stelle von Pfarrer Hofmann, der in den Ruhestand eintritt, neu zu besetzen. Und in der Erlöser-Kirchengemeinde die Stelle von Pfarrer Dr. Löhr, der ebenfalls in den Ruhestand eintritt. Pfarrer Hofmann und Herrn Dr. Löhr gilt auch an dieser Stelle ein besonderer Gruß. In der Heiland-Kirchengemeinde ist eine neu geschaffene vierte Pfarrstelle zu besetzen. Die Vorbereitungen dazu sind getroffen. Pfarrer Kramp ist vom *Schulreferat* der drei Kirchenkreise in das Pädagogisch-Theologische Institut der Landeskirche in Bad Godesberg gewechselt; seine Stelle ist derzeit ausgeschrieben. Ferner wird voraussichtlich bald die Pfarrstelle in der *Justizvollzugs-*

anstalt in Rheinbach neu zu besetzen sein. In den Gemeinden Swisttal und Euskirchen hat sich die pfarramtliche Tätigkeit so ausgeweitet, daß dringend je eine *neue* Pfarrstelle eingerichtet werden *müßte.* Unsere Bitten an die Kirchenleitung blieben leider bisher unerhört.

Dem Bericht von Pfarrer i. R. Frickenschmidt ist die Situation der *Seelsorge an Gehörlosen und Schwerhörigen* zu entnehmen. Es ist eine Aufgabe der drei Kirchenkreise sein, für eine Fortsetzung der Arbeit zu sorgen. Ermutigen sollte uns dabei die Tatsache, daß sich in der Person von Pastorin Frentzen-Stöhr jemand gefunden hat, der gerne auf diesem Felde arbeitet und sich hierfür auch hat ausbilden lassen. Ich hoffe, daß ein Weg gefunden wird, sie nach Abschluß ihres Hilfsdienstes weiter zu beschäftigen.

Zu unserer großen Freude konnte diese schöne *Maria-Magdalena-Kirche* in diesem Jahr eingeweiht werden. In Euskirchen ist der Wiederaufbau *des Kindergartens* abgeschlossen worden. In Flamersheim konnte das *Gemeindehaus* ausgebaut werden; vielleicht muß hier noch Weiteres folgen. In Swisttal ist mit dem Bau eines *Pfarrhauses* begonnen worden. Die Heiland-Kirchengemeinde plant für den neuen vierten Pfarrbezirk den Bau eines *Gemeindezentrums* mit einer Kirche. Aus einem Wettbewerb ist ein Entwurf bereits als Planungsgrundlage hervorgegangen. Die Arbeiten zum *Ausbau* der Jugendbildungsstätte in *Merzbach* sollen im März des kommenden Jahres beginnen.

Unter den Veranstaltungen des Jahres 1993 möchte ich neben den *Jubiläen* in Meckenheim, Swisttal, Pech und auf dem Heiderhof den *Rheinischen Küstertag* hervorheben, der diesmal in unserem Kirchenkreis, in Rheinbach, stattgefunden hat. Allen, die für seine Durchführung gesorgt haben, insbesondere und stellvertretend Herrn Kuhn/Rheinbach, möchte ich herzlich danken.

Wie ich überhaupt nun mit Dank schließen möchte. Sicher habe ich nicht alles Wichtige berührt, das uns in den Gemeinden und im Kirchenkreis bewegt hat und bewegt. Vielleicht können Sie das eine oder andere noch nachtragen. Ich danke für das Zuhören; danke aber insbesondere für alle gute Zusammenarbeit in diesem Jahr, mit den Gemeinden, den Mitarbeiterinnen und Mitarbeitern, den Werken, Ämtern, Presbyterien, den Schwestern und Brüdern im pfarramtlichen Dienst und nicht zuletzt meinem Kreissynodalvorstand.

6. Neue Aufgaben gemeindlichen Lebens

Bad Godesberg (Christuskirche), 11. November 1994

1. Finanzielles. In dem Jahr, von dem zu berichten ist, hat in den Gemeinden wie im Kirchenkreis die Veränderung der finanziellen Situation unsere Aufmerksamkeit beansprucht, viele Beratungen nötig gemacht, viel Ratlosigkeit trotzdem verursacht; von allen Verantwortlichen war und ist viel verlangt. In die finanzielle Frage sind bündelweise Perspektiven des theologischen Denkens hineingewoben, Fragen des geistlichen Fundaments, der Gesamteinschätzung unserer Gegenwart und auch die erhöhte Aufgabe menschlicher Verständigungsbereitschaft. Das Jahr ist zum Auftakt geworden für Fragestellungen, die uns längere Zeit begleiten werden. Die Gemeinden unseres Kirchenkreises sind vor die Notwendigkeit sehr gestiegener Abgaben an die Landeskirche gestellt worden, ohne daß genug *Zeit* gewesen wäre, sich auf die erforderlichen Einschränkungen vorzubereiten.

Natürlich gehen wir nicht von dem Bild einer Kirche aus, in der die Ebenen je für sich existierten; so als sei alles ganz einfach und müsse eben nur die Gemeinde geschützt werden gegen die Attacken von anderwärts; die Gemeinden sind auf die landeskirchlichen Funktionen angewiesen; die Abgaben an die Landeskirche aus der Umlage I zum Beispiel kehren zum Hauptanteil als Gehalt der Pfarrerinnen und Pfarrer wieder in die Gemeinden zurück, wenn auch nicht immer in die eigenen. Und es liegt im Wesen der evangelischen Gemeinden, daß sie nicht je für sich allein existieren. Aber damit ist zugleich die höchste Verantwortung gesetzt. Wenn wir im Namen des Glaubens besondere Maßstäbe an uns legen, dann muß größte Sorgfalt bei den Entscheidungen walten, und es muß eine gemeinsame Willensbildung aller Beteiligten gewährleistet sein.

Die Belastungen, die sich aus den Honnefer Beschlüssen [»Spar-Synode« / Sondersynode der rheinischen Kirche am 19./20.6.1994 in

Bad Honnef] für unsere Gemeinden ergeben, sind unverhältnismäßig hoch; sie können nicht ohne tiefgehende und schmerzliche Veränderungen im Gefüge der Einrichtungen unserer Gemeinden getragen werden. Wir schneiden in lebendige Gemeinden hinein; und dort, wo ein gutes Finanzaufkommen ist, wird abgezogen - es kann keine Frage sein, daß man auf längere Sicht nicht so wie im ersten Schreck verfahren kann: nämlich einfach dort abziehen, wo es im Augenblick am schnellsten geht. Fragen wir nicht nach den Maßstäben, so werden wir das vermutlich bald bereuen. Das gilt auch für den Umgang mit den Pfarrerinnen und Pfarrern und mit dem theologischen Nachwuchs.

Wir müssen erwarten, daß die Fragen der Lastenverteilung nicht nur unter finanziellen Aspekten behandelt werden. Es geht um den Sinn der gemeindlichen Arbeits- und Lebensfelder wie um die Aufgaben auf kreiskirchlicher und insbesondere landeskirchlicher Ebene. Es geht nicht nur um monetäre Harmonisierung, sondern auch um geistliche Verständigung. Wir dürfen und müssen uns auch nicht schrecken lassen von sehr divergierenden Haltungen; auch nicht imponieren lassen von modischen Strömungen oder Bevormundungen. In den Gemeinden sind unter Umständen ganz andere Fragen gestellt, als es vielleicht von den anderenorts um die theologische und kirchliche Urteilsbildung Bemühten ohne weiteres wahrgenommen wird.

Zu der notwendigen Frage nach dem Wesen gemeindlichen Lebens ist in *Honnef* keine Zeit gewesen. Hier ist also Nachholbedarf. Angesichts der Pflichten unserer Gemeinden und angesichts der Erwartungen der Menschen an die Einrichtungen und Tätigkeiten unserer Gemeinden müssen wir die Hoffnung haben, daß die Beschlüsse der Sondersynode von Bad Honnef *nicht* wegweisend sein werden, sondern daß sie sorgfältig überprüft werden.

In den Presbyterien, im Kirchenkreis und in gemeinsamen Gesprächsrunden ist die Frage nach den entscheidenden Perspektiven gemeindlichen Lebens und gemeindlicher Arbeit intensiv bedacht worden. Ich denke, unsere Synode sollte eine Kommission berufen, die sich die nötigen weiteren Klärungen zur Aufgabe macht. Es muß deren Ziel sein, von innen her und nicht nur unter dem Druck äußerer Notwendigkeit zu Vorstellungen über das in der Gemeinde, im Kirchenkreis und in der Landeskirche Nötige zu gelangen.

2. Längst ist uns deutlich, daß die geistigen und *geistlichen Fragen*, die von außen an uns herankommen, zugleich in einer vielleicht anderen Gestalt auch unsere Fragen von innen her sind. Es geht um das Fundament unserer evangelischen Kirche. Die Eckdaten unseres Glaubens lassen sich nicht und ließen sich nie einfach zitieren, als würden sie von jeder Zeit ohne Mühe angeeignet. Sie müssen sich bewähren im Gespräch mit dem neuzeitlichen Bewußtsein; mit den Wünschen der Menschen; mit ihrer Sehnsucht nach Verinnerlichung auf der einen Seite, mit der Schonhaltung des modernen Menschen auf der anderen Seite.

Es beunruhigt mich, daß viele Menschen besorgt sind über das, was sie als den Kurs der evangelischen Kirche erkennen, und daß sie keine großen Hoffnungen zu haben scheinen, innerhalb unserer Kirche in allem Freimut darüber sprechen zu können. Ich habe da aber viel mehr Hoffnung.

Die Achtung vor einander und vor den Überzeugungen, die im Persönlichen wurzeln, muß doch und wird auch beispielhaft in unserer Kirche zu Hause sein. Parteilichkeiten, Verketzerungen, Pharisäismus werden wir uns nicht durchgehen lassen. Das Sensible und Fragile ist Thema und Aufgabe der Kirche - das aber heißt: wir müssen uns unterscheiden von Methoden, die dazu nicht passen - Synode, nicht Methode!

Ich hoffe auf Annäherungen innerhalb der Kirche. Besinnung auf unsere Fundamente. Beispielsweise auf die Bedeutung der Heiligen Schrift. Sie ist nicht tötender Buchstabe als Feind gegenwärtigen Lebens; sie ist aber auch kein bloßes Relikt früherer Zeiten, das mundtot liegen bleiben dürfte neben den lauten Äußerungen gegenwärtiger Frömmigkeit oder Eigenmächtigkeit.

Wir sollen in Ruhe und in Friedensbereitschaft gegen jede und jeden nachdenken dürfen über Fragen feministischer Theologie; über das Verhältnis zwischen dem wahren Israel und der wahren Kirche; über unsere Amtshandlungen; über die Bedeutung des Segens in den Gottesdiensten; über die Bedeutung medizinischer Einsichten für eine christliche Anthropologie und Sexualethik.

Abb. 9 *Evangelische Kirche, Flamersheim*

Eine klare Meinung sollte sich nicht selbst Schaden antun durch Ungerechtigkeit gegen eine andere Auffassung. Und wir sollten uns nur ja vorsehen, *solche* Fragen für die Hauptangelegenheit der Kirche zu halten, die den Gemeindegliedern so ferne sind, daß sie sich erst einmal kundig machen müssen wie beim Einarbeiten in ein neues Studienfach, um zu verstehen, was an der Tagesordnung sein soll. Es ist nötig, mit klaren und verständlichen Worten den wesentlichen Gehalt des christlichen Glaubens darzutun. Insbesondere in seinem Unterschied zu dem, was Menschen sich in scheinbarer Souveränität zusammensuchen: aus dem »Angebot« der Religionen zusammensuchen. Man entscheidet, woran man glauben wird. Man glaubt an einen selbst definierten Gott, wie es in dem Bericht der Telefonseelsorge heißt.

Der christliche Glaube erzieht freilich *nicht* dazu, Funktionär zu werden; nicht zu einer Unfreiheit, die für die Kirche wirbt wie für irgendeinen Verein. Um unseres Glaubens willen und um eben um seiner Freiheit willen müssen wir aber zu hindern suchen, daß Menschen sich an Götzen hängen und so ihre Menschlichkeit zutiefst gefährden. Vom Menschen ist nirgends sonst so wesentlich gesprochen wie angesichts des Menschen *Jesus Christus*. Wir müssen nicht mitmachen, wenn man den evangelischen Glauben einebnen will auf dem großen Weltmarkt der Religionen. Wenn man uns eine blasse Symbiose von all' dem zumutet, was irgend im Felde des Religiösen sich bewegt. Nur Mut zu einem klaren Weg!

3. Zum Thema *Homosexualität und Kirche* liegen fast von allen Gemeinden sehr gründliche Erwägungen vor. Nur von zwei Gemeinden wird eine Segnung homosexueller Paare ohne Einschränkung bejaht. Die anderen zögern in diesem Punkte. Alle Voten lassen ein sehr verantwortliches Nachdenken über den Umgang mit einer Minderheit erkennen; einer Minderheit, die auf das Schlimmste verfolgt und geächtet worden ist. Eine weitere Beratung im Kirchenkreis wird nur von zwei Gemeinden vorgeschlagen; dabei wird einmal an einen Tag für die Presbyterien gedacht.

Zum Thema *Kirche und Israel* liegen erst wenige Stimmen vor. Auch hier machen es sich die Presbyterien nicht leicht. Ich finde das ausgesprochen gut und habe den Eindruck, daß die beiden den Gemeinden vorgelegten Fragen sehr tiefgehende theologische Gespräche ausgelöst haben. Zum Thema Israel in der Kirchenordnung finde ich die jüngste Debatte zwischen Berthold Klappert und Eckart Schwab beachtlich. Ich will den Gemeinden Ablichtungen hiervon zukommen lassen.

Unsere Synode hat sich im Frühjahr besorgt zur Gefährdung des *Buß- und Bettages* geäußert. Unserer Erklärung ist keinerlei Beachtung geschenkt worden. Die Gleichgültigkeit fand ich erstaunlich. Es gibt aber wohl eine schweigende Mehrheit in den Gemeinden. Es ist tatsächlich so, daß viele Menschen empört sind über die Willkür, mit der - ohne daß Gemeinden und Synoden gefragt worden wären - mit einem wichtigen Datum des evangelischen Glaubens und des kirchlichen Lebens umgegangen worden ist. Es sieht so aus, als könnte man auf diesem Felde herumfuhrwerken, wie es gerade paßt. Vereinbarungen sind aber einzuhalten. Es leidet das Ansehen desjenigen, der es an Achtung vor dem zu Achtenden fehlen läßt. Wir sind gewarnt durch das, was man als »staatliches Hantieren« bezeichnet hat. »Wann endlich wachen die Kirchen auf?«, fragte Heike Schmoll. Das zum Verfahren. Zum Inhaltlichen: Die Tiefe der angeschnittenen Fragen scheint lange Zeit nicht von ferne geahnt worden zu sein. Fragen, die weit in die Bestimmung der Humanität hineinreichen. Wenn sie nicht wahrgenommen werden, ist das ein bedenkliches Zeichen für die geistige und seelische Situation unserer Gegenwart. Unser Präses [Peter Beier] hat vor einigen Tagen in einem Schreiben an die Gemeinden auf das, was gefährdet ist, hingewiesen. Ich zitiere einen Satz: »Als ein geschützter arbeitsfreier Feiertag ist *der Buß- und Bettag* ... für eine säkulare Gesellschaft ein unübersehbarer Hinweis darauf, daß wir alle in der Verantwortung vor Gott leben und in unserem vielfachen Versagen und mit unserer Schuld die Möglichkeit der Vergebung, der Einsicht und der Umkehr haben«.

Schließlich hier ein Wort zu dem, was abgekürzt als *Konziliarer Prozeß* bezeichnet zu werden pflegt. Die öffentliche und ethische Dimension des Glaubens wird besonders da sichtbar, wo wir erkennen müssen, daß das einfache Fortschreiben des bisher Erfolgreichen nicht mehr möglich ist, weil es das Menschsein und das Leben überhaupt gefährdet. Ich sehe ganz schlicht jeden Morgen, wie gefährlich die Schulwege der Kinder sind, wie schnell die Autos in den angeblich verkehrsberuhigten Straßen fahren. Ich sehe, daß Kinder keinen Raum mehr haben in der Umgebung ihrer Wohnungen, zum Spielen, zum Erkunden von Umwelt. Es ist gefährlich schon vor der Haustür, auch zu laut. Ich denke an den Schund im Fernsehen und in den Zeitschriften. Ich vermag nicht einzusehen, warum dieser Unrat täglich über Kinder kübelweise ergehen muß. Das Wort von der *Bewahrung der Schöpfung* durch Menschen mag hoch gegriffen sein; es erinnert an den Hochmut des Menschen, zu verfügen, wo er nicht zu verfügen hat. Aber zu lernen haben wir allemal, pfleglich und dankbar umzugehen mit dem, was uns geschenkt ist. Zu schonen und zu bewahren haben wir, was uns verliehen oder uns geliehen ist. Wir müssen uns fragen, *wer* denn in unserer Gesellschaft die Obhut wahrnimmt, die nötig ist.

4. Es ist deutlich, wie sehr die Menschlichkeit in unserer Zeit gefährdet ist. Ich sehe mit unveränderter Sorge, daß der natürliche Halt, der Kindern aus der *Familie* erwachsen kann und müßte, oft verloren geht; daß Denken und Fühlen so gefangen sind von der Zielrichtung auf ein einzelnes Ich, daß die nächstliegenden Aufgaben nicht wahrgenommen werden. Daß nicht zählt, was sich nicht tatsächlich als Zahl angeben läßt. Ich bin dankbar für alles, was in den Gemeinden geschieht zugunsten der *Kinder* und der *Jugendlichen*; und was geschieht, um die gefährdeten Familienbande zu festigen. Auch für das, was Jugendliche ihrerseits tun, zum Beispiel im *Zivildienst.* Es gibt hier eine beeindruckende Haltung alten und leidenden Menschen gegenüber; sensible Humanität, derer man sich nur freuen kann. Ich bin dankbar für allen Beistand, den Menschen in unseren Beratungsstellen finden; für die Seelsorge der Pfarrerinnen und Pfarrer.

Wir haben eine *Kontaktstelle Arbeit und Jugend,* die nun wieder vollbesetzt ist und sich um Menschen kümmert, bei denen kein kirchlicher Einfluß die Verständigung erleichtert. Hierzu ist das nachzulesen, was Herr Schüpphaus aus der Arbeit an der Berufsschule berichtet. Der Friedenserziehung unserer Jugend dienen die Kontakte des Kirchenkreises nach Israel, nach Polen und nach Mbandaka. Die

Jugendlichen ihrerseits nehmen die Möglichkeiten dieser Dialoge gerne wahr. Sie sind *nicht* geneigt, sich von den derben und schuldhaft verkürzenden Beschwörungen neuer Feindseligkeit gegenüber »fremden« Menschen leiten zu lassen. Ich kann die Funktionen des »Fremden« in einer Zeit, in der im Grunde niemandem auch nur *irgend* etwas in dieser Welt ganz fremd sein kann, nicht verstehen, höchstens als Flucht in etwas mythisch-magisch Beschworenes.

Glaube ist aber nicht Flucht. Er ist werdende Gewißheit im Angesicht der Anfechtungen. Natürlich reden die Fakten immer wieder eine Sprache, die den Glauben anklagt; die ihn umschlagen lassen möchte in Verzweiflung. Ich habe in diesen Wochen mehrfach mit Menschen gesprochen, die beruflich sehr viel in anderen, fernen Ländern zu tun haben und die mir geradezu verzweifelt erzählt haben von der unglaublichen Unmenschlichkeit, die in den Großstädten herrscht, die gezeichnet sind von sozialen Spannungen, von gänzlicher Verwahrlosung der Kinder, von der Verelendung und gänzlichen Demoralisierung von Menschenmassen. Dies alles ist unsere Welt. Ich wüßte nicht, wie man daran denken könnte, ohne an den Weg unseres Herrn Jesus Christus zu denken. Und ich wüßte nicht, wo wir Kraft finden sollten, wenn nicht im Glauben an ihn. Die schwierige Wirklichkeit ist immer hineingezogen in den Glauben selbst - nicht erst dann, wenn das eigene Leben vor ungeahnte Fragen gestellt ist.

5. Dies ist die Grundlage aller *Diakonie* in der Kirche. Unsere Diakonie ist den Menschen so nah, wie es überhaupt nur sein kann; sie ist zur Hand; sie geht mit, denkt voraus, fängt auf; sorgt für Menschen. Sie hat viele Wege geebnet auch für die staatliche Hilfe. Sie hat viele Augen geöffnet. Es ist nicht auszudenken, wie es aussähe in unserem Gemeinwesen, hätte es nicht die gewaltigen kirchlichen Anstöße gegeben, gäbe es nicht die kirchlichen Werke und Einrichtungen. Das diakonische Handeln ist ein Bild der Reichweite des Glaubens. Der menschliche Beistand, den Christen Menschen leisten wollen. Ich erinnere an die Arbeitsfelder: Suchtberatung, Schuldnerberatung, Eheberatung, Erziehungsberatung, Hilfe für Alleinstehende und für Alleinerziehende, für Verarmte, für Behinderte und für ihre Familien, Vormundschaften, Behindertenseelsorge. Es müßte natürlich mehr geschehen - für Aussiedler und Arbeitslose, Asylsuchende. Aber es ist auch viel zu *danken*: den Menschen, die die oft schwierige Arbeit wirklich *auf sich* nehmen. Es sind Jesu Augen, die bis heute die Augen der Kirche schärfen müssen. Ob der Staat uns beistehen kann in diesem Aufsuchen des Menschen? Wenn dort die wirtschaftlichen Gesichtspunkte den Sieg davontragen, was haben wir dem entgegenzustellen?

6. Nach der Wiedervereinigung haben sich aus den unterschiedlichen Erfahrungen heraus, die die Gemeinden in Ost und West gemacht haben, Aufgaben der Verständigung über die kirchliche Zukunft ergeben, z. B. hinsichtlich des Verhältnisses zwischen Staat und Kirche. Es hilft uns nicht, wenn wir uns nach anderen Glaubens- und Lebensformen sehnen, ohne uns darüber klar zu bleiben oder zu werden, an welcher Stelle der Geschichte, des Überlieferten und nötiger Neuanfänge wir selbst stehen; spezifisch wir, denn wir haben spezifische Aufgaben für unsere unmittelbaren Nächsten, unsere Familien, unsere Nachfahren. Was ist in unserer Zeit aus unserem Glauben geworden? Darauf kann nur antworten, wer die Fäden der *Geschichte* aufnimmt; wer nicht das Salto Mortale in ein Anderes sucht, sondern die Fragen kennt, die in unserer Geschichte uns gestellt sind. Für die evangelische Kirche in Deutschland gehört dazu viel Geschichte, die in die Gegenwart hineinreicht. Ich bin dankbar für die Arbeit des *Vereins an der Synagoge*. Für den Austausch mit Israel. Für die Kontakte nach Königsberg, nach St. Petersburg, Orenburg und zu polnischen Gemeinden. Ich denke an die Hilfslieferungen aus Meckenheim und aus Mehlem und an die gute Zusammenarbeit mit der Frauenhilfs-Diakonieschwesternschaft. Ich freue mich über alle intensiven Beziehungen zu den Partnergemeinden in der früheren DDR. Es ist kein böser Wille, daß in Ost und West von unterschiedlichen Voraussetzungen an die Aufgaben unserer Zeit herangegangen wird. Das war abzusehen. Schon vor fünf Jahren. Es bedarf hier wirklicher Bemühung um ehrlichen Austausch. Es kann ja auch schmerzlich sein, wenn wir feststellen müssen, wie sehr uns selbstverständliche Vorstellungen geschichtlich ihren besonderen Platz haben; unter bestimmten Gegebenheiten eben

Abb. 10 *Friedenskirche, Meckenheim*

so geworden sind, nicht einfach Fortschreibungen des Glaubens sind, sondern von vielem mehr als von diesem abhängen.

7. Auf der anderen Seite freue ich mich über die Wahrnahme der *ökumenischen* Dimensionen der Kirche. Im Frühjahr 1994 hat wie vorgesehen eine Fahrt nach Bossey mit Presbyterinnen und Presbytern aus mehreren Gemeinden stattgefunden. Sie hat sehr erfreulich zu neuen Kontakten und zu neuen Fragehorizonten innerhalb unseres Kirchenkreises geführt. Ich freue mich über den intensiven Austausch mit Christen in Südamerika und Afrika. Die Gemeinde Münstereifel pflegt besondere Kontakte nach Chile, die Gemeinde Weilerswist nach Namibia.

Unsere Partnerschaft mit Mbandaka war in diesem Jahr von besonderer Bedeutung. Die Begegnungen mit unseren Schwestern und Brüdern aus dem Zaire haben uns sehr bewegt. Mich haben insbesondere die genauen, sehr nachdenklichen und nahen Fragen gefreut, die unsere Partner und Gäste gestellt haben. Realistische Fragen. Wir sollten ihnen den Realismus nicht schuldig bleiben. Es ist der Partnerschaftsvertrag neu zu formulieren. Es ist beständig über die Formen der Gemeinsamkeit nachzudenken. Es ist sind die Verschiedenheiten der Situationen ernst zu nehmen. Wir sehen die Not in Afrika. Die schwierigen politischen Verhältnisse. Auch die Schwierigkeiten: zu helfen. In unserem Kirchenkreis haben engagierte Menschen sehr, sehr viel getan für die Partnerschaft; ich nenne insbesondere Frau Pfnorr-Leihner, das Ehepaar Edelmann, Pfarrer Hatscher, Pfarrer Terpitz; ich denke an die Familien, die unsere Gäste aufgenommen haben; und ich denke andererseits an unsere Gäste, an den Superintendenten Inkale, an Bruder Likiyo, an die ganze Jugenddelegation. An Eliki Bonanga. An Oscar Lowenga. Wir danken ihnen, daß sie die Reise auf sich genommen haben. Wie häufig die gegenseitigen Besuche in der Zukunft sein können, wird sehr genau zu bedenken sein und muß in Beziehung gesehen werden zu dem, was finanzielle Mittel im Zaire selbst ausrichten können.

8. Im *Kirchenkreis* ist Elisabeth Thissen als neue Schulreferentin in die umgewandelte 1. kreiskirchliche Pfarrstelle eingeführt worden. Die

neu errichtete 7. kreiskirchliche Pfarrstelle in der JVA Rheinbach ist mit Pfarrer Klaus Matthes besetzt worden; er ist am 16.10.1994 in sein Amt eingeführt worden. Für die Zeit des Erziehungsurlaubs von Pfarrerin Gabriela Neumayr ist die 5. kreiskirchliche Pfarrstelle zur Erteilung Ev. Religionslehre an Berufs- und Fachschulen zu einer besonders bestimmten Pfarrstelle umgewandelt worden. Für die Arbeit an der *Glasfachschule* Rheinbach ist die Einrichtung einer halben Pfarrstelle möglich, in der die im Sonderdienst geschehene Arbeit ihre Fortsetzung finden kann. Für die *Gehörlosenseelsorge* konnte nicht, wie wir gehofft hatten, eine Lösung auf lange Sicht geschaffen werden. Die VKSVs haben zunächst nur eine Fortsetzung in bisheriger Form für ein halbes Jahr vorsehen können.

Der Kirchenkreis hat, wie Sie wissen, auf einen Ausbau der Jugendbildungsstätte in Merzbach vorläufig verzichtet, weil Aufgaben auf der gemeindlichen Ebene vordringlicher erscheinen, denen angesichts der finanziellen Situation der Zuschlag zu geben war. Ich denke insbesondere an den Bau eines *Gemeindezentrums* in Niederbachem.

Die *Visitationen* sind in der kleinen Form des Besuchs in der Gemeinde Flamersheim und in der Paulus-Kirchengemeinde fortgeführt worden. Die Erfahrungen des intensiven Austauschs haben wohl alle Beteiligten als wertvoll erfahren. Im Februar des kommenden Jahres ist eine Visitation in der Johannes-Kirchengemeinde vorgesehen. Auch das Evangelische Krankenhaus hat der KSV in diesem Jahr besucht. Wir waren beeindruckt von den Einrichtungen des Hauses. Der Krankenhausseelsorge und ihrer Stellung im Hause wird stets die besondere Aufmerksamkeit des Kirchenkreises und der Gemeinden gelten. Ich freue mich, daß es auf Betreiben des Vorsitzenden des Aufsichtsrates zur Gründung eines Freundes- und Förderkreises gekommen ist.

9. In den *Gemeinden* konnten die 2. Pfarrstellen in der Erlöser-Kirchengemeinde (Januar 1994) und in der Heiland-Kirchengemeinde (Mai 1994) durch Pfarrer Norbert Waschk und Pfarrer Klaus Merkes wiederbesetzt werden.

In die neue - vierte - Pfarrstelle der Heiland-Kirchengemeinde konnte ebenfalls im Mai 1994 Pfarrer Günter Schmitz-Valadier eingeführt werden.

In der Kirchengemeinde Bad Münstereifel ist zum 1.1. oder 1.2. 1995 die Neubesetzung der Pfarrstelle durch Pfarrer Frank G. Raschke vorgesehen; Pfarrer Wolfgang Sassenscheidt wird zum Jahresende in den Ruhestand eintreten, nachdem er in jahrzehntelanger Arbeit die Gemeinde aufgebaut und geleitet hat und ein reiches Maß weiterer Aufgaben im Kirchenkreis und in der Landeskirche wahrgenommen hat. Wir werden in großer Dankbarkeit von ihm Abschied nehmen und schließen seine Ehefrau dabei ein. In Swisttal konnte ein neu errichtetes Pfarrhaus bezogen werden.

Ich kehre zum Ausgangspunkt zurück. Die Gemeinden haben sehr notvolle Beratungen zu bewältigen im Blick auf die notwendigen Einsparungen. Es ist schmerzlich zu erleben, daß die Frage der Schließung von *Kindergärten* ernsthaft durchdacht werden muß; daß die Mittel für die *Diakonischen Werke* werden weiter gekürzt werden müssen; daß noch nicht zu sehen ist, wie eine so gut arbeitende Einrichtung wie das *Haus der Familie* in Godesberg wird fortgeführt werden können.

10. Vor einem Jahr habe ich vor der Synode gesagt: »Das Stichwort, das uns begleiten wird, heißt: Armut. Die öffentlichen Zuschüsse nehmen ab; die Kirchengemeinden werden das nicht überall auffangen können. Die finanziellen Möglichkeiten der Kirchengemeinden stehen in einem einfachen Verhältnis zur wirtschaftlichen Gesamtentwicklung und zu den Mitteln, die die evangelischen Christen ihrer Kirche auf dem Wege der Kirchensteuer zur Verfügung stellen«. Das gilt heute mit verschärfter Deutlichkeit. Unsere Hoffnung gilt einer Neubesinnung auf das, was unsere Kirche in dieser Zeit und in diesem Land für die Menschen bedeuten kann. Wir haben aber allen Grund, dankbar zu sein für das Leben in unseren Gemeinden und für alles, was unserer evangelischen Kirche möglich ist. Das gilt nach wie vor.

Nicht zuletzt danke ich Frau Liepe für die erste Nummer der Kirchenkreis-Nachrichten; sie war unterstützt von Frau Krüger und Frau Keitel im Medienreferat. Sie werden dort manche Nachricht viel hübscher dargeboten finden, als ich es mit dürren Worten zu tun in der Lage war.

7. Friedensdialoge

Meckenheim (Arche), 11. November 1995

Es ist über die Aufgaben zu berichten, die sich den Gemeinden und dem Kirchenkreis in diesem Jahr gestellt haben; über Themen, die uns beschäftigt haben; Antworten, die in Wort und Tat gefunden wurden. Auch einige Fragen sind zu bezeichnen, die offen sind. Einzelne Daten sind festzuhalten und von Plänen ist zu reden.

1. Es waren Worte zu finden zum 8. Mai 1945: um von der deutschen Schuld zu sprechen; um der schrecklichen Folgen des Wahns der Hitlerzeit zu gedenken; der Opfer der KZs; wir haben der Hinrichtung Dietrich Bonhoeffers gedacht, des Märtyrers und bedeutenden Theologen.

Was war geblieben von unserem Volk 1945? Woran konnte man anknüpfen, wenn nicht an das Gebet, das der Herr uns gegeben hat und das lebte in den Gemeinden und bei den einzelnen?

Und was war geblieben von den Familien, den Städten, der Heimat, der Kultur? Was an Möglichkeiten zu neuen Dialogen mit den Völkern?

Mir scheint es manchmal so, als hätten wir selbst unsere Geschichte immer noch nicht eingeholt; als seien und blieben wir »verspätet« (Plessner); und weltanschauliche wie theologische Fragen der Jahrhundertwende warten immer noch auf Erhellung und Beantwortung.

Zum Teil ist das eine historische Aufgabe; aber es ist auch eine Besinnung des Glaubens nötig; darüber, wie er mit der Geschichte umgehen kann; auch mit seiner eigenen Geschichtlichkeit; mit fremder Schuld und eigener Schuld.

Welche neuen Glaubensworte werden wir finden für unsere Zeit, nachdem wir gesehen und gehört haben, wie die Vorfahren in Versagen und Bewährung zu ihrer Zeit votiert und gehandelt haben?

Es gibt in unseren Gemeinden und im Kirchenkreis eine Fülle von Friedensdialogen mit Menschen in Israel, in Polen und Rußland. Es gibt regelmäßigen Jugendaustausch. Dafür sind wir dankbar. Wie in diesem Jahr, so sind auch für das kommende Jahr Begegnungen mit jungen Menschen aus Polen und Israel geplant. Möge uns in diesen Begegnungen die Behutsamkeit und die Dankbarkeit erhalten bleiben!

Auch Kontakte zu Gemeinden in den baltischen Staaten werden gepflegt, namentlich in der Meckenheimer Gemeinde. Es gibt auch hier Jugendaustausch. Wie nach Rußland - hier ist besonders an die Aktivitäten der Heiland-Kirchengemeinde zu erinnern -, so gehen auch ins Baltikum zahlreiche Hilfslieferungen (Meckenheim).

Die evangelischen Gemeinden der früheren Ostgebiete und des Baltikums sind von einer Frömmigkeit geprägt, die uns nicht nur historisch verbunden ist, sondern in ihrer persönlichen Tiefe auch zu neuen Einsichten und Haltungen führen kann.

Aussiedler aus Rußland fanden in unseren Gemeinden eine neue Heimat. Ich weiß, daß auch hier ein behutsames Zugehen auf einander nötig ist; und ich bin froh darüber, daß hier ohne viel Aufhebens im Stillen viel Fürsorge und Seelsorge geschieht.

2. Herausgefordert sind wir auch durch den faktischen Vollzug der Wiedervereinigung, die vor fünf Jahren beginnen konnte, aber immer noch Aufgaben neuer Verständigung in sich trägt. Manche Gegenwartsfrage bekommt einen völlig neuen Aspekt durch die Erfahrungen der Menschen, die unter den Gegebenheiten der DDR haben leben müssen.

Was Gemeindeleben in unserer Zeit sein kann und sein sollte, stellt sich nach jenen Erfahrungen u.U. ganz anders dar als nach den Erfahrungen unserer Kirchengemeinden. Zu jenen Erfahrungen gehört die eines öffentlichen Lebens weithin *ohne* und gegen die Kirche; zu den Folgerungen gehörte ein besonderes Zögern gegenüber den Anliegen des Staates.

Unverändert wichtig erscheinen mir die Partnerschaften zwischen den Gemeinden in Ost und West. Der Pfarrkonvent ist im letzten Herbst für einige Tage im östlichen Berlin gewesen; wir haben hier uns nicht geläufige Akzente der kirchlichen Gegenwart zur Kenntnis genommen. Im nächsten Jahr wollen wir evangelische Gemeinden in Holland besuchen, um hier zu erleben, wie das kirchliche Leben aus einer anderen Vorgeschichte heraus die Aufgaben der Gegenwart bestimmt.

3. 50 Jahre nach Kriegsende und fünf Jahre nach der Wiedervereinigung ist das öffentliche Urteil über die Bedeutung der Kirche für den Staat und des Staates für die Kirche von Gegensätzen und damit von Unklarheit bestimmt. Wir hatten aus verschiedenen Anlässen Grund, uns sozusagen nach dem Staat umzusehen. Wir sind unsicher darin, was der Staat heute von der Kirche erwartet. Er nimmt uns den Buß- und Bettag als einen Feiertag, so als läge das in seiner Vollmacht. Karlsruhe sagt, der Staat sei weltanschaulich neutral. Und dabei sagen uns staatliche Stellen täglich, daß sie auf die Kirchen angewiesen sind; und staatliche Stellen fördern in erheblichem Umfang kirchliche Arbeit. Wie steht der Staat zu den christlichen Kirchen?

Wie wird die Zusammenarbeit mit der Stadt künftig in den Kindergärten aussehen? Wie in der Diakonie? Welche Möglichkeiten gibt es finanziell? Was wollen die Parteien?

4. Die Not von Flüchtlingen hat mehrere Gemeinden beschäftigt; wieder war das »Kirchenasyl« aktuell, in Swisttal und in Godesberg. Die Frage eines menschlichen Umgangs mit Menschen in der Not ist aktuell. Die Frage, welche Aufgabe die Kirche hat und welche der Staat. Heute vorliegende Anträge beziehen sich auf die »Abschiebung« und die sogenannte Abschiebehaft.

5. Wir sehen mit großer Sorge, wie Familien zerfallen und wie Kinder heimatlos werden; warum sagen wir nicht laut und deutlich das, was gilt, nämlich: Eltern haben eine hohe und nicht zu überbietende Aufgabe von Gott bekommen und haben also in der Abwägung ihrer Absichten diese Aufgabe ganz an den Anfang zu stellen und also manchen anderen Lebenswunsch nachzuordnen! Und warum sagen wir Eltern nicht viel deutlicher noch, daß es eine Ungeheuerlichkeit ist, was das öffentliche Leben, was die Medien unseren Kindern antun? Ich weise hier auf das hin, was ausgezeichnet Pfarrer Hatscher in seinem Bericht gesagt hat. Ich denke, es muß hier auch nach neuen Verbindungen der Kirchengemeinden mit den Schulen gesucht werden.

6. Wir erleben, daß Menschen ihre Zugehörigkeit zur evangelischen Kirche unterscheiden von der Zugehörigkeit zum christlichen Glauben; daß Amtshandlungen begehrt werden von Menschen, die der Kirche nicht angehören. Es ist manchmal recht schwer zu erhellen, wie die Ablehnung der Kirchenzugehörigkeit und die Erwartungen an die Kirche und insbesondere an die Pfarrerinnen und Pfarrer ineinander verflochten sind. Wir müssen nachdenken über das Wesen der Kirche und über die Beziehung zu den nichtkirchlichen - »zivilen« - Funktionen von Religion.

7. In den Kirchengemeinden ist intensiv theologisch gearbeitet worden. Zum Thema *Kirche und Israel* und der uns vorgelegten Frage nach einer Änderung der Kirchenordnung. Zu Segen und Segnung, insbesondere zur Bitte um Segnung homophiler Partnerschaften. Das neue Gesangbuch in dem seinerzeit vorgelegten Entwurf war unser Thema; die zahlreichen Anregungen, die an die Kirchenleitung gegeben wurden, sind aufgenommen worden in die Entscheidungen über die endgültige Gestalt des Buches. Weiter haben uns wieder die Möglichkeiten eines Dialogs mit dem Islam beschäftigt. Dann das Thema »Weltethos« [Hans Küng] - das Verhältnis zwischen den Religionen und den Kulturen. Schließlich Fragen der Wirtschaftsethik, des konziliaren Prozesses und der Ökumene.

Wir werden zu sagen haben, wie sich die Bereitschaft zum Dialog vereinbart mit der Bereitschaft, ja der Notwendigkeit einer klaren Formulierung des eigenen Glaubens, einer deutlichen Rede mitten in der Bedingtheit unserer geschichtlichen Existenz. Was zählte in der Not von 1945; was sagen wir als persönliches Bekenntnis zB in den sogenannten Amtshandlungen, also dort, wo Tod und Leben unser Thema sind? Das ist keine Fachfrage. Ich denke, wir müssen uns der Worte nicht schämen, die in den Predigten in unserem Kirchenkreis gefunden wurden. Aber wir sind immer am Anfang.

Abb. 11 *Gemeindezentrum Dietrich-Bonhoeffer-Haus, Swisttal-Odendorf*

8. Unsere Gemeinden haben Menschen eingeladen. Ich möchte einmal dankbar sagen, wie sehr hierzu die Arbeit unserer Kantoren und wie sehr dazu die Chöre mit ihren wundervollen Darbietungen beitragen. Auch die Posaunenchöre gehören hierher. Unser Godesberger Posaunenchor besteht, von einer Störung durch die Hitlerzeit abgesehen, nahezu sieben Jahrzehnte.

9. Sehr bewegt hat mich in anderer Weise, was Gerd Lüdemann, Ordinarius für Neues Testament in Göttingen, der Kirche vorgeworfen hat (*Evangelische Kommentare* X/1995). Er findet seine Freiheit der Forschung und Rede darin begründet, nicht ordiniert zu sein und darum nicht der in der Kirche angeblich üblichen »Scheinheiligkeit« unterworfen zu sein; die Kirche predige Sonntag für Sonntag einen Jesus, der der »Märchenwelt« angehöre. Was Lüdemann im einzelnen sagt, ist ähnlich schon vor 150 Jahren, ja vor über 200 Jahren geschrieben worden. Es mag wohl sein, daß die Kirche und die Theologie zu wenig, immer noch zu wenig zum historischen Wesen des Glaubens zu sagen unternommen haben, so daß von neuem uralte Argumente aufstehen: war die Kirche zu sehr von anderen Aufgaben gefangen, um auf die Frage nach der Wahrhaftigkeit eine ganz klare Antwort zu geben?

In der Tat erleben junge Theologinnen und Theologen nicht ohne Ursache einen Hiatus zwischen dem Hochschulstudium und der pfarramtlichen Tätigkeit. Die Kirche und die Fakultäten sind hier aneinander gewiesen. Die Zeit der Personalunionen in so gewaltigen Gestalten wie einst etwa in Karl Barth ist nicht mehr. Bleibt zu viel liegen? Bleibt der theologische Nachwuchs ohne Hilfe?

10. In eine andere Welt, aber doch wohl nur auf eine andere Seite unseres gemeinsamen Glaubens führt uns unsere Partnerschaft mit dem Kirchenkreis Mbandaka/Zaire. Beinahe vor allem anderen haben wir hier immer wieder mit den Bildern der Not zu tun und der bangen Frage, was denn getan werden kann. Die Partnerschaft ist gepflegt worden; die Reise einer Jugenddelegation ist für das nächste Jahr geplant, so wie es im vorigen Jahr bei dem Besuch der Delegationen aus dem Zaire vereinbart worden ist. Heute sollten wir den neuen Partnerschaftsvertrag beschließen, wie er in Abstimmung mit allen Beteiligten formuliert worden ist und wie ihn Frau Pfnorr-Leihner erläutern wird.

11. Unsere Diakonischen Werke und Beratungsstellen stehen vor gewaltigen Aufgaben. Der Einschränkung der verfügbaren Mittel steht eine immer weiter zunehmende Zahl von Menschen gegenüber, die die Hilfe der Kirche suchen. Eines der Felder, auf dem neue Lösungen und neue Vereinbarungen zu finden sind, ist das der häuslichen Pflege. Es wird nicht möglich sein, unter dem Stichwort »Markt« zu behandeln, was schließlich als eine Form der Seelsorge Menschen den Weg zu Gott erschließen soll. Wenn zu sparen ist, dann sind die Gemeinden zu fragen, was ihnen wichtig und wertvoll ist und wofür sie künftig Geld ausgeben wollen und wofür sie womöglich mehr Geld als bisher benötigen - etwa also dafür, daß mehr Zeit für das Übersachgemäße da ist. Sehr dankbar bin ich für die große Sorgfalt und Verantwortlichkeit, mit der die Aufgaben von den in den Werken und Beratungsstellen Tätigen gewertet und angegangen werden.

12. Der Finanzausgleich in der Rheinischen Kirche zielt auf eine weitgehende finanzielle Gleichstellung *aller* Gemeinden des Rheinlandes, so daß die Gemeinden, die ein hohes Steueraufkommen haben, besonders viel abgeben müssen.

Die Einsparungen auf landeskirchlicher Ebene sind erheblich. U.a. sind Pfarrstellen aufgehoben worden; und die Pfarrbesoldung ist gekürzt worden; mit besonderen Einschränkungen für den theologischen Nachwuchs.

In unserem Kirchenkreis gibt es ein gutes Verhältnis zwischen der Zahl der Pfarrstellen und der der Gemeindeglieder; im Gegensatz zu anderen Kirchenkreises führt die Umstellung des Finanzsystems d.i. in diesem Falle die Aufhebung der Umlage I und die unmittelbare oder fast unmittelbare Finanzierung durch die Gemeinden nicht zu Schwierigkeiten, sondern sogar zu einer gewissen Entlastung. Hieran wird deutlich, daß aus unserem Kirchenkreis erhebliche Mittel in die Pfarrerversorgung anderer Kirchenkreise geflossen sind.

Für den theologischen Nachwuchs hat sich der Horizont in kurzer Zeit sehr verändert. Die Zahl der jetzt freien Pfarrstellen ist zu klein;

für eine freie Stelle melden sich z. Zt. etwa 80 bis 120 Pastorinnen und Pastoren. Es ist hierbei zu bedenken, daß das Studium der Theologie so gut wie ausschließlich auf ein kirchliches Amt - und zwar wiederum nahezu ausschließlich in der jeweiligen Landeskirche - bezogen ist und auch bezogen sein muß. Es ist gut möglich, daß in einem Jahrzehnt so wie früher zu wenig Theologen zur Verfügung stehen werden.

Bei der Gegenüberstellung der Umlagen 1995 zur neuen Umlage- und Finanzausgleichsregelung 1996 ergeben sich für den Bereich des Kirchenkreises 1996 Mehrkosten von rd. 704.000 DM. Alle Haushalte sind wieder und wieder auf mögliche Einsparungen durchberaten worden, die der Gemeinden ebenso wie der des Kirchenkreises und der Vereinigten KSVs. Die Veränderungen sind so rasch notwendig geworden, daß unsere Gemeinden in vielen Fällen ihre Verhältnisse dem nicht anpassen können. Die notwendigen Einsparungen haben zu sehr sorgenvollen Beratungen über die Zukunft verschiedener Aufgabenfelder geführt, so über die des *Hauses der Familie* und die der Kindergärten.

Es ist schmerzlich, daß in der Christus-Kirchengemeinde ein Kindergarten aus der Verantwortung der Gemeinde wird abgegeben werden müssen. Auch bei der Visitation der Johannes-Kirchengemeinde haben die Haushaltsfragen eine besondere Bedeutung; und wir stehen immer wieder ratlos vor der Frage, an welcher Stelle Einsparungen denn denkbar sein könnten. Auch die Beratungen der Perspektivkommission hatten an solcher Ratlosigkeit teil.

13. Vor einem Jahr hat unsere Synode die Bildung einer Perspektivkommission beschlossen. Ich habe die Aufgabe, im Namen des KSV die Ergebnisse hier vorzutragen.

Als Mitglieder wurden in diese Kommission entsandt: die Damen Achenbach, von Huhn, Pfrüner, Schmitz; die Herren Dorp, Hoffmann, Horstmann, Kallenbach, Klein, Dr. König, Krehl, Resimius, Schepke, Schwarz, Terpitz, Werbke, Wirth, Wolter, Zessin, Ziegler.

Die Mitglieder bildeten fünf Gruppen, die die verschiedenen Einrichtungen des Kirchenkreises, der VKSV und im Falle des Gemeindeamtes Bad Godesberg auch eine gemeindliche Einrichtung besucht haben. Die Ergebnisse der Gruppen, die in zwei Sitzungen vorgetragen wurden, hat sich das Plenum zu eigen gemacht. Dabei bestand Einigkeit darüber, daß es sich unabhängig von den jetzt tätigen Personen um Langzeitperspektiven handelt. Die Ergebnisse im einzelnen:

Gruppe 1: Jugendpfarramt/Jugendbildungsstätte

Grundsätzlich wird festgestellt, daß diese beiden Einrichtungen in jedem Fall erhalten bleiben sollten.

Jugendbildungsstätte Merzbach: Angesprochen wird der Baustopp Merzbach. Es wird darauf hingewiesen, daß solche Einrichtungen erst bei einer Bettenzahl von über 100 kostengünstig arbeiten. Der Anbau hätte also vermutlich auf längere Sicht eine finanzielle Entlastung erbracht. Eine Empfehlung erfolgt nicht.

Jugendpfarramt: Kritisch wird gesehen, daß bestimmte Verwaltungsvorgänge bei der Beantragung und Abrechnung von Freizeiten über das Jugendpfarramt laufen müssen, da dies gesetzlich vorgeschrieben sei; diese Vorgänge könnten könnten aber genauso gut durch die Kirchengemeinde bzw. durch die Freizeitleiter erledigt werden. Empfehlungen an den KSV/an die Kreissynode: Die Anfrage aus dem Kirchenkreis Bonn hinsichtlich der Zusammenlegung der beiden Jugendpfarrämter sollte geprüft werden. Hierzu werden Informationen aus bestehenden Jugendpfarrämtern für mehrere Kirchenkreise in den Bereichen Köln, Düsseldorf und Essen eingeholt. Eine eventuelle Zusammenlegung käme dann in Betracht, wenn einer der beiden Jugendpfarrer in den Ruhestand geht oder sich verändert. In Absprache mit den Beteiligten soll geprüft werden, ob ein Umzug des Jugendpfarramts in die Jugendbildungsstätte möglich wäre. Bei der Preisgestaltung für die Jugendbildungsstätte sollte darüber nachgedacht werden, ob die Kosten, die die jeweiligen Gruppen verursachen, entsprechend in die Preise mit einfließen können. Hier wäre z.B. die Erhebung eines Zuschlages bei der Minderbelegung der Sechs-Bett-Zimmer zu nennen.

Gruppe 2: Superintendentur/Verwaltungsamt Bonn (VA)/Gemeinsames Gemeindeamt Bad Godesberg (GA)

Es werden verschiedene Verbesserungsvorschläge zu bestimmten Arbeitsabläufen in diesen Ämtern gemacht. Es wird dem KSV/der

Kreissynode empfohlen, die Möglichkeit zur Zusammenlegung dieser Verwaltungsstellen im Kirchenkreis durch ein unabhängiges Institut prüfen zu lassen. Die Leitungsorgane dieser Ämter sollen sich zu ersten Gesprächen vorab zusammenfinden.

Gruppe 3: Kontaktstelle Arbeit und Jugend (KAJ)/Frauenbeauftragte/Medienreferat

Zu diesen drei Einrichtungen wird festgestellt, daß die Notwendigkeiten und sachlichen Voraussetzungen für diese Arbeitsbereiche immer noch gegeben sind. Schwierigkeiten ergeben sich durch die Größe und besondere Struktur unseres Kirchenkreises.

Kontaktstelle Arbeit und Jugend: Kritisch wird hierzu das Verhältnis zwischen finanziellem Aufwand und der Anzahl der dort tatsächlich betreuten Personen gesehen. Allerdings wird darauf hingewiesen, daß die Zielgruppe der KAJ nicht besonders mobil und darum ein größeres Gebiet nicht erreichbar ist.

Empfehlung an den KSV/an die Kreissynode: sie solle darüber entscheiden, ob die KAJ nicht in der Form eines eingetragenen Vereins mit Anbindung an das DW Euskirchen weitergeführt werden kann.

Frauenbeauftragte: Bei Wegfall dieser Stelle könnte diese Arbeit nicht durch Ehrenamtliche vollständig weitergeführt werden. Es wird darauf hingewiesen, daß eine Kombination dieser Arbeit mit der *Frauenhilfe Rheinland* und dem *Haus der Familie* möglich wäre.

Vorschlag an den KSV/an die Kreissynode: Der Kreissynodalvorstand und der Fachausschuß für Frauenfragen sollen sich rechtzeitig vor Ablauf der Befristung dieser Stelle über die Form der Weiterführung der Frauenarbeit in unserem Kirchenkreis verständigen. Es fanden sich Stimmen für die Weiterführung der Stelle der Frauenbeauftragten in der jetzigen Form nach Ablauf des Arbeitsvertrages 1997; daneben gab es Stimmen, die eine Verlängerung der Stelle ablehnen. Die Kirchengemeinden sollen hierzu aber auch gehört werden.

Medienreferat: Es wird angemerkt, daß diese Arbeit vielleicht nicht so konzipiert ist, daß die Wirkung in den Gemeinden unmittelbar spürbar werden kann. Empfehlung an den KSV/an die Kreissynode:

Abb. 12 *Gemeindezentrum, Wachtberg-Niederbachem*

Der uneingeschränkten Weiterführung der Stelle der Medienbeauftragten wurde mehrheitlich zugestimmt. Für eine Ausweitung der Medienarbeit fand sich eine Stimme. Für die Einschränkung dieser Arbeit wurden mehrere Stimmen abgegeben.

Gruppe 4: Rechnungsprüfungsamt (RPA)/ Fachberatung für Kindergärten (FBFK)/ Gemeindedienst für Weltmission (GFW)/Amos-Comenius-Gymnasium (ACG)

Rechnungsprüfungsamt (RPA): Diese Arbeit und deren Inhalte sind gesetzlich vorgeschrieben. Für die Kirche wird hierdurch Rechenschaft über die ordnungsgemäße Verwendung ihrer Gelder abgelegt. Der große Prüfungsbereich ist durch die vorhandenen Stellen abgedeckt. Es wird empfohlen, in diesem Bereich keine Einschränkungen vorzunehmen.

Fachberatung für Kindergärten (FBFK): Hierzu wird festgestellt, daß diese Arbeit notwendig und sinnvoll ist. Eine Fachberaterinnen-Stelle ist eher zuwenig. Eine Aufstockung wäre notwendig, ist finanziell aber nicht machbar. Eine Kürzung in diesem Arbeitsbereich hat durch die Neubesetzung in geringerem Umfang der Sekretärinnenstelle stattgefunden. Es wird empfohlen, in diesem Bereich keine weiteren Einschränkungen vorzunehmen.

Gemeindedienst für Weltmission (GFW): Die inhaltliche Arbeit wird begrüßt. Die Angebote des GFW werden von den Kirchengemeinden leider zu selten in Anspruch genommen. Eine Kürzung der Aufwendungen in diesem Bereich soll nicht vorgesehen werden.

Amos-Comenius-Gymnasium (ACG): Es wird gefragt, ob der Zuschuß spezifisch der evangelisch-kirchlichen Arbeit der Schule zugute komme. Auch, ob die kirchlichen Schulen sich wirklich wesentlich von staatlichen Schulen unterscheiden. Es wird demgegenüber auf die besondere Bemühung des ACG um Nähe zu den Godesberger Kirchengemeinden (u.a. durch ein Kuratorium) hingewiesen.

Empfehlung an den KSV/an die Kreissynode: Die Kreissynode möge über eine gewisse Kürzung der Zuwendung nachdenken. Ein Vorschlag hierzu ist, den Betrag, den der Förderverein jährlich aufbringt, in gleicher Höhe, bis zu einer gewissen Obergrenze, zuzuschießen.

Anschließend beschließt der Kreissynodalvorstand, der Kreissynode vorzuschlagen, den Zuschuß in Höhe von 100.000,00 DM an das Amos-Comenius-Gymnasium um 15 % zu kürzen. Hierbei handelt es sich um eine erste Gleichbehandlung einer Einrichtung entsprechend den vorgeschriebenen Kürzungen für das DW Bonn-Bad Godesberg. Andere Vorschläge finden sich in der heutigen Tagesordnung.

Gruppe 5: Diakonisches Werk Bonn und Bad Godesberg/Diakonisches Werk Euskirchen/ Ehe- und Erziehungsberatungsstelle

Diakonisches Werk Bonn und Bad Godesberg: In diesem Bereich werden schon aufgrund der Vorgabe des Kirchenkreises Bonn massive Einsparungen vorgenommen. Warum sich dies noch nicht auf die Beiträge der angeschlossenen Kirchengemeinden ausgewirkt hat, soll von Herrn Hamacher erläutert werden. Im Bereich der Diakoniestationen erfolgt zur Zeit eine betriebswirtschaftliche Untersuchung durch ein Fachinstitut. Hier sind die Ergebnisse abzuwarten. Eine besondere Empfehlung an die Kreissynode hierzu erfolgt nicht.

Diakonisches Werk Euskirchen: Einsparungen wurden vor allem im Sachkostenbereich vorgenommen. Die Einrichtung einer Diakoniestation in Euskirchen wird zur Zeit durchgeführt. Sollten öffentliche Zuschüsse in größerem Umfang wegfallen, so werden auch hier personelle Einsparungen vorgenommen werden müssen. Eine besondere Empfehlung an die Kreissynode hierzu erfolgt nicht.

Ehe- und Erziehungsberatungsstelle: Empfehlung an den *KSV*/an die Kreissynode: Es soll geprüft werden, ob diese Beratungsstelle nicht in die Trägerschaft des Diakonischen Werkes Bonn und Bad Godesberg überführt werden kann.

Soweit der Bericht der Kommission. Der KSV wird alle Vorschläge aufnehmen, prüfen und nach Möglichkeit umsetzen.

Einsparungen werden in der Superintendentur und bei den VKSVs zu erwarten sein. In der Superintendentur wird eine Einsparung dadurch möglich sein, daß nach dem Ausscheiden von Gisela Schäbitz zum Jahresende eine Absenkung der Stundenzahl versucht werden soll. Bei den Vereinigten *KSVs* wird es durch das Ausscheiden von Swantje Krüger zum 1. April 1996 vermutlich eine Einsparung geben. Indes kann die Frage nach der notwendigen Medienarbeit in unserem

Kirchenkreis damit nicht abgetan sein. Wir werden hier, etwa auch gemeinsam mit dem Kirchenkreis Bonn, weiter zu beraten haben.

14. Wir hatten in diesem Jahr manche Ursache, dankbar des langjährigen Bestehens einiger Einrichtungen und Gebäude zu gedenken.

In Euskirchen konnten wir auf dem Hintergrund einer noch viel älteren evangelischen Geschichte das 100jährige Bestehen der Kirche feiern. Es war ein Fest für viele und eine Einladung für Menschen in der Nähe und in der Ferne.

In Godesberg konnte das Amos-Comenius-Gymnasium sein vierzigjähriges Bestehen feiern; auch hier gibt es eine ältere Vorgeschichte: das Lyzeum, das einst von Axenfeld und seinem Helfer, dem Pädagogen Terberger, begründet worden war, war in der Nazizeit geschlossen worden - nach dem Kriege war es einer der ersten Wünsche der schnell wachsenden Godesberger Gemeinde, wieder ein ev. Mädchengymnasium zu haben. Für die Finanzierung mußte die Landeskirche eintreten; nur mit einem Teilbetrag ist später der Kirchenkreis dazugetreten. Nach dem, was ich oben gesagt habe, muß ich nicht betonen, wie wesentlich die intensive kirchliche Arbeit in den Schulen nach meinem Urteil ist. Für die Arbeit der Leiterin der Schule bin ich besonders dankbar.

Unsere Jugendbildungsstätte feierte vor einigen Tagen ihr 10jähriges Bestehen. Für uns alle ist Merzbach ein erfreulicher Ort. Wir danken dem Jugendpfarrer für zehn Jahre Arbeit in Merzbach und neben ihm besonders dem Ehepaar Pogorzelsky, Frau Fritsch, Frau Wahlen, Frau Wexeler. Und im Jugendpfarramt Frau Kistler und Frau Walkhoff. Es ist ja sehr wichtig, welche Lebensformen die jungen Menschen in Merzbach vorfinden, daß sie freundlich aufgenommen werden - auch übrigens, daß sie die Kapelle vorfinden, um die sich seinerzeit Pfarrer Hofmann so verdient gemacht hat.

Das Ev. Krankenhaus hat sein 25jähriges Bestehen feiern können; es ist vielen Ehrenamtlichen zu danken, die für die Gemeinden in den Gremien des Krankenhauses arbeiten, und allen hauptamtlichen Verantwortlichen: dem Vorsitzenden des Aufsichtsrats und dem Geschäftsführer, die Führung eines Krankenhauses ist nicht leichter geworden in dieser Zeit und erfordert Präzision und Verantwortlichkeit.

Im Frühjahr (zum 1.4.1995) haben wir Pfarrerin Heller als Seelsorgerin des Krankenhauses verabschiedet. Die Aufgaben der Krankenhausseelsorge werden z. Zt. von Pastor im Sonderdienst Horn wahrgenommen. Heute können wir eine Entscheidung fällen über die weitere seelsorgerliche Arbeit in der Klinik; es ist in gutem Einvernehmen zwischen allen Beteiligten ein Konzept hierfür erarbeitet worden.

Das Diakonische Werk Bonn und Bad Godesberg hat sein 20jähriges Bestehen gefeiert - in Form von Arbeitsforen, diesen Teil habe ich jedenfalls erlebt - viele wichtige Fragen wurden erörtert.

Man kann klagen darüber, daß uns so viele Fragen vorgelegt sind; wir können aber auch dankbar sein dafür, daß wir nun doch im Frieden uns solchen Fragen stellen können, die in anderen Zeiten der Geschichte in der Not der Lage überhaupt nicht angesprochen werden konnten. Wir müssen uns wirklich fragen, wofür das Geld, das ja nun doch vorhanden ist in unserem Volk, von uns erbeten werden soll; und ob es auf noch andere Weise erbeten werden kann als bisher; denn vielerorts geht es finanziell den Menschen so gut wie noch nie in der Geschichte.

Zu Geschichte und Gegenwart unserer Gemeinden und ihrer Bauten wird in wenigen Wochen im Dümmler-Verlag ein Buch erscheinen, das auf Wunsch der *VKSVs* entstanden ist; am 28.11.1995 wird es im *Haus der Kirche* in Bonn vom Verlag vorgestellt (14.15 Uhr) [D. Höroldt/W. Joch (Hg.), *Evangelische Kirchen und Gemeinden der Kirchenkreise Bonn, Bad Godesberg, An Sieg und Rhein*, Bonn 1996].

15. Es gab besondere persönliche Festtage. Mehrere der Amtsbrüder begingen ihr silbernes Ordinationsjubiläum, Pfarrer Wachowsky, Pfarrer Doepner, vor zwei Wochen Predigthelfer Wurm. Die Feiern waren ein schöner Spiegel reicher Wirksamkeit. Pfarrer Siebel beging den 60. Geburtstag; er wurde mit einem frohen Gemeindefest begangen.

16. Weitere Personalia: Im Juni ist Pfarrerin Daub in den Ruhestand verabschiedet worden; eine kirchliche Persönlichkeit, die wegweisend und vorbildlich gewirkt hat. Als Nachfolger in der Behindertenarbeit ist Pastor Ramacher gewählt worden, er wird in Bälde in sein Amt eingeführt; ich freue mich, daß er heute schon an unserer Synode teilnehmen kann. In der Gemeinde Rheinbach wurde Pfarrer Dr. Haas verabschiedet, der an eine kirchliche Fachhochschule in Hannover berufen worden ist. Wir hoffen, daß im Frühjahr die Wahl eines Nachfolgers geschehen kann. In Bad Münstereifel ist Pfarrer Raschke am 19.02.1995 als Nachfolger von Pfarrer Sassenscheidt in sein Amt eingeführt worden. Pfarrer Hasselhoff (Berufsschule Euskirchen) hat einen Erziehungsurlaub angetreten; einen Beschäftigungsauftrag für diese Zeit hat Pfarrer Prüßmann übernommen. In Münstereifel ist der Sonderdienst des Pastors Niefindt abgelaufen. Die Stelle wird künftig halbiert wahrgenommen: Pastorin Stark und Pastor Stark sind dazu schon jetzt im Hilfsdienst aus dem Kirchenkreis An Sieg und Rhein nach Münstereifel umgewiesen worden. In der Kirchengemeinde Swisttal ist eine neue Sonderdienststelle eingerichtet worden und soll demnächst besetzt werden. In der Christus-Kirchengemeinde wurde Frau Lingenfelder, Leiterin des *Hauses der Familie*, mit viel Dank für eine lange und intensive Tätigkeit im Juli verabschiedet. Aus der Heiland-Kirchengemeinde wechselte im Januar Pastor Eckert vor Ablauf seiner Hilfsdienstzeit nach Essen, um dort danach eine Pfarrstelle zu übernehmen. Ebenfalls aus der Heiland-Kirchengemeinde wurde Pastorin Wirths zum 19.11.1995 in eine Sonderdienststelle beim PTI berufen. In der Kirchengemeinde Rheinbach beendete Pastor Triebel-Kulpe seinen Hilfsdienst; er übernahm eine Sonderdienststelle im Kirchenkreis Lennep. Pastorin i.H. Kulpe wurde nach Lennep umgewiesen.

Pfarrer Dr. Kenntner wurde im Februar in Rheinbach in sein Amt als Skriba eingeführt. Herr Burgmann ist als Stellvertreter von Frau Manig (KSV) wegen Umzugs ausgeschieden; Frau Lepa ist seine Nachfolgerin. Als Nachfolger für den Ende Mai ausgeschiedenen Herrn Reusch wurde Herr Diesterhöft in die Kreissynode berufen.

In der Superintendentur ist Frau Christen die Nachfolgerin von Frau Liepe. Frau Schäbitz wird wie gesagt zum Jahresende ausscheiden.

Verstorben ist zu Beginn des Jahres der langjährige und verdiente Schatzmeister des Gustav-Adolf-Werks Herr Birkenstock (Meckenheim).

17. Zum Schluß: Es kann von mehreren Bauvorhaben berichtet werden; sie gehen fast durchweg auf alte Pläne zurück: In Godesberg wird in einigen Monaten der Bau eines Seniorenzentrums fertiggestellt werden; Bauherr ist der *Verein für Diakonie*; auf seinen Wunsch wird das Haus den Namen des bedeutenden Godesberger Pfarrers Heinrich Kolfhaus tragen.

In Bad Münstereifel steht der Anbau an die Kirche (Zuschuß für Anbau 870.000,00 DM) unmittelbar bevor. In der Heiland-Kirchengemeinde ist nun die Erweiterung der Gnadenkirche Pech (Zuschuß 165.000,00 DM) möglich; und ebenfalls in der Heiland-Kirchengemeinde ist im Zusammenhang der Teilung der Gemeinde - es entsteht damit die vierzehnte Gemeinde des Kirchenkreises - das Bauvorhaben Niederbachem in die Phase der Durchführung getreten.

In der Johannes-Kirchengemeinde stehen der Umbau und die Erweiterung des *Matthias-Claudius-Gemeindehauses* bevor (Zuschuß 130.000,00 DM); auch wird der Einbau einer Orgel in der Immanuelkirche erfolgen, nachdem durch viele Spenden und einen kleinen Zuschuß des Kirchenkreises die nötigen Mittel bereitstehen. In der Paulus-Kirchengemeinde ist ein Anbau an das Gemeindezentrum »In der Maar« vorgesehen.

In der Kirchengemeinde Meckenheim ist der Bau eines Pfarrhauses in der »Neuen Mitte« geplant. Der Bau des landeskirchlichen PTI wird in wenigen Monaten abgeschlossen sein; seine schönen Räume werden auch uns zugute kommen; der leitende Dozent, Pfarrer Siebel, hat sich gegenüber dem KSV in diesem einladenden Sinne ausgesprochen.

18. Ich sehe mit *Dank* auf ein Jahr kirchlichen Lebens in unserem Kirchenkreis zurück. Vielen habe ich zu danken, namentlich dem KSV, der sich ungewöhnlich vielen Aufgaben hat stellen müssen; meinen Mitarbeiterinnen und Mitarbeitern in der Superintendentur und im Verwaltungsamt; allen Ehren-, Neben- und Hauptamtlichen, den Gemeinden selbst, die beieinander geblieben sind, die unserem Herrn die Ehre gegeben haben.

Der jüngere Sohn (Lukas 15) verließ das Haus und verleugnete den Vater; als sei der Vater tot, so ließ er sich auszahlen. Der ältere Sohn blieb im Haus und verleugnete den Vater nur scheinbar nicht - schon lange liebte er den Vater nicht mehr, diente einem Bilde, nicht dem Vater. Aus dem Versagen dürfen wir auf Gottes Gnade hoffen. Im Vater sehen wir das Notwendige. Die entscheidende Botschaft liegt bei ihm. (Vgl. Eduard Schweizer: *Jesus, das Gleichnis Gottes*, Göttingen 1995, 33).

Möge die Botschaft Jesu Christi unsere Mitte bleiben und von neuem werden!

8. Die Zukunft der Kirche

Bad Godesberg (Matthias-Claudius-Gemeindehaus), 16. November 1996

Wir gedenken unseres verstorbenen Präses Peter Beier, der in der Nacht auf den letzten Sonntag im Alter von 61 Jahren aus dieser Zeit abgerufen worden ist.

Nur Vorläufiges sei heute wenige Tage nach dem Tode gesagt. Es wird noch vieles mehr zu sagen und auszulegen sein. Und es ist viel zu bedenken für die Zukunft unserer rheinischen Kirche.

Mit Sorge sahen wir das Maß, in dem Peter Beier sich opferte. Als Diener unseres Herrn, in großer Liebe zu seiner Kirche, schließlich auch in preußischem Pflichtgefühl. Wir haben sehr viel an ihm gehabt. Einen Theologen von hohen Graden, einen Zeitgenossen sensibler Wahrnahme der Geschichte und der gegenwärtigen Situation.

Er war 1934 geboren in Friedberg-Löwenberg in Niederschlesien; durch den Krieg hatte er seinen Bruder verloren; und seine Heimat. 50 Jahre nach dem Kriege sagte er im Dom zu Utrecht:

Schwer geht die Zunge an einem Tage,
da Deutsche besser schwiegen«.
Und: »Also gedenkt!
Gedenken ist Arbeit.
Wer hassen will, braucht sich nur zu erinnern.
Wer liebt, der muß gedenken.

Das Evangelium in der Geschichte dieses Jahrhunderts. Der Seelsorger gedachte zugleich der Heimatvertriebenen:

Sie ließen zu, vergessen zu werden.
Sie starben still, meist verwundert, überlebt zu haben.
Das Heimweh blieb.

Nach der unerwarteten Wiedervereinigung unseres Landes nannte er den letzten Abschnitt seines Berichts auf der Landessynode 1990 »Deutschland«. Und sagte:

Wer schlug die Brücken
und hielt sie -
die belächelte Kirche.
War da ein Haus
und ein Dach und ein Tisch
für den Anfang.

Die Kirche gehört in diese Welt - nichts ist ausgespart.

Seit 1963 war Beier Pfarrer in Düren, seit 1972 Superintendent des Kirchenkreises Jülich. Wir denken an den Protest gegen die atomare Nachrüstung. An unsere Fragen und Einwände damals. Er differenzierte: einen abstrakten Pazifismus lehnte er ab. Er differenzierte mehr als mancher seiner Kritiker; so etwa, wenn er mahnte, nicht die Fragen zu vergessen, die der Sozialismus der Kirche und der Gesellschaft gestellt hat. Er fand den Mut zu reden.

1982 entwarf er einen Brief, den Martin Luther ihm hätte schreiben können:

Du fragst, wie Du den Satz verstehen sollst: Der Christ hat sein Leben verborgen in dem unsichtbaren Gott. Ich antworte: Nimm ihn wörtlich. Nimm ihn beim Wort. [...] Von Deinem wahren Leben, von dem, was Du wirklich bist, bekommst Du - ganz zu schweigen von den anderen - nur einen lächerlichen Ausschnitt zu Gesicht. Was Du erst noch werden sollst, das ruht verschlossen im Herzen Gottes, den Du nicht siehst.

Folgt daraus, daß Du sagen darfst, was Du denkst.
Folgt daraus, daß Du handeln kannst, ohne ängstlich auf
Reaktionen zu schielen.
Folgt daraus - Deine Freiheit!

In Berlin predigte er über Jesaja 6, 8-11, anläßlich der Wiedereinweihung des Doms (6. Juni 1993). Er sprach vom Rätsel der Geschichte und vom Zagen des Predigers:

Abb. 13 *Gnadenkirche, Wachtberg-Pech*

Nein, ich könnte das Wort nicht tragen.
Es ist unerträglich.
Wäre da nicht die andere Stimme. Ich kenne sie. Wir kennen
sie alle, ob in der Nähe der Kirche oder weit außerhalb.
Die Stimme ist leise, nicht gewalttätig, ruhig und
unüberwindlich:
was du nicht trägst, ertrage ich.
An deine Stelle trat ich. Vor Gott.
Ich trage die Rätsel des Chaos.
Ich trage die Rätsel der Geschichte.
Ich trage dich, der du dir Rätsel bist.
Ich trage deine Sünde ans Holz auf Golgatha.

Der Anfang aber war und blieb das Evangelium:

Die Wahrheit braucht keine Dome. Das liebe Evangelium kriecht in jeder Hütte unter und hält sie warm.

Am Ende sagt der Liebhaber der Menschen und der Erbe deutscher Geschichte:

Der Dom gehört euch. Merk's Berlin! Du liebe Stadt.

Seit 1989 war Beier Präses der rheinischen Kirche. Ein sprachgewaltiger Verkündiger des Evangeliums und ein Mahner: bilde dir nicht ein, hybrider Mensch, es ginge ohne Gott, den Schöpfer und den Erlöser!

Das kirchenleitende Amt war ihm auf mancher Strecke eine Last, die zu tragen er sich opferte. Manche Kritik hat es ihm schwer gemacht. Auch Diffamierung und Parteibildung. Noch immer war die »Entflechtung« des Präsesamtes nicht gelungen und das Maß der Arbeit übergroß. In einer schwierigen Zeit.

Peter Beier sah auf Ziele und ließ die Zuversicht nicht. Die Zukunft unserer Kirche war sein Thema. Die Kraft des evangelischen Glaubens in einem neuen Europa. Seine Predigten, Ansprachen, Texte gehören zum wertvollen Gut unserer Kirche. Sie sind ein besonderes Zeugnis denkenden, tiefen Glaubens. Sie sollten bald als Sammlung erneut zugänglich werden.

Vielleicht wird sich mancher im nachhinein noch wundern, welche unterschiedliche Perspektiven Peter Beier wahrgenommen hat und wie entschieden er das Evangelium unseres Herrn Jesus Christus in die Ereignisse unserer Zeit hineingesprochen hat. Wir danken Gott für das Leben dieses Christenmenschen, der vielen aus der Nähe oder aus der Ferne ein Freund und Vorbild gewesen ist. Seine letzte Synodalpredigt (Bad Neuenahr, 7.1.1996) beschloß Peter Beier mit den Worten:

»Vielleicht genügt es auch schon, mit dem sterbenden Ulrich von Hutten am Ende das Messer in den Tisch zu schlagen und zu sagen: Ich hab's gewagt. Herr Jesu, dir leb' ich, dir leid' ich, dir sterb' ich. Dein bin ich tot und lebendig, mache mich ewig selig oh Jesu. Amen.«

Unser Glaube betet heute weiter: Herr Jesus Christus sei und bleibe mit uns, leite du deine Kirche in dieser Gegenwart!

Im folgenden möchte ich einiges aus dem Leben unserer Gemeinden berichten, aus dem Kirchenkreis und den Arbeitsfeldern, die wir mit anderen Kirchenkreisen gemeinsam wahrnehmen.

1. Die neue Gemeinde Wachtberg. Die Frage neuer Pfarrbezirke in Euskirchen und Meckenheim. Die Zahl unserer Gemeinden hat sich mit dem 1. Juli 1996 auf vierzehn erhöht. Ich begrüße also besonders die Delegierten der neuen Gemeinde Wachtberg. Sie ist nach der Gemeinde Weilerswist die jüngste Gemeinde des Kirchenkreises, obwohl sie als Teil der früheren Heiland-Kirchengemeinde und der alten Ev. Gemeinde Godesberg schon einen älteren Anspruch auf den Namen Godesberg hat als der Kirchenkreis selbst. Die Gemeinde umfaßt zwei Pfarrbezirke. Sie möchte nicht mehr dem Gemeinsamen Ausschuß der Godesberger Gemeinden angehören. Es sind anläßlich dieser Willensbildung einige Fragen nach den gemeinsamen Godesberger Einrichtungen (Gemeindeamt; Gemeindebrief) entstanden, die uns im kommenden Jahr beschäftigen müssen. Sie gehören auch in den Zusammenhang der Finanzplanungen und nötiger Einsparungen bei den Zuschußgemeinden.

Mit der Gemeinde Euskirchen hat der Kreissynodalvorstand beraten, ob nicht zu den beiden vorhandenen Pfarrbezirken angesichts der steigenden Gemeindegliederzahlen ein weiterer Bezirk hinzutreten soll. Der Kreissynodalvorstand hat empfohlen, die Möglichkeit der Errichtung einer dritten (halben) Pfarrstelle zu prüfen.

In der Gemeinde Meckenheim gibt es die Frage nach der Notwendigkeit einer vierten Pfarrstelle. Auch hierzu hat es Beratungen zwischen dem Presbyterium und dem Kreissynodalvorstand gegeben.

2. Pfarrstellen und Sonderdienste in Gemeinden und Einrichtungen. Im Diakonischen Werk der Kirchenkreise Bonn und Bad Godesberg ist die Pfarrstelle im Behindertenreferat wieder besetzt worden. Anfang des Jahres haben wir Pfarrer Ralf Ramacher in sein Amt eingeführt. Die Kosten dieser Pfarrstelle lagen früher nicht bei den Kirchenkreisen; diese waren vielmehr seinerzeit durch die Einrichtung einer Pfarrstelle entlastet worden. Der Haushalt des Diakonischen Werks Bonn und Bad Godesberg hat dadurch jetzt eine Ausweitung erfahren.

Wie im vorigen Jahr ist im Haushalt vorgesehen, daß sich unser Kirchenkreis gemeinsam mit dem Kirchenkreis An Sieg und Rhein an der Finanzierung einer Krankenhauspfarrstelle in Bonn beteiligt.

In der Glasfachschule Rheinbach ist in die seinerzeit dort eingerichtete Teilpfarrstelle Gudrun Schlösser eingeführt worden. Diese Pfarrstelle ist refinanziert. In der Justizvollzugsanstalt Rheinbach haben wir ebenfalls eine refinanzierte Pfarrstelle. Hier hat sich jedoch ein Fehlbetrag dadurch ergeben, daß das Land NRW eine andere Stellenpauschale hat als die der Pfarrstellen. Der Kreissynodalvorstand insistiert darauf, daß uns abgesehen von den sog. Overheadkosten hier keine weiteren Lasten entstehen.

In der neuen Justizvollzugsanstalt Euskirchen ist bisher keine Pfarrstelle eingerichtet worden. Wir haben bisher einen Hinweis darauf, daß hier zunächst eine Landesbeamtenstellen vorgesehen sei.

In der Gemeinde Rheinbach ist als Nachfolger von Dr. Hanns-Stephan Haas am 16.6.1996 Pfarrer Markus Schaefer in sein Amt eingeführt worden. Ich freue mich über diese rasche und gute Nachfolge.

In der Paulus-Kirchengemeinde Bad Godesberg ist zum 1. September Pfarrer Dr. Georg-Hinrich Hammer ausgeschieden. Damit ist die einzige Pfarrstelle der Gemeinde vakant. Sie ist inzwischen freigegeben und auch ausgeschrieben.

Die pfarramtlichen Dienste in der Gemeinde werden von Frau Pastorin Birgit Ewald wahrgenommen, die Anfang des Jahres ordiniert worden ist. An der Besetzung dieser Pfarrstelle ist die Landeskirche beteiligt. Zahlreiche Anfragen und Bewerbungen liegen vor.

Die Pfarrstelle am Ev. Krankenhaus Bad Godesberg ist von der Johannes-Kirchengemeinde zum Kirchenkreis übergegangen. Die Kosten liegen zur Hälfte beim Krankenhaus und zur Hälfte beim Kirchenkreis. Wir freuen uns, daß das Krankenhaus zu dieser Form der Kostenteilung bereit war. Als Nachfolger von Pfarrerin Erika Heller ist Pastor im Sonderdienst Gunnar Horn gewählt worden, der schon bisher im Krankenhaus und der Rehabilitationsklinik tätig war. Seine Arbeit hat bisher auf allen Seiten ein sehr gutes Echo gefunden. Die Pfarrstelle soll er zum 1.12. antreten.

Für seine Nachfolge in der Reha-Klinik ist vom Kreissynodalvorstand Pastorin Carla Vanselow gewählt worden. Sie hat die Arbeit dort schon bisher wahrgenommen; sie ist in besonderer Weise für die schwere Tätigkeit vorgebildet und hat in ihr viel Anerkennung gefunden.

Keine Pfarrstelle haben wir für die Gehörlosenseelsorge; sie wird in den drei Kirchenkreisen der Region wahrgenommen und hat einen Schwerpunkt in der Sonderschule in Euskirchen. Pastorin Frentzen-Stöhr ist zum 1. November als Mitarbeiterein der drei Kirchenkreise ausgeschieden. Der Kirchenkreis An Sieg und Rhein entsendet nun in diese Aufgabe eine Pastorin im Sonderdienst, Monika Greier-Morck. Sie hat ihre Tätigkeit mit dem 1.11. begonnen.

In der Gemeinde Bad Münstereifel sind seit dem 1.2.1996 Pastorin Claudia Stark und Pastor Dirk Stark im Sonderdienst (je 50 %) tätig. In der Kirchengemeinde Swisttal, und zwar in Odendorf, ist seit dem Februar des Jahres Pastorin Angelika Schipper-Zädow tätig. Ich bin dankbar dafür, daß Odendorf, das wie ein eigener Pfarrbezirk zu sehen ist, auf diese Weise eine tüchtige Theologin in den pfarramtlichen Diensten hat.

In unseren Gemeinden wirken Predigthelferinnen und Predigthelfer, denen ich besonders danke. In diesem Jahr ist Klaus A. Resimius in Flamersheim als Predigthelfer ordiniert worden. Anfang Februar sollen Ulrike Aufderheide und Christina Manig ordiniert werden.

Sein 60jähriges Ordinationsjubiläum konnte in Rheinbach Pfarrer i..R. Joachim Ulrich feiern. Sein 30jähriges Ordinationsjubiläum beging Pfarrer Winfried Wengenroth in Flamersheim.

3. Personelle Veränderungen in Ausschüssen und Einrichtungen. Wie Sie wissen, geht die Amtszeit der einen Hälfte des amtierenden Kreissynodalvorstandes zu Ende. Bärbel Büttner und Ingeborg von Hahn können leider nicht für eine Wiederwahl zur Verfügung stehen.

Im Frauenausschuß hat Pastorin Barbara Edelmann den Vorsitz abgegeben, weil sie die Leitung der Telefonseelsorge im Raum Bonn und Sieg/Rhein übernommen hat. Als ihre Nachfolgerin ist Telse Kraaz gewählt worden. Nachdem wir im Frühjahr einen Frauenförderplan verabschiedet haben, liegt uns heute ein weiterer Antrag des Ausschusses zu dieser Thematik vor.

Seinerzeit haben wir eine Stelle für eine Frauenbeauftragte des Kirchenkreises eingerichtet, zu besetzen (bis zu BAT IVa) für fünf Jahre, mit der Möglichkeit einer Verlängerung um drei Jahre.

Jutta Manecke hat ihre Arbeit seither mit viel Anklang getan, so daß der Wunsch nach Fortführung dieser Arbeit und dieser Stelle besteht. Ein entsprechender Antrag des Frauenausschusses liegt vor. Ich denke, wir sollten heute diesem Wunsch entsprechen. Ich habe ein gutes Miteinander des Ausschusses, der Frauenbeauftragten und anderer Gruppen unseres Kirchenkreises z. B. gelegentlich eines Tages zur Frauendekade erlebt. Immer wieder ist mir gesagt worden, daß für viele Frauen durch die Beauftragte eine wichtige Hilfe geschieht.

In der Männerarbeit hat der langjährige Beauftragte, Sparkassendirektor Hans Bösch, sein Amt abgegeben und als seinen Nachfolger den Direktor des Arbeitsamts Euskirchen, Herrn Sawatzki, vorgeschlagen. Ich bin Herrn Bösch für seine Arbeit und für manche Anregung und klare Meinungsäußerung sehr dankbar; und freue mich auf die Zusammenarbeit mit Herrn Sawatzki, mit dem ich ein gutes Gespräch in Euskirchen gehabt habe.

Im Evangelischen Krankenhaus stehen mit dem Ausscheiden von Pfarrer Dr. Georg-Hinrich Hammer als Aufsichtsratsvorsitzendem

Abb. 14 *Heilandkirche, Bad Godesberg (Mehlem)*

und dem baldigen Ausscheiden des Geschäftsführers Thomas Kempe die Leitungsgremien und damit die Godesberger Gemeinden vor großen Aufgaben.

Beim *Gemeindedienst für Weltmission*, von fünf Kirchenkreisen getragen, ist die Leitung unbesetzt, nachdem Pfarrer Dr. Jörg Baumgarten verabschiedet worden ist. Die beteiligten Kirchenkreise sind willens, die Arbeit fortzuführen. Möglicherweise kommt ein sechster Kirchenkreis hinzu.

Der Kreissynodalvorstand unseres Kirchenkreises möchte die Pfarrstellen dahingehend verändern, daß sie wie landeskirchliche Funktionspfarrstellen auf acht Jahre ausgeschrieben werden.

Ausgeschieden ist zum 1.3.1996 Swantje Krüger, Referat für Presse, Rundfunk und Öffentlichkeitsarbeit der Ev. Kirchenkreise An Sieg und Rhein, Bad Godesberg und Bonn. Um notwendiger Einsparungen willen gibt es keine Fortsetzung ihrer Arbeit. Die Sekretärin des Referats, Ilse Keitel, ist seither in der Superintendentur als Nachfolgerin von Frau Reichel-Schäbitz (bei verkürzter Stundenzahl) tätig, so daß uns doch die Erfahrungen aus diesem Arbeitsfeld zugute kommen. Außerdem ist Pastor Jochen Kleinebreil, der als Gast dem Kirchenkreis zugewiesen ist, neben seinen Tätigkeiten in Schule und Altenheim auch auf diesem Gebiet aktiv.

4. Baumaßnahmen in Gemeinden und Einrichtungen. In Niederbachem (Gemeinde Wachtberg) wird zur Zeit ein Gemeindezentrum errichtet. Auf den Bau eines Pfarrhauses muß zunächst verzichtet werden. Die Arbeiten werden mit Energie und gutem Mut vorangetrieben; anschauliche Berichte darüber liegen vor.

In Pech (Gemeinde Wachtberg) werden durch einen Anbau an die Gnadenkirche neue Gemeinderäume geschaffen. Die Notwendigkeit dieser Erweiterung bestand seit langem. Ich freue mich, daß viel Planen und Mühen nun zu einem guten Ziel führen soll.

Die Gemeinde Münstereifel hat mit einem Anbau an die Kirche begonnen. Insbesondere soll der Eingangsbereich der Kirche neu gestaltet und so ein besserer Zugang (auch Behindertenaufzug) zur Kirche geschaffen werden. Die Johannes-Kirchengemeinde Bad Godesberg hat aus dem schlichten alten Gemeindehaus dieses schöne Gebäude [*Matthias-Claudius-Gemeindehaus*, Einweihung am 23.6.1996] schaffen können, in dem wir heute zu Gast sind.

Die Erlöser-Kirchengemeinde Bad Godesberg hat ihr Jugendheim, das Axenfeldhaus, in einen einladenden, neuzeitlichen Zustand gebracht. Die Paulus-Kirchengemeinde Bad Godesberg konnte ihr Gemeindezentrum durch einen Anbau erweitern.

In der Kirchengemeinde Rheinbach wird die Kirche durch einen seitlichen Vorbau erweitert; die Arbeiten sollen in der Adventszeit abgeschlossen sein. In der Kirchengemeinde Meckenheim ist, nachdem die Friedenskirche ergänzt worden ist durch Fertigstellung auch des Kirchturms, nun ein Pfarrhaus im Bau (neben der Friedenskirche).

In Godesberg hat der *Ev. Verein für Diakonie* das »Seniorenzentrum Heinrich Kolfhaus« errichtet; es wird in wenigen Wochen eingeweiht. Die Vorsitzende des Vereins, Frau Christa von Wangenheim hat im Godesberger Gemeindebrief Dezember 1995/1996 hierzu berichtet. Das Haus löst das alte Christliche Hospiz an der Rheinallee ab, das auf Julius Axenfeld zurückging. Auf dem Gelände des Godesheims, das ebenfalls von Axenfeld begründet worden ist, ist nun ein neues Haus entstanden, das 120 Bewohnern Platz bietet. Es bietet auch Tages- und Kurzzeitpflege an. Es trägt den Namen des Pfarrers Heinrich Kolfhaus (1879-1956), der lange Zeit Vorsitzender des Vereins für Diakonie war, ein guter Hirte seiner Gemeinde gewesen ist und ein mutiger Bekenner in der Hitlerzeit.

Der *Verein für Diakonie* bedient sich neuerdings einer GmbH, die das Seniorenzentrum wie auch das Godesheim trägt.

Ebenfalls in Godesberg errichtet die Rheinische Gesellschaft für Innere Mission und Hilfswerk das Altenzentrum *Haus am Heiderhof*; es soll im Juni 1997 fertig werden; es wird insbesondere eine Hilfe sein für alte Menschen, die ihren ständigen Wohnsitz nicht aufgeben und dabei auf ambulante Tages- und Kurzzeitpflege angewiesen sind.

Die *Frauenhilfs-Diakonieschwesternschaft* im Rheinland hat in Bad Godesberg-Mehlem Grundstücke und ihr Heimathaus für die Schaffung von ca. 60 Altenwohnungen zur Verfügung gestellt. Das landeskirchliche *Amos-Comenius-Gymnasium* in Godesberg hat seine Gebäude durch den Anbau von sechs Klassenräumen, einem Musikraum, einem Medienraum und einem »Raum der Stille« erweitert.

Die Landeskirche hat auf dem Heiderhof in Bad Godesberg für das *Pädagogisch-Theologische Institut* ein sehr schönes neues Gebäude geschaffen, das am 22.6.1996 eingeweiht worden ist.

In der Immanuelkirche (Johannes-Kirchengemeinde Bad Godesberg) und im Gemeindezentrum Odendorf (Kirchengemeinde Swisttal) konnten Orgeln erworben bzw. neu gebaut werden.

Die baulichen Maßnahmen in den Kirchengemeinden Münstereifel und Wachtberg sowie in der Johannes-Kirchengemeinde Bad Godesberg geschahen und geschehen mit Hilfe des Kirchenkreises, der seinerseits auf eine Erweiterung der Jugendbildungsstätte Merzbach verzichtet hat. Auch den Erwerb der beiden Orgeln hat der Kirchenkreis unterstützt. Zugleich mußte darauf hingewiesen werden, daß künftig solche finanzielle Hilfeleistungen nicht mehr in Aussicht gestellt werden können. Es gibt mir dies Gelegenheit, einen Blick auf die finanzielle Situation in unserem Kirchenkreis zu werfen. Im einzelnen wird hierzu später zu berichten sein.

5. Zur finanziellen Situation. In vielen Beratungen der Presbyterien und des Kreissynodalvorstandes ist die Notwendigkeit von Einsparungen behandelt worden. Tatsächlich sind Einsparungen wohl in allen Haushalten erzielt worden.

Die Zuschußgemeinden müssen die ihnen jetzt noch durch die Zuschüsse gewährte Freiheit nutzen, um das Notwendige zu vollziehen. Weitere Kürzungen sind nötig. Die gesunkenen Kirchensteuereinnahmen werden durch die Zinsverluste aufgrund aufgelöster Rücklagen und der niedrigen Zinssätze in ihrer Wirkung für die Haushalte verschärft.

Auch die Beratungen der Perspektivkommission haben nicht die zuletzt die Notwendigkeit von Einsparungen bei den Gemeinden ergeben. Der Etat des Kirchenkreises ist in der Godesberger Synode immer verhältnismäßig bescheiden gewesen.

Durch eine intensive Durchleuchtung der Verwaltungsapparate in unseren Gemeinden sowie den Kirchenkreisen Bonn und Bad Godesberg hoffen wir, auch auf diesem Gebiet Einsparungen zu erzielen.

Ob Einsparungen im Jugendpfarramt und in der Jugendbildungsstätte Merzbach möglich werden, soll nach jetzt vorgelegten Prüfungsergebnissen vor Ort in der nächsten Sitzung des Kreissynodalvorstandes geprüft werden.

Man muß bei dem allen bedenken, daß die Dinge anders liegen als bei einem einfachen Familienhaushalt. Es geht immer um mehrere Entscheidungsträger, und vor allem: es geht um wichtige Arbeitsfelder des kirchlichen Lebens sowie last not least um die auf diesen Feldern tätigen Menschen. Also: wir machen uns nichts vor über die Schwierigkeiten. Aber wir müssen auch vorankommen.

Der Kirchenkreis Bonn stellt uns in den Beratungen über den Haushalt des gemeinsamen Diakonischen Werks immer wieder sehr deutlich die Folgen seiner finanziellen Schwierigkeiten vor Augen. In diesem Jahr geschah dies so spät, daß keine Möglichkeit mehr gefunden werden konnte, die Haushaltsanforderungen des Diakonischen Werks zu decken. Es sind hier sogleich zu Jahresbeginn neue Beratungen notwendig. Herr Schwarz wird auch hierzu noch Näheres berichten. Im übrigen bin ich dankbar dafür , daß die bei den Vereinigten Kreissynodalvorständen angesiedelten Dienste - Schulreferate, Beratungsstellen, Kindergartenberatung - trotz allem weiterhin aufrecht erhalten werden konnten.

6. *Sparbemühungen in der Christus-Kirchengemeinde Bad Godesberg.* Besonders hervorheben möchte ich die Bemühungen der Christus-Kirchengemeinde um Einsparungen bei ihrem Haushalt, der bisher noch immer sehr auf den Zuschuß des Kirchenkreises angewiesen ist. Einsparungen sind gelungen bei der Führung des *Hauses der Familie* und dadurch, daß einer der bisher drei Kindergärten der Gemeinde an die Johanniter-Unfallhilfe abgegeben worden ist. Ich weiß, daß insbesondere die Übertragung des Kindergartens eine ganz schwierige Angelegenheit gewesen ist; denke aber auch, daß die Erfahrungen, die die Gemeinde dabei gemacht hat, anderen zugute kommen können.

7. *Zum Leben in den Gemeinden und im Kirchenkreis.* Es ist bei einem solchen Bericht zu bedenken, daß der wohl größte Teil der Arbeit eine unauffällige Wahrnahme von Diensten ist, die unsichtbar geschehen; es geht ja um Menschen, um das Gespräch mit ihnen, um Begleitung, um die regelmäßige Predigt, um Sitzungsarbeit - vieles, was entweder

seinem Wesen nach zur Seelsorge gehört oder aus anderen Gründen sich der besonderen Hervorhebung entzieht.

Wir können ganz zuversichtlich sein, daß der Glaube an unseren Herrn in den Herzen der Menschen lebendig ist. Auch hierfür gibt es kein äußeres Maß.

Unsere Gemeinden, die Mitarbeiterinnen und Mitarbeiter, die pastores verdienen nicht die überhebliche Verachtung, mit der in merkwürdiger Verblendung in diesen Wochen über unsere Kirche gesprochen worden ist.

Ich wünschte mir auch mehr Nachdenklichkeit und Vorsicht im Urteil über Leben und Arbeiten anderer Menschen. Es scheint manchen Leuten zu belieben, andere mit ihrem Urteil am liebsten zu jagen. Sie mit unglaublichen Forderungen zu überziehen anstatt über das eigene Tun und Lassen nachzudenken und dankbar zu sein für das, was ist, was wir an guten Einrichtungen und Lebensformen haben; und für das, was wir aus Menschenhand an Gutem erfahren haben; ganz zu schweigen von unserem Dank gegen Gott. Besser: nicht zu schweigen.

Die Kirche Jesu Christi ist Inhalt unseres Glaubens. Seine Stimme ist an jedem Sonntag und nicht nur am Sonntag in unseren Kirchen zu hören. Welcher Hochmut erlaubt es, von »Engelhardts Volkskirche« zu reden, welche Verbohrtheit macht das historische Urteilsvermögen des heutigen Menschen zur Maßgabe der Glaubenswahrheit? Glauben ist dankbares Nachdenken, nicht Schauen. Jeder Mensch hat nach meiner Erfahrung aus seinem eigenen Leben hierzu viel zu lernen. »Was ist der Mensch, daß du seiner gedenkest?« Nehmen wir uns genug Zeit für das Denken und Danken? Setzen wir uns vorbildhaft ein für Lebensformen, die etwas zeigen vom Glauben an Gott und auch von unserer Liebe zu den Menschen?

Ich denke jetzt einmal nicht an besondere einzelne Aktionen, sondern an das Alltägliche, an das *Wie*. Den Ton also miteinander, die Zeit, die wir doch haben könnten; die Heiligung des Sonntags. Auch das einfache Gutmeinen mit den Menschen; Freundlichkeit und guten Mut *für* einander.

Nun zu Einzelnem. Wir sehen seit langem eine zunehmende Armut, Arbeitslosigkeit, wirtschaftliche Not. Wir haben kritisch Stellung genommen zum Sparpaket der Bundesregierung. Zugleich sind die Möglichkeiten unserer Diakonischen Werke beschränkt worden. Wir sollen im Glauben die Freiheit finden zu Verzicht und Einschränkung. Im Wohlstand mag doch manchmal der irdische Besitz die Herzen so erfaßt haben, als sei nun das, was vor Augen ist und was der Zeit gehört, der einzige Horizont auch für den Christen. Es ist aber doch wohl nicht so; und jeder Tag könnte uns lehren, endlich zu verstehen, was Jesus im Gleichnis vom reichen Kornbauern gelehrt hat.

Wenn Opfer von Menschen erbeten werden, muß freilich einsichtig sein, daß der Sinn wirklicher Hilfe auch erfüllt wird. Es ist eine eigene Aufgabe, verantwortlich zu zeigen, wo und wie das geschehen kann.

Als ein Vorbild an Durchsichtigkeit erscheint mir die Arbeit der Ökumenischen Entwicklungsgenossenschaft (EDCS).

Unsere Diakonischen Werke haben riesige Arbeitsfelder und stehen unter harten ökonomischen Anforderungen. Die Gemeinden müssen ihnen helfen, daß in dieser Situation das Leitbild unserer menschennahen, seelsorgerlichen Kirche maßgebend bleibt. Die Abrechnung bezahlbarer Leistungen kann nicht unser Kanon sein. Wenn man das sagt, muß man natürlich wissen, was man will; und muß bereit sein, jenes menschliche »Mehr«, um das es uns geht, auch finanziell abzudecken.

Ich denke, wir müssen auch sehr die persönliche Bereitschaft ins Auge fassen, soziale Aufgaben auf sich zu nehmen; auf diese Weise etwas zu opfern. Vielleicht ist weithin doch zu selbstverständlich, daß natürlich niemand so dumm sein soll, etwas »für nichts« zu tun. Wir wissen aber doch, wie reich beschenkt diejenigen werden, die nicht auf Gewinn bedacht sind. Man denke an das, was etwa die »Grünen Damen« hierzu zu berichten haben.

Zu solchem Tun gehört freilich eine gewisse innere Ruhe, die aus dem Glauben kommen kann und die in der atemlosen Hast unserer erlebnishungrigen Zeit gesucht und geschützt werden muß. Es ist ja doch ein ganz besonderes Geschenk, das wir einander machen, wenn wir uns gegenseitig zu Ruhe verhelfen, indem wir in diesem Punkte ein Vorbild sind.

Ich weiß, daß dies alles in unseren Gemeinden bedacht wird; und finde es eben sehr wichtig. Es geht das doch gar zu schnell unter, was sich nicht in Zahlen sagen läßt.

In diesem Herbst war zum zweiten Mal eine Jugenddelegation aus unseren Gemeinden in Mbandaka. Sie ist mit einer Fülle von Beobachtungen, Fragen, Sorgen aus dem Zaire zurückgekehrt. Frau Hiltrud Pfnorr-Leihner und Herr Pfarrer Gisbert Hatscher haben versucht, die Formen unserer kleinen Hilfsmaßnahmen durch genaue und schriftliche Absprachen zu regeln. Das war ordentliche Arbeit. Wir danken ihnen dafür wie wir auch den Jugendlichen danken, die als Boten unseres Kirchenkreises eine wichtige Verbindung unseres kirchlichen Lebens wahrgenommen haben. Frau Pfnorr-Leihner und Herr Hatscher werden bald hierüber noch genauer berichten und dem Kreissynodalvorstand Empfehlungen für die weitere Partnerschaftsarbeit vorlegen. Wir denken sehr beklommen an die Lage in Zaire. Es ist die Not so groß.

Der regelmäßige Jugendaustausch mit Polen und Israel ist auch in diesem Jahr weiter gepflegt worden. Aus beiden Ländern waren Gruppen bei uns zu Besuch. Die Kontakte zu Gemeinden und Einrichtungen im früheren Ostblock werden aufrecht erhalten und sind von Leben erfüllt. Zahlreiche Hilfslieferungen gingen aus Mehlem nach Königsberg.

Auch Kontakte zu Gemeinden in den baltischen Staaten werden gepflegt, namentlich in der Meckenheimer Gemeinde zu der lettischen Gemeinde Saldus. Ein Kontakt der Erlöser-Kirchengemeinde zu der estnischen Gemeinde Vönnu südlich von Tartu/Dorpat ist begonnen.

Unverändert wichtig erscheinen mir die Partnerschaften zu Gemeinden in der ehemaligen *DDR*. Wir leben in einem veränderten Deutschland. Es verschmelzen geistige Unklarheiten aus Ost und West. Hier gibt es viele Aufgaben für den Christenmenschen.

Aussiedler aus Rußland fanden in unseren Gemeinden eine neue Heimat. Wir haben versucht, auch personell den neuen Aufgaben zu entsprechen. Der Folgen der Hitlerzeit und des Krieges ist immer noch zu gedenken. Der Opfer ist zu gedenken.

In Bonn gibt es nun eine Gedenkstätte, deren Schaffung dem *Verein an der Synagoge* unter Leitung von Pfr. Klaus Kohl zu danken ist.

Zehn Jahre nach dem Unglück von Tschernobyl war der Opfer zu gedenken. Es geschah dies in einem ökumenischen Gottesdienst im Bonner Münster, zu dem die *ACK* eingeladen hatte. Und auch bei einem Benefizkonzert in der Erlöserkirche Bad Godesberg mit einem russischen Kinderchor zugunsten der Kinder von Tschernobyl.

In der Erlöser-Kirchengemeinde haben wir in diesem Jahr des für die Godesberger Gemeinde und Diakonie bedeutenden Pfarrers Julius Axenfeld (anläßlich seines 100. Todestages) gedacht, der von 1870 bis 1895 in Godesberg gewirkt hat.

In den Kirchengemeinden war intensiv gearbeitet worden zur Handreichung *Kirche und Israel* und der uns vorgelegten Frage nach einer Änderung der Kirchenordnung.

Die Landessynode im Januar des Jahres hat leider die Vielfalt der Voten nicht aufgenommen und in einer gewissen Eile eine Änderung des Grundartikels des Kirchenordnung zuwege gebracht. Es bedarf weiterer Klärungen.

Es hat uns ferner der Entwurf eines neuen Gesangbuchs beschäftigt. Aus der Arbeit der Gemeinden und des Kirchenkreises, dem Konvent der *pastores* wie der Kirchenmusiker sind detaillierte Empfehlungen zu Verbesserung des 1995 vorgelegten Entwurfs vorgelegt worden; die intensive Arbeit hat sich gelohnt; in gemeinsamem Chor mit vielen anderen Stimmen in der rheinischen Kirche ist so eindrücklich votiert worden, daß tatsächlich ein neues Buch entstanden, das zu unserer Freude nun in unserer Kirche eingeführt wird und einen umfangreichen mit anderen Landeskirchen gemeinsamen Liederfundus enthält. In den Gemeinden ist eine Fülle festlicher Einführungsveranstaltungen vorgesehen.

Im Pfarrkonvent haben wir uns mit den Änderungen der Kirchenordnung in den sogenannten Lebensordnungsartikeln befaßt. Insbesondere die Frage nach der kirchenrechtlichen Stellung von Menschen, die der Kirche nicht angehören bzw. aus ihr ausgetreten sind, wird uns noch weiter beschäftigen. In unserem Konvent hieß schließlich das Gesamturteil etwa: Wir können mit dieser Ordnung leben; es wird gelingen, zu einer sinnvollen Praxis zu kommen.

Ein Änderungsantrag zur Kirchenordnung betr. den Kindergottesdienst findet sich auf der heutigen Tagesordnung. Unter Leitung von

Pfarrer Christian Werner wird sich ein Arbeitskreis mit der heutigen Stellung des Pfarrers, der Pfarrerin und des Pfarrhauses beschäftigen. Der Pfarrkonvent hat sich in einem kleineren Kreise mit dem großen Buch von Christian Link zur Schöpfungslehre befaßt, auch den Autor zu einem Gespräch in Godesberg gehabt. Im Plenum hat er sich u.a. mit den Bedenken befaßt, die gegenüber einem dem Bundestag vorliegenden Menschenrechtsübereinkommen zur Biomedizin geltend gemacht werden müssen. Ich bin dankbar für alle Aktivität in dieser Sache.

Eine Fülle von Anregungen gab es für den Pfarrkonvent auf seiner Fahrt in die Niederlande (Driebergen, Utrecht, Amsterdam). Wir hatten Gespräche in den Theologischen Fakultäten in Utrecht und Amsterdam, haben die exegetische Methode und Tendenz der sog. Amsterdamer Schule kennen gelernt (bei der Exegese des Alten Testaments ist von der Endgestalt auszugehen), haben die Amsterdamer Synagoge besichtigt, ein Gespräch mit dem Leiter der EDCS gehabt und auch Zeit für einander gehabt; auch das war nicht unwichtig, eine schöne Erfahrung.

In den Gemeinden und in einem Arbeitskreis des Kirchenkreises wird seit einigen Monaten das landeskirchliche Diskussionspapier *Sexualität und Lebensformen* sowie *Trauung und Segnung* intensiv erörtert. Nach Fertigstellung einer kritischen Thesenreihe möchte ich eine Anregung aus den Gemeinden aufnehmen und zu einer Debatte auf breiter Basis einladen. Die drei Pfarrkonvente der Kirchenkreise unserer Region haben den Kritiker des Papiers, Prof. Wolfhart Pannenberg, im Mai zu Vortrag und Aussprache eingeladen.

Zum Schluß: Was geben wir den jungen Menschen weiter? Was können wir ihnen sein mit unserer Weise zu leben, zu glauben, zu arbeiten? Im Bericht von Ursula Gerlach-Keuthmann und Pfarrer Wolfgang Dorp wie auch in anderen Berichten finden wir eindrückliche Hinweise auf die notvollen Lebensbedingungen von Kindern und Jugendlichen (geschiedene Ehen der Eltern; Beeinflussung durch Medien, wirtschaftliche Not; Einschränkung der Erfahrungsräume, Konsumorientierung.)

Abb. 15 *Immanuelkirche, Bad Godesberg (Heiderhof)*

Zu vergleichen ist auch der Bericht von Pfarrerin Gudrun Schlösser (Glasfachschule Rheinbach). Pfarrerin Schlösser ist als Nachfolgerin von Pfarrer Johannes Kramp unsere Synodalbeauftragte für Sekten- und Weltanschauungsfragen. Sie zeigt Erfahrungen auf, die Fragen sind an das Christsein in dieser Zeit. Es gibt Menschen in trostloser Leere. Mit einem Schlag ist hier nichts zu erreichen.

Wir sollen auch nicht folgern: Also, Kirche hör' doch auf mit deinen vielen Worten; du siehst, sie kommen nicht an. Das sehe ich überhaupt nicht. Vielmehr: es liegt eine Menge seelischer Arbeit vor uns, sowohl da, wo wir für unseren Glauben nach Worten suchen, und dort, wo wir beten; wie auch dort, wo wir das praktische tägliche Leben führen und entscheiden müssen oder besser, wo wir bemerken müssen, daß etwas sich entscheidet über Menschlichkeit oder Unmenschlichkeit dieses täglichen Lebens.

Hier wie anderenorts in unserem täglichen Leben sehe ich vor uns die Aufgabe, wirtschaftliche Erwägungen nicht siegen zu lassen über Soziales und über Kirchliches, über evangelische Zuversicht.

Es geht durchaus darum, daß unser Glaube, der uns im eigenen Leben hilft und dort still wirkt, in der Öffentlichkeit nicht wird still bleiben können. Wir haben ihn zu verteidigen, um anderer Menschen willen.

Wie sehr wir zum Beispiel im Raum der Schulen gefragt sind, hat unsere Frühjahrssynode gezeigt und zeigen jetzt die Berichte von Elisabeth Thissen und Pfarrer Dr. Joachim Schüpphaus.

Ich breche ab. Und danke vielen. Den Menschen in unseren Gemeinden, den Ehrenamtlichen, denen, die im Kirchenkreis und in der Landeskirche Aufgaben übernommen haben; den Pfarrerinnen und Pfarrer, Pastorinnen und Pastoren, Vikarinnen und Vikaren, die treu ihre Aufgabe wahrgenommen haben.

Ich danke all' denen, die mir geholfen haben; meinen Mitarbeiterinnen, Hilma Wittwer, Claudia Christen, Ilse Keitel und meinem Mitarbeiter Dieter Schmidt. Den Mitgliedern des Kreissynodalvorstandes für eine Zusammenarbeit, die hätte nicht schöner sein können. Auch, bei dieser Gelegenheit, einmal meinem Presbyterium und allen, mit denen ich in Leben und Arbeit in der Gemeinde verbunden bin. Nicht zuletzt Pastorin Ulrike Graupner und Pfarrer Norbert

Waschk, der nicht hier sein kann, weil er noch ein paar Tage im Krankenhaus aushalten muß.

Möge uns Gott, der Herr, auch in der Zukunft beistehen; hier in unserem Kirchenkreis und in unserer Rheinischen Kirche.

9. Wir nehmen unser Maß aus Gottes Hand

Bad Godesberg (Gemeindehaus der Erlöser-Kirchengemeinde), 22. November 1997

Wo wir stehen, ist nicht immer ganz leicht zu sagen; wir sind auf dem Wege. Wir müssen uns verständigen über das, was wir in die Zukunft bringen wollen; was zu sagen und zu tun ist und wie es zu geschehen hat. Und welche Gemeinsamkeit zu suchen ist. Mit wem wir zu tun haben. Im Gegenüber zu dem Staat, den Parteien oder etwa der Stadt Bonn. Wer ist an unserer Seite, wenn wir nicht nur nach Konsum und Wirtschaft fragen, sondern nach Verantwortung; nach Maßstab, nach klarem Urteil? Wen haben wir an unserer Seite, wenn es um Mut geht? Nicht auszuweichen, wenn junge Leute Fragen haben und ins Leere gehen? Wenn für schweigende Werte einzustehen ist, die eben erst dann reden können, wenn wir ihnen den Mund leihen - wie steht es mit dem Mut zu reden, wo die Schöpfung seufzt? Wir haben viel auf dem Herzen, müssen viel auf dem Herzen haben in dieser Zeit.

Manchmal kommt alles auf einmal, sagt man. Und der Evangelischen Kirche geht es jetzt so. Aber nicht nur ihr. Und die Ursachen liegen mindestens so sehr außerhalb von ihr, in allgemeinen Tatsachen unseres gegenwärtigen Lebens, wie in ihr selbst. Allgemein sind die großen wirtschaftlichen Aufgaben unserer Zeit. Die Sorge um den Hunger von Millionen in der einen Welt. Um den Tod von Kindern. Sorge über die wirtschaftliche Entwicklung bei uns. Über die schlimme Arbeitslosigkeit. Über die Schere zwischen Gewinn und der Zahl der Arbeitsplätze. Die Sorge gilt ganz eng verbunden hiermit schon den Wertungen unserer Situation, auch der Einschätzung der Aufgaben, der Moral. »Moral«, ein Wort, das alt und einschränkend klingt; veraltet und eng. Ich mag das Wort auch nicht sehr, weil es so klingt, als sei nur an die *mores* der früheren Zeit anzuschließen. Aber es geht nicht um Anschluß.

Es geht um Aufschluß; es geht um neue Wege - dies freilich: aus Frömmigkeit und auch in Achtung für die Menschen, die uns den Glauben überliefert haben. Der Mensch, der das Ziel aller Bemühungen hat sein sollen, ist heute ans Ende gerückt, so möchte man empfinden, wenn man sieht, wie viel Verachtung und Gleichgültigkeit im Einzelfall dem Menschen gelten können. Den Kindern, den Jugendlichen, den Arbeitslosen, den flüchtigen Menschen. Aber auch der Kulturaufgabe scheinen Konsum und wirtschaftliche Blüte vorgeordnet zu werden.

Mit einem Federstrich nehmen Verantwortliche Abschied von Intentionen der Verfassung. Als wüßte man es natürlich besser. Der Mensch weiß scheinbar, ohne eigens darüber nachzudenken oder darüber zu reden, am besten, was ihm gut tut.

Aber *wer* ist dieser Mensch - wie kommt er denn zu Wort? Ist es denn wahr, daß es vor allem anderen um *Kunden* geht? Hat z. B. eine Stadt nichts anderes im Auge zu haben als Kunden? Wer soll sich einst bei solcher Erziehung einsetzen *für* die Stadt - der Stadt Bestes suchen, wie es der Glauben unternimmt? Wer wagt ein deutendes Wort, geradezu Erziehung? Soll nur gelten, was zu passen scheint - gehe es um den Sonntag oder sonst etwas? Ich bin außerordentlich dankbar dafür, daß in der Kirche, in unserer Kirche das Sensible, Fragile, Gefährdete immer wieder aufgesucht und benannt wird; und daß es schließlich doch gelingt, einen breiten Raum der Freiheit zu bewahren: wahrzunehmen, ungeschönt und wahrhaftig - den Menschen, die Menschen zu sehen und aufzusuchen.

Ich bin sehr dankbar für offene Rede und volle Bereitschaft zur Verantwortung in unseren Presbyterien, Ausschüssen usw. Wichtiger als manche einzelne Sachfrage wird das *Wie* sein, die Form des Miteinanders, die Offenheit, die Bereitschaft zum anderen Menschen; die Erhabenheit über Verbitterung und Bosheit. Es geht um die Menschlichkeit, die der Glaube erschließt und ermöglicht. Und dies wird nicht die kleinste Gabe unserer Gemeinden an unsere Zeitgenossen sein.

Es ist auch ein Weg zwischen Alt und Neu - es gilt, die Verbindung zu wahren und zu finden zwischen der Achtung vor denen, die uns in die Mündigkeit geführt haben, und dem, was nun gefunden werden muß an neuer Liebe, an neuem Wort, neuer Beständigkeit. Das ist gar nicht so einfach. Weil unser ganzes Menschsein zur Rede steht. Nur das, was ich durch meine eigenen Wege verbinde, wird verbunden sein. Es muß die Bereitschaft uns halten, immer und immer noch zu warten auf das Wertvolle in dem anderen Menschen. Nie darf uns Verzagtheit in dieser Beziehung leiten, so als könnte es richtig sein, lediglich nach einem neuen und weiteren Beleg Ausschau zu halten, wie miserabel es um den Menschen stehe.

Der Glaube verbietet solche Verzweiflung. Denn immer ist Gott mit im Spiel. Bei jedem Menschen, und scheine er noch so verbohrt. Das gilt es zu bedenken und zu bewahrheiten. Wir leben dankbar in den Gemeinden. Wir beten. Es ist Zeit zu beten. Und den Glauben auszusprechen. Dabei nicht zu leugnen die Bedingtheiten der Rede, des Denkens, des Glaubens.

Wir nehmen unser Maß aus Gottes Hand. Stehen nicht oberhalb dieser Maße. Auch wenn es uns manchmal so vorkommen mag. Nach dem Bilde des Marktes: alles bereitgestellt zum Konsum. So ist es nicht, daß wir selbst entscheiden könnten über unsere Liebe und unser Glück.

Es ist heute für vieles zu danken, was schon *gelungen* ist; was wahrgenommen wird an Aufgaben; was vorhanden ist an Leben in unseren Gemeinden, in unserem Kirchenkreis (1). Es ist manches Neue *begonnen*. Noch im Werden. Oder zu verteidigen. Es ist also von dem Unterwegssein zu reden (2). Es wird schließlich manches *geplant* oder ist als Frage zu bedenken, die in die Zukunft weist; neue Aufgaben sind zu umreißen. Fragen sind zu formulieren, wie weiterzugehen sei (3).

1. Gelungenes. Erstens also: Es ist für vieles zu danken, was gelungen ist; was vorhanden ist. Für Menschen, die Aufgaben in Amt und Ehrenamt gerne und gut wahrnehmen. Es ist zu berichten über das, was wir beinahe als einfach normal hinnehmen. Aber es ist ja doch wohl zu sehen, daß wir vieles haben, was Menschen in den Gemeinden früher nicht zu hoffen gewagt hätten. Einiges sei aus den Kirchengemeinden berichtet.

In der Paulus-Kirchengemeinde Bad Godesberg ist Pfarrerin Iris Giesen als Nachfolgerin von Dr. Hammer in die Pfarrstelle eingeführt worden. Sie ist die erste Frau, die in Bad Godesberg in eine Gemeindepfarrstelle berufen worden ist. Wir begrüßen sie besonders auf dieser Synode. In der Gemeinde Euskirchen ist ein neuer Pfarrbezirk errichtet worden und vor allem eine neue (halbe) Pfarrstelle. In diese Pfarrstelle ist Pfarrer Knut Dahl-Ruddies eingeführt worden.

Die Gemeinde ist gewachsen. Es gibt heute eine Art, von Kirchendingen zu reden, die kaum Raum gibt für solche Feststellungen – als ginge es allerorten um abnehmende Zahlen, bei denen man dankbar sein müsse, daß es »*noch* so sei«. Ich glaube, hier werden wir alle genauer werden müssen. Und genauer unterscheiden. Um die Kraft des Christenglaubens steht es gut in dieser Zeit. Und die Zahl der Menschen, die mit einem Christen über die Fragen des Lebens reden wollen, nimmt wohl zu. Und die Zahl der Menschen, die Ausschau halten nach jemandem, der im Christensinne Mensch zu sein versucht. Übrigens hier am Rande: Wir haben auch nicht zu viele Theologinnen und Theologen, sondern wir haben zu wenig. Nach dem gesehen, was unbedingt zu tun und zu bedenken ist; was in Ruhe und Klarheit zu geschehen hat.

Auch die Gemeinde Meckenheim, die eben das zwanzigjährige Bestehen der Arche hat feiern können, ist weiter gewachsen. Auch hier ist über eine Neueinteilung nachzudenken. Zur Hilfestellung bei der Wahrnahme der Aufgaben, unter denen insbesondere die Arbeit mit Aussiedlern zu nennen ist, ist Pastor Dirk Nolte in eine halbe Sonderdienststelle eingewiesen worden. Die andere Hälfte dieser Stelle haben wir an die Gemeinde Weilerswist angebunden, um den Synodalassessor zu entlasten. Dort ist Pastorin Wiebke Dorando im Februar eingeführt worden.

In der Zahl der Sonderdienststellen liegen wir über dem Soll. Wir werden sie absenken müssen, sobald sich Veränderungen ergeben. Mit einer weiteren Einrichtung solcher Stellen ist jedenfalls nicht zu rechnen. Wir werden über neue Formen der Beschäftigung in der Kirche nachzudenken haben. Wer mit dem Herzen bei der Sache ist, der sucht ja nicht den Mammon. Wohl aber will er auch so behandelt werden wie jemand, der seine eigene Person in die Waagschale wirft.

Anfang des Jahres sind in der Johannes-Kirchengemeinde Ulrike Aufderheide und Christina Manig als Predigthelferinnen ordiniert worden. Inzwischen gibt es aus unserem Kirchenkreis weitere Meldungen zu den Predigthelferkursen. Es liegt in dieser Möglichkeit, aus anderen Berufen den Weg zur Berufung in eine geistliche Aufgabe zu gehen, etwas Wichtiges vom allgemeinen Priestertum in unserer Kirche.

Ebenfalls in der Johannes-Kirchengemeinde wurde die Stelle des Kantors neu besetzt. Mit viel Dank wurde Wolfgang Dietzel verabschiedet.

In der Heilandkirche wurde die Stelle des Küsters neu besetzt. In großer Dankbarkeit nahm die Gemeinde von Küster Walter Krauss Abschied. Die Heiland-Kirchengemeinde hat das 50jährige Bestehen ihres Kindergartens feiern können. Möge die öffentliche Hand durch Anhebung ihres Beitrages zur Finanzierung der Kindergärten, also zur Finanzierung einer öffentlichen Aufgabe, helfen, daß der Kindergarten erhalten bleiben kann. Er hat immerhin nach dem Kriege ja schon ganz andere Zeiten bestanden.

In der Kirchengemeinde Swisttal ist das 10jährige Bestehen des Gemeindezentrums in Odendorf gefeiert worden; es ist bei diesem Anlaß *Dietrich-Bonhoeffer-Haus* genannt worden. Wir haben in Odendorf keine Pfarrstelle, obwohl eigentlich der Bedarf da wäre. Wir können dankbar sein, daß eine Pastorin im Sonderdienst, Angelika Schipper-Zädow, die Aufgaben wahrnimmt. Wer nach Odendorf kommt, gewinnt den Eindruck eines sehr lebendigen eigenen Pfarrbezirks.

Die neue Gemeinde Wachtberg hat ein eigenes Zentrum in Niederbachem errichten können. Mit sehr viel Einsatz der ehrenamtlichen und hauptamtlichen Glieder dieser Gemeinde. Das Zentrum wird am 1. Advent eingeweiht.

Aus den übergemeindlichen Einrichtungen sei hier erwähnt:

In der Glasfachschule Rheinbach konnte eine früher dort eingerichtete Teilpfarrstelle wiederaufleben. Hier haben wir Pfarrerin Gudrun Schlösser eingeführt. Frau Schlösser hat eine lebendige pastorale Arbeit aufgebaut; sie wird allerdings durch einen bevorstehenden Erziehungsurlaub wohl längere Zeit aussetzen müssen.

Abb. 16 *Johanneskirche, Bad Godesberg (Pennenfeld)*

Die außerschulische Arbeit, die sie früher im Sonderdienst wahrgenommen hat, ist verbunden worden mit dem Sonderdienst beim Jugendpfarramt. Die dort früher von Pastor Kai Hollensteiner wahrgenommene Arbeit zwischen Jugendpfarramt und Schule ist neu definiert worden und soll nun auch die Verbindung zwischen Schulen und Gemeinden pflegen. In diese Arbeit ist Pastor im Sonderdienst Christian Neu berufen worden. Wir können wirklich dankbar dafür sein, daß wir in der Kirche in der Lage sind, solche wichtigen Arbeitsfelder wahrzunehmen. Die Kirche hat hier eine große Chance, jungen Menschen zu helfen; und wie ich finde, darf man auch sagen: sie zu erziehen.

Dr. Joachim Schüpphaus, unser langjähriger Berufsschulpfarrer und Bezirksbeauftragter, ist vorzeitig in den Ruhestand eingetreten. Wir haben ihm viel zu danken für seine Arbeit in den Schulen; für die Vertretung der Belange unserer Kirche bei staatlichen Stellen, für die Wahrnahme eines schwierigen Arbeitsfeldes, das durchaus manchmal sozusagen durch Hecken und Zäune bestimmt ist, und nicht zuletzt zu danken für seine mahnende Stimme, mit der er bei uns immer wieder die Besonderheit der Aufgaben christlicher Rede in der Welt der Berufsschule zu Gehör gebracht hat.

Die Bezirksbeauftragung ist inzwischen an Herrn Henn (Kirchenkreis An Sieg und Rhein) weitergegeben worden. Die Pfarrstelle ist mit einer Teilstundenzahl, wie sie dem schulischen Bedarf entspricht, zur Wiederbesetzung freigegeben. Zum Religionsunterricht an den Grundschulen wird noch später etwas zu sagen sein.

In der neuen Justizvollzugsanstalt Euskirchen (Offener Vollzug) hat Pfarrer Rudolf Hebeler, bisher Siegburg, seinen Dienst angetreten. Die Anstalt ist eine Einrichtung des Landes; und auch die Pfarrstelle ist eine Landesbeamtenstelle; von beiden Seiten ist ein enger Bezug zwischen Anstalt und Gemeinde gesucht. Der Offene Vollzug sucht Verbindung, stellt Verbindung her - will ins Leben zurückführen. Es ist kein Wunder, daß hier nach den Menschen der Kirche gefragt ist. Ich bin dankbar, daß wir in Bruder Hebeler einen Seelsorger mit großer Menschennähe hierher bekommen haben.

Im Evangelischen Krankenhaus in Bad Godesberg tut ein neuer Vorsitzender des Aufsichtsrats einen guten und klaren Dienst: Eberhard Luithlen ist Georg Hammer gefolgt. Und auch ein neuer Geschäftsführer hat mit gutem Anklang seine Arbeit begonnen: Ingo Jakschies ist Thomas Kempe gefolgt.

In die Pfarrstelle am Ev. Krankenhaus Bad Godesberg, die zur Hälfte vom Krankenhaus und zur Hälfte vom Kirchenkreis finanziert wird, ist Pfarrer Gunnar Horn eingeführt worden. Die Teilfinanzierung durch das Krankenhaus halte ich für wegweisend. Es ist ja längst erkannt worden, wie unentbehrlich die Seelsorge in der Klinik ist; wie auch in den Vollzugsanstalten, wie sie es auch an den Schulen wäre usf.

Im Evangelischen Krankenhaus nehmen die fünf Godesberger Gemeinden gemeinsam Verantwortung wahr für eine allgemeine soziale Aufgabe, die zugleich ein genuin kirchliches Arbeitsfeld ist. Die Kirchen haben hier wie auf anderen Gebieten (Diakonie; Altenhilfe; Familienhilfe; Kindergärten) der Gesellschaft die Wege gewiesen.

In den Sonderdienst an der Reha-Klinik in Bad Godesberg ist Pastorin Carola Vanselow eingeführt worden. Ihren Bericht über die wohlüberlegte Arbeit auf der Godeshöhe und die Konvergenz von ärztlicher und seelsorgerlicher Arbeit habe ich dankbar gelesen.

Die pastoralen Aufgaben in der Gehörlosenseelsorge im Raum Bonn und in der Schule für Gehörlose in Euskirchen werden von Pastorin im Sonderdienst Monika Greier-Morck wahrgenommen; sie ist im letzten Herbst in ihren Dienst eingeführt worden. Über ihre intensive Tätigkeit, der sie neben einer Aufgabe in einer Gemeinde des Kirchenkreises An Sieg und Rhein nachgeht, liegt ein instruktiver Bericht vor. Ich bin dankbar dafür, daß Bruder Wengenroth die Synodalbeauftragung für dieses Tätigkeitsfeld übernehmen möchte.

Im Diakonischen Werk der Kirchenkreise Bonn und Bad Godesberg sind Leitlinien formuliert worden, die sehr präzise die Arbeitsfelder kennzeichnen. Auch die Satzung ist neu formuliert und im Kirchenkreis Bonn bereits - mit zwei kleinen Veränderungen - angenommen worden.

Dazu wird Herr Hamacher Erläuterungen geben. Zum Haushalt des DW und zur Orientierung der Finanzierung an einem festen Prozentsatz des Netto-Steueraufkommens der Gemeinden werden Frau Manig und Herr Schwarz Näheres sagen.

In Rheinbach haben wir vor einem halben Jahr getagt und uns freuen können an den neuen Möglichkeiten, die der Ausbau der Kirche und des Gemeindehauses geschaffen haben. Nun haben hier die Gemeinden Meckenheim und Rheinbach und das Diakonische Werk Bonn und Bad Godesberg eine Sozialstation eingerichtet, die vor einigen Wochen ihre Arbeit aufgenommen hat. Es geht hier um die Wahrnahme nötiger Pflegedienste in enger Verbindung mit der Gemeindearbeit. Dorothea Joos, die aus Godesberg in die Leitung der Station berufen worden ist, gelten unsere guten Wünsche.

Im Diakonischem Werk Euskirchen haben die Gemeinden Euskirchen, Flamersheim und Zülpich als Trägerverband einen neuen Pflegedienst, eine Diakoniestation, eingerichtet. Wir würden uns wünschen, daß den Diakonischen Werken noch mehr Mittel zur Verfügung stünden. Die Aufgaben sind ja gewachsen und wachsen weiter.

In Godesberg hat der *Ev. Verein für Diakonie* das *Seniorenzentrum Heinrich Kolfhaus* eingeweiht. Das Haus hat das alte Christliche Hospiz an der Rheinallee abgelöst, das auf Julius Axenfeld zurückging. Auf dem Gelände des Godesheims, das ebenfalls von Axenfeld begründet worden ist, ist es als ein neues Haus entstanden, das 120 Bewohnern Platz bietet. Es bietet auch Tages- und Kurzzeitpflege an. Die beiden Einrichtungen des Vereins, das Seniorenzentrum und das Evangelische Jugendhilfezentrum Godesheim, werden nun unterhalten von der Gemeinnützigen Godesberger Gesellschaft für Diakonische Einrichtungen. Den Vorsitz im Verein hat von Christa von Wangenheim Pfarrer Klaus Kohl übernommen. Er weist darauf hin, daß die Diakonie in Godesberg schon in ihren Anfängen den Mut gehabt hat, ganz neue und ungewohnte Wege zu gehen. Er erinnert zugleich daran, daß auch heute immer wieder die kritische Frage zu stellen ist, wo ein Humanum bedroht ist; es kann ja recht unbemerkt geschehen, einfach weil angeblich »marktgerecht« verfahren werden muß. Ich denke, der alte Godesberger Verein ist immer noch eine Gewähr dafür, daß wir nicht gefangen werden von der Meinung, wir seien »der Markt« oder ein Gemeinwesen müsse vor allem marktgerecht sein. Unsere Ohren und Herzen sind empfindlich an dieser Stelle, denn wir haben das Evangelium gehört. Es gibt hier vieles zu bedenken, in Wachsamkeit und mit guter Vernunft.

Schließlich hat in Godesberg die *Rheinische Gesellschaft für Innere Mission und Hilfswerk* das Altenzentrum *Haus auf dem Heiderhof* errichtet; es wird in wenigen Wochen (14.12.1997) eingeweiht werden, hat den Betrieb aber schon aufgenommen. Es ist insbesondere eine Hilfe für alte Menschen, die ihren ständigen Wohnsitz nicht aufgeben und dabei auf ambulante Tages- und Kurzzeitpflege angewiesen sind.

Der KSV hat neben einigen Gemeinden auch die *Kontaktstelle Arbeit und Jugend* in Euskirchen besucht. Dort haben Herr Gunnemann und Herr Finkelnburg-Thur die pädagogische und handwerkliche Arbeit mit den jungen Menschen erläutert. Mit Dank haben wir gesehen, wie hier an einer ganz wichtigen Stelle unserer Gesellschaft wohlüberlegt und menschennah Anleitung ohne Bevormundung geschieht.

Die *Telefonseelsorge* im Raum Bonn hat vor einem Jahr in Pastorin Barbara Edelmann eine neue Leitung bekommen. Die überaus wichtige und zum größten Teil ehrenamtlich wahrgenommene Arbeit der Telefonseelsorge wird durch den Kirchenkreis Bad Godesberg unterstützt.

Auf den gründlichen Bericht von Frau Edelmann, der die Leitlinien der Arbeit angibt, wie sie sich in 25 Jahren ergeben haben, weise ich hin. Ebenfalls auf die Informationen auf den Tischen. Frau Edelmann kommt auch gerne, wie sie mir sagte, in die Gemeinden, um über diese Arbeit zu berichten.

Auch Oberin Helga Funk kommt übrigens gerne in die Gemeinden, um über die Frauenhilfs-Diakonieschwesternschaft und deren Vorhaben zu informieren.

Beim *Gemeindedienst für Weltmission*, von fünf Kirchenkreisen getragen, ist als Nachfolgerin von Pfarrer Dr. Jörg Baumgarten Pfarrerin Sabine Heimann gewählt worden. Sie wird Anfang des Jahres in ihren Dienst eingeführt werden. Ein eingehender Bericht zeigt die weltweiten Perspektiven, die auf diesem Arbeitsfeld wahrgenommen werden. Hierzu später mehr.

Über die Partnerschaft mit dem Kirchenkreis Mbandaka im Kongo/Zaire hat Frau Pfnorr-Leihner einen eingehenden Bericht vorgelegt. Wir haben den Weg des Landes mit großer Anteilnahme begleitet. Näheres werden wir wieder hören, wenn Eliki Bonanga uns Anfang kommenden Jahres besuchen wird. Auch zum Jugendcamp im

Juni des kommenden Jahres erwarten wir Teilnehmer aus unserem Partnerkirchenkreis. Wir hoffen sehr auf gute Entwicklungen und weiterhin auf Möglichkeiten sinnvoller Hilfe. Und darauf, daß Menschen hier wie dort in den Begegnungen eine Vertiefung ihres geistlichen Lebens finden. Es gibt in den vorhandenen Beziehungen einen Fundus menschlicher Nähe und auch von Gebetsgemeinschaft.

Es ist hier auch zu erinnern an die vielen Kontakte, die Gemeinden unseres Kirchenkreises darüber hinaus haben, in Namibia, Chile, Lettland, Estland, Polen und Rußland. Es gibt auch umfangreiche Hilfslieferungen nach Königsberg, St. Petersburg, Saldus, Vönnu. Der gemeinsame Glaube erschließt eine gemeinsame Welt mitten in Welten der Unterschiede.

2. Begonnenes. Wir wenden uns nun dem zu, was an einem neuen Anfang steht oder was als Aufgabe noch vor uns liegt. Wir reden von Neuem, das begonnen ist, und von Themen, mit denen wir uns gegenwärtig beschäftigen. Von Themen, bei denen die Antworten noch gefunden werden müssen.

Zunächst ist hier von unserem Haushalten zu reden. Hier sind wir vor immer neue Aufgaben des Sparens gestellt. Wenn auch in unserem Kirchenkreis das Kirchensteueraufkommen leicht angestiegen ist, haben wir weniger Mittel zur Verfügung als bisher, weil wir erheblich zum Ausgleich in der Landeskirche beitragen müssen.

In den Gemeinden und im Kirchenkreis ist eingespart worden. Weitere Einsparungen sind nötig. Allen Anwesenden ist das nur zu gut bekannt. Die Zahlen im einzelnen werden uns später beschäftigen. Unser Kirchenkreis als solcher hält sich finanziell gegenüber der Autarkie der Gemeinden sehr zurück, so daß sein Spielraum gering ist. Wir haben geprüft, ob ein Umzug des Jugendpfarramts Einsparungen mit sich brächte. Es liegt ein Umzugsplan ausgearbeitet und durchgerechnet vor; es ist aber bisher von einer Umsetzung abgesehen worden, weil der Umzug nach Merzbach dort die möglichen räumlichen Dispositionen deutlich einschränken würde.

In einer großen Zahl von Gesprächen mit einer Consulting-Firma und mit den Nachbarkirchenkreisen ist die Frage nach möglichen Einsparungen durch eine Reform der Verwaltungsstruktur behandelt worden. Bisher war der Weg sehr, sehr mühsam. Ich will Ihnen das Ergebnislose dabei nicht im einzelnen schildern. Im Kirchenkreis Bonn, mit dem wir insbesondere diese Frage zu bedenken haben, ist jetzt der Weg für diese Beratungen frei geworden. Sie werden am 10. Dezember des Jahres beginnen. Die Synode des Kirchenkreises Bonn hat sich vor einer Woche hiermit befaßt und die geplanten Beratungen, wie ich höre, begrüßt.

Zu unseren *Kindergärten*. Es ist zu bedauern, daß die Kirchen nicht vorher einbezogen waren in die Sparpläne des Landes auf diesem Felde, auf dem sie einen großen Anteil an Verantwortung tragen und, wie gesagt, die Wege gewiesen haben. Den Kirchengemeinden ist auf diesem Felde für sehr viel Einsatz und für unendlich viel ehrenamtliche Arbeit zu danken. Es wäre schön, wenn das von denen gesehen würde, die für die Bereitstellung von Kindergartenplätzen die politische Verantwortung tragen. Faktisch hat es ein schädliches und von den Kindergärten und ihrer Wirklichkeit fernes Hin und Her um die Finanzierung gegeben. Manche politische Polemik hier in Bonn fällt auf den zurück, von dem sie ausgeht. Daß die öffentlichen Hände sich endlich an Aufgaben beteiligen, die einst von den Kirchen überhaupt erst erkannt werden mußten, gibt ihnen nicht das Anrecht einer Bevormundung der Kirchen. Hier wünschen wir uns mehr Demokratie und auch mehr Achtung vor den Kirchen.

Es ist eine Not zu sehen, daß man bei Kindern und Jugendlichen so schnell dabei ist, die Maße des Möglichen nach unten zu verschieben, in einer Zeit, in der unsere Gesellschaft durch ihre Lebensformen pädagogisch vor den größten Aufgaben steht. In den Kindergärten herrscht Unsicherheit. Das Manko ist nicht geeignet, den Erzieherinnen das seelische Gleichgewicht und die Anerkennung zu vermitteln, die ihrer Arbeit gut täten. Die Kirchengemeinden können heute noch nicht beurteilen, wie in Zukunft die Finanzierung der Kindergärten gelingen kann. Fehlende Mittel fordern von uns die Besinnung auf das, was wir mit welchen Mitteln anstreben, was Gemeinden, was die Evangelische Kirche für Aufgaben und Ziele hat. Wir haben diese Fragen auch im Nebeneinander mit der Katholischen Kirche zu beantworten, die im ganzen stärker am Konfessionellen orientiert ist als wir. Ähnliche Fragen stellen sich in den Schulen.

Die abrupte Kürzung der Stundenzahl des *Religionsunterrichts* im 3. und 4. Grundschuljahr durch das Land NRW hat auch hier zu kritischen Gedanken Anlaß gegeben. Namentlich auch die Unbedenklichkeit, mit der Verantwortung auf die Kirche verlagert werden soll. Dies in einer Situation allgemeiner geistiger und politischer Unsicherheit. Und in einer Situation, in der die Schule eine Wirklichkeit präsentiert, die zu der Vorstellung einer Volkskirche, die den Raum der Schule umfassen könnte, in Widerspruch steht. Die Klassen sind ja der konfessionellen Zugehörigkeit nach nicht mehr zu erschließen; eine große Zahl von Kindern gehört überhaupt keiner Religionsgemeinschaft an. Es erinnert diese Tatsache an den eingangs erwähnten Verzicht auf Werteklärung und Erziehung. Auf die Lehrerinnen und Lehrer kommen heute auch in dieser Beziehung erhebliche Aufgaben zu. Wir müssen aus unserer sozialen Verantwortung heraus versuchen zu helfen. Kinder sind in nicht hinnehmbarer Weise die Leidtragenden. Wie vielen Kindern fehlt die seelische Hilfe eines Elternhauses!

Wir selbst werden das, was uns vermittelt und überliefert ist, zunehmend laut und deutlich öffentlich zu bekennen haben; wir müssen das anderen Menschen, und namentlich jungen Menschen, erschließen, was selbst zu leben hilft.

Unterrichtsstunden, für die das Land bisher verantwortlich war, soll die Kirche als *Kirchenstunde* übernehmen und finanzieren. Die Gemeinden haben große Mühe, die notvolle Lage abzufangen. Wir haben in unserer Synode eingehend über gegenwärtige politische Tendenzen in dieser Sache gesprochen.

3. Geplantes. Ganz wichtige Fragen werden uns in der Zukunft beschäftigen müssen. Eine Reihe von ihnen wird unter dem Stichwort »Agenda 21« behandelt. Für unseren Kirchenkreis nimmt Pfarrer Felix Doepner an den Beratungen hierzu teil. Mit dem Kirchenkreis Bonn gemeinsam haben wir einmalig einen Preis in Höhe von DM 3000,– ausgesetzt, der im kommenden Jahr für besonderen Einsatz im konziliaren Prozeß vergeben werden soll. Zu den herausragenden Fragen gehört hier die Wahrnahme der Gefahren für das Weltklima. Es geht um Wahrnahme von Verantwortung durch den einzelnen Menschen. Jede Ethik hat ihre Glaubwürdigkeit im eigenen Verhalten.

Sicherlich geht es aber auch darum, die Stimme zu erheben und aufzuklären. Wir bitten die Christenmenschen unter den Fachleuten insbesondere, die Besorgnisse zu verstehen und in das Denken und Planen aufzunehmen. Es ist im übrigen hier wie auch sonst so, daß der Glaube ja auch die Vernunft zu sich selbst ruft. Jeder Mensch guten Willens kann die Augen vor dem nicht verschließen, was von unserer Kirche hierzu an Fragen gestellt worden ist. Eben das gilt auch für die sogenannte Bioethik, für den Griff nach dem menschlichen Erbgut, und für die Forschung an Nichteinwilligungsfähigen. Unsere Zeit, die doch angetreten ist für den Menschen, ist in merkwürdiger Weise bereit, Menschliches zu riskieren.

Ich denke dabei an den Umgang mit dem Sonntag als einem notwendigen Tag der Ruhe und Besinnung in einer wie oft besinnungslosen Zeit. Es ist nicht gut hinzunehmen, wie in dieser Beziehung an dem Willen der Verfassung vorbeigegangen worden ist. Was uns am Buß- und Bettag verloren gegangen ist, wird nun erst recht deutlich, da wir ihn - zunächst - verloren haben. Ich denke an so manchen Sonntag, an dem mit viel Unruhe vor unserer Kirchentür in der Zeit des Gottesdienstes die Brötchen verkauft werden müssen, für welches Linsengericht die Menschen die Erstgeburt des freien Menschen vertun.

Ich denke, daß das Verhältnis Kirche - Staat der neuen Füllung bedarf. Möglicherweise halten nicht mehr die Überzeugungen, die einst aus dem Furchtbaren des 2. Weltkrieges und mit Hilfe der Sieger dieses Krieges in unserem Land gewachsen sind. Die Häme, die z. Zt. hier und da die Kirche überzieht, hat sie nicht verdient.

Die Arbeitslosigkeit insbesondere junger Menschen darf nicht bleiben. Es ist sehr schmerzlich zu sehen, daß Menschen mit guter Ausbildung keinen Weg in den Beruf finden. Sicherlich wird hier auch zu fragen sein, ob nicht von der Vorstellung zweier gut verdienender Ehepartner und von manchen Bildern des Überwohlstandes abzugehen ist. Es müssen hier unbedingt Wege gefunden werden.

»Lebendige Gemeinschaft« - ein neues Projekt im Kirchenkreis. Auf Anraten von Ministerialrat Bertsch hat der KSV die Gründung einer *Familienstiftung* und eines vorlaufenden Sammelvereins vorbereitet. In der Anfangsphase entstehen dem Kirchenkreis Kosten, bei denen aber zu erwarten ist, daß das Vierfache dieses Anteils von politischer Seite übernommen wird. Es soll aus Schenkungen, Vermächtnissen etc. ein Kapital angesammelt werden, aus dem die gemeindliche gemeinschaftsbezogene Arbeit mitfinanziert werden kann. Die Verfügung über die Mittel soll bei einem von den Gemeinden beschickten, vom Kirchenkreis geleiteten Kuratorium liegen. Auf diese Weise soll ein neuer Finanzierungsweg eröffnet werden.

Dem Inhalt nach geht es um das breite Spektrum der gesamten Gemeindearbeit: nämlich um das Halten und Tragen von Menschen in ihren jeweiligen Gemeinschaften. Prof. Bargheer hat das kirchlich-theologische Konzept dazu formuliert und die Notwendigkeit einer Förderung von Gemeinschaft in einer Gegenbewegung gegen den Schwund von Solidarität und die Vorstellung von der »Marktförmigkeit des Lebens« klar begründet; das Landeskirchenamt die rechtlichen Ausarbeitungen vorgenommen. Herr Dr. Dr. Uhl ist gebeten, das Gesamtkonzept auszuformulieren. Frau Uhl wird heute Näheres vortragen. Die Synode wird heute ersucht, lediglich für ein Jahr einen Betrag in Höhe von DM 17.500,- für den Aufbau des Sammelvereins zu bewilligen. Dieser Betrag wird nur dann verausgabt, wenn auch die öffentlichen Fördermittel bewilligt sind.

Was wissen die Menschen von unserer, von ihrer eigenen Kirche? Die *Medien-Arbeit*, die Swantje Krüger in den drei Kirchenkreisen An Sieg und Rhein, Bad Godesberg und Bonn wahrgenommen hat, ist nicht fortgeführt worden. Zwar sind in den drei Kirchenkreisen Beauftragte für die Medienarbeit benannt worden. Doch in unserem Kirchenkreis fehlt jede Verankerung im Haushalt. Unsere Nachbarkirchenkreise legen großen Wert auf die Öffentlichkeitsarbeit und haben nun doch wieder erhebliche Mittel hierfür vorgesehen. Ich bin verschiedentlich darauf hingewiesen worden, wie wichtig diese Arbeit ist, und frage mich, ob nicht auch wir künftig hier noch eine Fundierung finden müssen.

Am Rande sei erwähnt, daß der Herr Scriba die Frage aufgeworfen hat, ob unser Kirchenkreis nicht einen anderen Namen bekommen

Abb. 17 *Maria-Magdalena-Kirche, Swisttal-Heimerzheim*

sollte, da in der Öffentlichkeit ja mit »Bad Godesberg« die Gemeinden etwa des Kreises Euskirchen nicht in Verbindung gebracht werden.

Dr. Kenntner hatte aus den drei Kirchenkreisen einen Kreis einberufen, der die Frage nach einer sinnvollen Veränderung der Kirchenkreisgrenzen bedenken sollte. Ich denke, hier sollte in aller Behutsamkeit, aber eben doch weitergearbeitet werden.

4. Abschiede. Am 20.1.1997 starb Pfarrer i.R. Dankwart Frickenschmidt. Er war von 1955 bis 1992 Pfarrer der Kirchengemeinde Flamersheim, hat dem KSV angehört und auch der Landessynode. Er war in Liebe ein treuer Seelsorger wie seiner Gemeinde so der Gehörlosen im ganzen Raum Bonn.

Am 29.1.1997 starb Pfarrer i. R. Ernst-Friedrich Buddeberg. Er war Schulreferent von Bonn, später in beiden Kirchenkreisen Bonn und Bad Godesberg. Er war ein gediegener Begleiter der Lehrerinnen und Lehrer und wie Bruder Frickenschmidt ein hochgeschätztes Mitglied unseres Pfarrkonvents.

Wir gedenken auch heute noch einmal unseres vor einem Jahr verstorbenen Präses Peter Beier.

Wir befehlen unsere Verstorbenen in Gottes Hände und tun damit etwas, was unseren Glauben an allen Orten dieser Welt, in allen Aufgaben bezeichnet: in ihm ist uns die Zeit in die Ewigkeit verschlungen, der Tod in den Sieg. Der Glaube hat die Geduld, hat den langen Atem, noch einmal alles ganz anders zu sehen. Das ist unbedingt notwendig. Auch in unserer Zeit, wie wir es täglich aus ihr lesen können. Freiheit und Zuversicht, das ist notwendig wie das tägliche Brot. Gebe Gott, daß die Gemeinden das Notwendige schenken.

5. Dank. Ich breche ab. Und danke vielen. Den Menschen in unseren Gemeinden, den Ehrenamtlichen, denen, die im Kirchenkreis und in der Landeskirche Aufgaben übernommen haben; meinem KSV und meinen Mitarbeiterinnen und Mitarbeitern. Stellvertretend für viele Ehrenamtliche möchte ich heute Adolf Raderscheid danken, der uns in Bauangelegenheiten der Kirchengemeinden in vorzüglicher, selbstloser Weise beraten hat. Ich danke für viel Sorgfalt und Hilfsbereitschaft. Ohne ihn wäre mehr als einmal guter Rat sehr teuer gewesen.

Herr Schmidt, der dies las, würde lieber formulieren: »Schlechter Rat wäre uns sehr teuer zu stehen gekommen«. Ich schließe aber nicht hiermit, sondern mit einem Wort von Gerhard Tersteegen, dessen 300sten Geburtstag wir am Dienstag der kommenden Woche feiern:

Nur Gott allein.

Es ist Betrug und Eitelkeit,
Was man dir außer Gott anbeut;
Zu allem fremden Trost sag nein
Und spar dein Herz für Gott allein.

(Gerhard Tersteegen, *Dies ist der Frommen Lotterie, / Wobei man kann verlieren nie, /* Das Nichts *darin ist all so groß, / Als wenn dir fiel* das beste Los, 4. Auflage Dinglingen [Baden] o.J., 153).

10. Höre und verstehe!

Meckenheim (Friedenskirche), 14. November 1998

Am Anfang möchte ich eine Frage stellen, die ich mir manchmal vorlege, wenn wir unsere tägliche Arbeit tun:

1. Ob nicht eine Neigung zu den *Bildern* die Wahrnahme des für uns Wichtigen erschwert? Wenn wir uns beraten, entscheiden, beurteilen wollen im Sinne des Glaubens. Wir sind sehr aufs Sehen aus; aber gilt womöglich: Wir sehen und sehen doch nicht? Werden Entscheidungen vereinfacht dadurch, daß wir nur die Hälfte gesehen haben?

Bilder haben das an sich, nur einen Teil zu zeigen. Manchmal ist es ja auch sehr einleuchtend, wenn man sich auf einfache Tatbestände berufen kann - und anderes bleibt eben unerwähnt.

Menschen sehen und sehen weg. Nehmen jedenfalls nicht wirklich wahr. Die Bibel berichtet: Das war schon die Sorge des Mose. Es gibt dies seit Urzeiten: Die menschliche Neigung und das menschliche Versagen: Sie haben Augen und sehen nicht; sie haben Ohren und hören nicht (Vgl. 5. Mose 29, 3).

Und so heißt es bei Jesus: Mit sehenden Augen sehen sie nicht und mit hörenden Ohren hören sie nicht (Matthäus 13, 13).

Vielleicht verführen Bilder dazu, das, was der Glaube glaubt, zu leicht zu nehmen, nicht mehr hinzuhören? Bilder sind scheinbar einfacher und einleuchtender; sie geben sich wirklicher und endgültiger - da sieht man es ja -; es sieht so aus wie ein Beweis. Wer zuerst sieht, hört vielleicht nicht mehr gut. Vielleicht muß unbedingt zuerst gehört werden, weil die Worte klarer den Weg ins Herz finden, mehr zu tun haben mit Vernehmen und Vernunft. Und weil eben das Wort Fleisch ward. Dies aber nur einmal. Und sonst müssen wir eben hören.

Das Judentum hat uns gelehrt, daß das Sehenwollen eine Versuchung ist; es geht immer zuerst und zuletzt um das Hören. Eine Gefahr ist das Sehen, weil man meinen kann, man hätte eingesehen - hat aber nicht - darum: *Höre* und verstehe! Wenn es in der Bibel heißt: »Siehe«, dann ist nichts zu sehen. »Siehe, da ist euer Gott« (Jesaja 40, 9) - natürlich nicht zu sehen! »Siehe, ich verkündige euch große Freude« (Lukas 2, 20) - natürlich nicht zu sehen, sondern eben: Zu hören!

Also uralte Frage an uns, Frage auch der Juden an die Christen: Hört ihr genug? Oder habt ihr so eine Art, mit Bildern umzugehen und sie abzutun? Seien es die Bilder im Fernsehen oder die Bilder einer Ausstellung. (In Bonn wurde die Ausstellung »Vernichtungskrieg. Verbrechen der Wehrmacht 1941 bis 1944« gezeigt.) Bilder anderer oder nicht unsere? Mein Spiegel - unsere Not?

»Höre, Israel, dein Gott ist einer ...«! Und du Mensch, hast du dich so gefunden, vor Gott - und lernst, daß die Menschenbilder, wenn du sie verstehst, immer dein Spiegel sind - du sollst dich sehen, du bist eben bei dir mit dem, was du siehst. Die Not, die wir sehen, hat immer mit uns zu tun.

Auch die Bilder aus den 40er Jahren, reden immer auch von uns - von dem, was menschenmöglich ist - das lehren uns die Fragen unserer Tage. Bei vielem, was wir zu bedenken haben in unserer Zeit, auch hier an Einzelaufgaben an unserem Ort, werden wir uns erhebliche Mühe geben müssen, nicht zu vereinfachen, sondern sehr genau zu denken; die beste Schule der Genauigkeit, die beste Schule der Vernunft, die beste Erziehung zur Wahrhaftigkeit ist das Hören des Evangeliums - daß keiner keinem etwas vormache!

Wir fragen heute viel nach *Leitbildern* der Kirche. Vielleicht müssen wir auch hier bedenken, daß es so einfach mit den Bildern nicht ist. Und daß nicht unsere Bilder die Kirche leiten und überhaupt nicht *wir* leiten, sondern daß wir bereits längst in einer Kirche leben, die vor uns da war, der wir viel verdanken; und daß wir darum gut tun, uns auf das zu besinnen, was *ist.*

Wir müssen einsparen. Und deshalb verändern. Man muß sich nicht wundern, wenn von dieser Seite kein neues großes Kirchenkonzept erwächst. *Das* würde sich anders ankündigen. Und müßte von innen kommen. Da wir aber durchaus auch danach immer wieder gefragt werden: »Was habt ihr zu sagen?« ist die Einkehr in das Eine, das not tut, von außen wie von innen her nötig.

Das aber ist etwas anderes als das, was wir täglich beraten, wenn es gilt einzusparen. Daraus wächst keine Kirche. Gebt dem Kaiser, was der Kaisers ist - und findet Zeit: Auf das Wort zu hören!

2. Darum ist das Leben der *Gemeinde* die Hauptsache. Sozusagen das »Normale«. Das heißt: Es ist Raum da, um das Unerhörte der Gnade in Wort und Tat zu bringen.

2.1. Ich zähle hierher, daß die Gemeinden für den Gottesdienst und für das weitere Leben der Gemeinde - auch dafür, anderen Menschen Raum zu geben - ausreichende Gebäude haben. Die Unterhaltung der Gebäude ist eine erhebliche Aufgabe. Wir werden uns der Frage stellen müssen, ob es hier oder da ein Zuviel gibt. Bisher war unser Weg der des Auf- und Ausbaus. Eine jahrzehntelange Phase immensen Bauens geht zu Ende.

In dem Zeitraum, von dem hier zu berichten ist, hat die Gemeinde Wachtberg ihr neues Gemeindezentrum in Niederbachem einweihen können. Vor wenigen Tagen ist als ein Geschenk von Ruth Keller ein Glasfenster-Entwurf von Gerhard Keller in den Altarraum eingefügt worden. Das Zentrum ist mit viel Leben gefüllt; wir können dafür dankbar sein. In der Festschrift zum Jubiläum »1200 Jahre Niederbachem« ist hierüber einiges zu lesen (*Niederbachem. Ein Dorf im Wandel*, Wachtberg-Niederbachem 1998).

In diesem Herbst ist der Anbau der Ev. Kirche in Bad Münstereifel fertiggestellt worden und unter großem Beifall der Gemeinde und der Stadt in Betrieb genommen worden. Es ist viel Platz gewonnen; und vor allem durch einen Fahrstuhl ein Zugang zur Kirche für ältere Menschen geschaffen worden.

In Euskirchen muß nach erneuter Brandstiftung der Kindergarten neu gebaut werden. Dies war ein harter Schlag für die Gemeinde. Sie ist aber nicht entmutigt und geht zugleich neue Wege in der Kindergartenarbeit, indem diese sich gezielt behinderten Kinder öffnet.

In Zülpich wird mit ersten Erwägungen an einen kleineren Umbau in der Kirche gedacht, namentlich um im vorderen Teil der Kirche mehr Raum zu schaffen.

Abb. 18 *Marienforster Kirche, Bad Godesberg*

2.2. Hierher gehört weiter und wichtiger, daß sich immer wieder eine große Zahl von Ehrenamtlichen in den Gemeinden findet, die eine Fülle von Aufgaben übernehmen. Wichtiger als den Versuch zu machen, die Stunden ehrenamtlicher Arbeit aufzuschreiben, fände ich, die Lebensfelder einmal zu beschreiben, auf denen diese Arbeit geschieht. Wenn man nach Bildern unserer Kirche fragt, würde dieses »unsichtbare Bild« viel aussagen.

2.3. Ehrenamtliche Arbeit geschieht auch durch die sog. Hauptamtlichen. Und darum ist es so schmerzlich, wenn die Notwendigkeit einzusparen, wieder und wieder dazu führt, nachzurechnen, Stunden zu zählen und zu kürzen. Wir müssen sehr darauf achten, daß aus solcher Notwendigkeit nicht ein Ton von Nichtachtung der getanen Arbeit gegenüber herausgehört werden könnte. Es ist übrigens die Sparnotwendigkeit für die Gemeindeglieder oft nicht ganz leicht einzusehen. Es ist ja nicht so, als ließe bei uns das Kirchensteueraufkommen nach, im Gegenteil. Nur haben wir immer mehr abzugeben an andere Kirchenkreise, die Landeskirche usf.

2.4. Die Zahl unserer Gemeindepfarrstellen hat sich zuletzt durch Schaffung einer halben Pfarrstelle in Euskirchen erhöht. Vom Arbeitsumfang her wäre es sinnvoll, auch in Meckenheim und in Odendorf (Gemeinde Swisttal) an eine solche Erweiterung zu denken. Aber dazu müssen die Mittel geschätzt und es muß auch die weitere Entwicklung abgewartet werden.

Zur Zeit wird geholfen durch Hilfsdienst (Pfarrer z.A. Jeltsch) und Sonderdienst (Pastor i.S. Nolte). In Odendorf (Pastorin Schipper-Zädow) hat sich, wie schon früher gesagt, ein eigener Pfarrbezirk herausgebildet.

In Meckenheim neigt sich die Dienstzeit von Pfarrer Gottmann ihrem Ende zu. Man kann von dieser Dienstzeit nur mit großer Achtung und Dankbarkeit sprechen. Bruder Gottmann wird uns sehr fehlen. Seine Stelle wird zum Frühjahr sogleich neu zu besetzen sein. So sehen wir es jedenfalls. Die Frage der Bezirks- und Gemeindegrenzen sollte für Meckenheim und die Nachbargemeinden durchdacht werden. Der KSV regt die Schaffung eines Arbeitsausschusses an.

Wenn in Godesberg eine Pfarrstelle frei werden wird, dann ist auch dort die Frage gestellt, welche Veränderungen nötig sind. Es wird in einem Arbeitskreis intensiv darüber nachgedacht bis hin zu der Frage, ob wieder eine große Godesberger Gemeinde aus den fünf gegenwärtigen Gemeinden zu erhoffen ist. Mir scheint dieser Gedanke allerdings zu weit zu gehen.

Die sog. 58er Regelung, nach der Pfarrer schon vor Erreichung der Altersgrenze in den Ruhestand treten können und um der jungen Theologinnen und Theologen willen auch diese Möglichkeit ernsthaft prüfen sollen, hat uns früher als erwartet vor diese Fragen gestellt. Dabei ist es notwendig, daß die Gemeinden wieder unabhängig werden vom Finanzausgleich.

2.5. Auch die Frage des Pfarrbildes und die nach der Bedeutung des Pfarrhauses wird uns weiterhin beschäftigen. Die Kürzungen der Pfarrgehälter und die Begründung von halben Pfarrstellen u.a. sind in ihren Folgen zu durchdenken. Den amtierenden Pfarrerinnen und Pfarrern sind nahezu unbemerkt einige Veränderungen zugemutet worden, bei denen sie sich nach dem Schutz bestehender Dienstverhältnisse und ihrer Arbeit gefragt haben.

2.6. Der KSV hat die Christus-Kirchengemeinde Zülpich visitiert. Wir haben eine lebendige Gemeinde kennen gelernt und ein Presbyterium, das mit großem Einsatz und freudig seine Verantwortung wahrnimmt. Auch übrigens Küster-Arbeiten regelmäßig übernimmt, um dadurch Einsparungen zu erzielen. Frau Zumbusch ist noch im Erziehungsurlaub, unterstützt aber gleichwohl die Arbeit ihres Mannes. Die geistliche Tätigkeit wird ganz offensichtlich in der Gemeinde sehr geschätzt. Um des großen Arbeitsfeldes willen haben wir Pastor Weinberg in seiner Hilfsdienstzeit nach Zülpich gebeten. Eine besondere Aufgabe ist dort, auf die evangelischen Aussiedler einzugehen, die aus einer anderen Frömmigkeit kommend Vorbehalte gegenüber unserer Kirchlichkeit haben. Diese Aufgabe stellt sich auch anderen Gemeinden in unserem Kirchenkreis.

2.7. Unsere Gemeinden waren in verschiedenem Umfang befaßt mit der Aussiedler- und Ausländerarbeit. Beendet wurde die vor Jahren von Frau Fromm ins Leben gerufene Hilfsaktion für bosnische Kinder. Andere Aufgaben bleiben: Mit Sorge haben wir die ungelösten Fragen des sog. Wanderkirchenasyls begleitet. Wir hoffen, es werden sich doch noch Wege auftun, um den Menschen zu helfen, die ohne

Heimat und Schutz sind. Ich verweise auf die beiden Berichte der Ausländerbeauftragten.

2.8. Viele Aktivitäten der Gemeinden gehen von Jahr zu Jahr in vollem Schwung weiter, auch dort, wo sie weit über das Gemeindeleben als solches hinausreichen. Ich denke an die Hilfsmaßnahmen etwa der Heiland-Kirchengemeinde nach Königsberg. Aber auch manches andere wie die Partnerschaften wäre zu nennen.

Im Leben der Gemeinden ist von besonderer Ausstrahlung die reiche kirchenmusikalische Arbeit, zum Teil jetzt unterstützt durch besondere Vereine.

Die Kindergärten stehen vor besonderen Aufgaben, weil die staatlichen Zuschüsse zuungunsten der Kirchengemeinden eingeschränkt werden.

Die Übernahme von Religionsunterricht an den Grundschulen ist eine neue Aufgabe, nachdem wir vom Land in die Verantwortung, d.h. in die personelle und finanzielle Hilfe gerufen worden sind.

3.1. Der Kirchenkreis Bonn hat aus finanziellen Gründen sein Jugendpfarramt schließen müssen. Unser Jugendpfarramt kann nicht den Ausfall ausgleichen. Wir sehen, daß schon der eigene eine Kirchenkreis zu groß ist, um alle Gemeinden mit dem Jugendpfarramt dicht zu verbinden. Wir wollen Einsparungen erzielen, indem wir das Jugendpfarramt nach Merzbach in die Jugendbildungsstätte verlegen. Die Möglichkeiten sind geprüft und durchgerechnet. Wir wollen die Veranlassung nur noch nicht vornehmen in der Zeit, in der der Jugendpfarrer in Israel ist.

3.2 In der Verwaltung sind auf der Ebene der Gemeinden wie des Kirchenkreises Einsparungen erzielt worden. Um weiterer Einsparungen willen wird von neuem und jetzt mit Hilfe einer Beratungsfirma geprüft, ob Verwaltungseinrichtungen noch enger und gezielter als bisher zusammenarbeiten können, ohne die Notwendigkeiten einer ortsbezogenen Ausstattung zu übersehen. Die Beratung durch eine Kölner Firma sollte im Herbst abgeschlossen sein; wir hoffen nun auf ein Ergebnis im März.

3.3. Zurück zum Jugendpfarramt: Hier ist als Nachfolger von Pastor Hollensteiner Pastor Neu tätig. Er hat außerdem übernommen, eine ständige Verbindung zwischen dem Jugendpfarramt und der kirchlichen Arbeit an den Schulen zu pflegen.

Wir sind dankbar für die wichtigen Kontakte, die das Jugendpfarramt nach Israel und Polen pflegt; und für die lebhafte Unterstützung der Mbandaka-Partnerschaft. Ich habe miterlebt, wie die Dialoge zwischen den Jugendlichen gefördert werden. Hier ist auch besonders dem Vorsitzenden des Jugendausschusses, Herrn Wolke, zu danken.

3.4. Die Schulreferate der Kirchenkreise wurden visitiert. Das einhellige Ergebnis war, daß die Kirche hier eine ganz bedeutende Arbeit auf dem schulischen Felde wahrnimmt. Unser Schulreferat ist nun im Haus der Kirche in Bonn untergebracht. Dies hat, wenn ich recht sehe, keine Einsparungen erbracht, aber die Kooperation der Referenten erleichtert. Zugleich ist allerdings die Ortsnähe in Godesberg verloren gegangen; das wird bedauert.

3.5. Dr. Joachim Schüpphaus, unser langjähriger Berufsschulpfarrer und Bezirksbeauftragter, ist Ende vorigen Jahres in den Ruhestand eingetreten. Wir haben ihm viel zu danken für seine Arbeit. Seine Stelle mußte nun reduziert werden; sie überhaupt zu erhalten, war nicht einfach.

Der Schulabteilung im Landeskirchenamt ist dafür zu danken, daß sie sich für den Erhalt der Godesberger Stelle sehr eingesetzt hat. Als Nachfolger von Dr. Schüpphaus habe ich vor einigen Wochen Pfarrer Knoche-Hager ins Amt eingeführt; er ist uns dadurch bekannt, daß er im Hilfsdienst in Weilerswist gewesen ist; ich hatte ihn seinerzeit auch ordiniert; er ist von der Schule sehr freundlich aufgenommen worden.

In Euskirchen habe ich als Nachfolger von Pfarrer Hasselhoff Pfarrer Prüßmann eingeführt. Er hatte schon während des Erziehungsurlaubs von Pfarrer Hasselhoff dort Dienst getan. Vorher war er Gemeindepfarrer im Kirchenkreis Jülich. Auch hier haben wir den Eindruck, daß die Arbeit der Kirche in der Schule sehr geschätzt wird.

An der Glasfachschule wird Pfarrerin Schlösser während ihres Erziehungsurlaubs vertreten von Pastor Nolte; er ist daneben in der großen und wachsenden Gemeinde Meckenheim tätig.

3.6. Er ist einer der sechs Pastoren im Sonderdienst in unserem Kirchenkreis. Wir sind leider gezwungen, diese Zahl sobald wie möglich auf 3,5 zurückzuführen. So fordert es das Landeskirchenamt. Die

Stellen sind ja landeskirchlich finanziert. Wir werden so schonend wie möglich verfahren. An sich sind die Stellen nicht für den normalen Gemeindedienst eingerichtet, aber in Odendorf sehen wir, wie gut es gerade auf diesem Felde gehen kann.

4.1. Eine weitere Sonderdienststelle haben wir in der Reha-Klinik in Bad Godesberg. Sie haben in dem Bericht von Pastorin Vanselow lesen können, wie die Arbeit dort geschieht. Ich habe mich besonders darüber gefreut, daß eine Vernetzung der Seelsorge mit dem Pflegedienst gelingt, und zwar so, daß die Pflegenden bei der Seelsorgerin eine Fortbildung wahrnehmen. Außerdem hat sich eine große Zahl von Ehrenamtlichen gefunden, die sich an den Besuchen auf den Stationen beteiligen wollen. Ich weise in diesem Zusammenhang auch auf den Bericht der Beauftragten für Behinderten-Arbeit hin.

4.2. Von einer Pastorin im Sonderdienst aus dem Kirchenkreis An Sieg und Rhein war für unsere Region die Gehörlosenseelsorge wahrgenommen worden. Die bisher hier tätige Pastorin Greier-Morck hat anderenorts eine feste Stelle bekommen. Wir hoffen nun, ein Kölner Pfarrerehepaar, das die Gebärdensprache beherrscht und schon dort in der Gehörlosenseelsorge tätig ist, durch einen Zusatzvertrag für die hiesige Arbeit zu gewinnen. Über die Finanzierung muß noch beraten werden.

5. Unsere Diakonischen Werke haben sich vor immer neue Aufgaben gestellt gesehen; neue Fragen und Bitten der Städte wurden an sie herangetragen; und über die Finanzierung war nachzudenken. Beide Werke sind von großer sozialer und gemeindlicher Bedeutung. Der Haushalt der Diakonischen Werke weist als Löwenanteil die Zuschüsse aus nichtkirchlichen Mitteln aus: Da, wo in der Not geholfen werden muß, finden Staat und Kirche gemeinsame Wege. Für diese Gemeinsamkeit müssen neue Worte gefunden werden.

Wir sind gefragt nach dem, was uns wichtig ist. Die Vielfalt der diakonischen Aufgaben soll nicht dazu führen, daß ihre Wahrnahme nicht mehr verbindet mit der Kirche, die hier handelt.

Abb. 19 *Martin-Luther-Kirche, Weilerswist*

Auf der anderen Seite sollen wir auch nicht ängstlich sein, wenn die Diakonie eben weit hinaus in die sogenannte Welt führt. Jede wirkliche Hilfe, die ein Mensch findet, ist eine erste Seelsorge. Wie auch in den Beratungsstellen, wie in der Telefonseelsorge.

Wir brauchen freilich geschützten Raum. Eine helfende Schwester, die überhaupt keine Zeit hat zu einer gewissen Form der Anteilnahme am Leben des Menschen, bei dem sie Dienst tut, kann nicht unseren Wünschen entsprechen. Es kommt noch dahin, daß die einfachen Gesten der Menschlichkeit eigens als Leistungen anerkannt werden müssen. Wohin kommen wir, wenn unser Alltag weiter an menschlicher Wärme verliert?

Auf einigen Arbeitsfeldern gibt es andere »Anbieter«, die nicht an die Maßstäbe kirchlicher Arbeit und auch nicht an die Vergütung nach BAT-KF gebunden sind. Neben denen aber unsere Arbeit bestehen muß, während ihre Güte sich ihrem Wesen nach mehr nach innen als nach außen hin erweist.

Zur Finanzierung unserer Anteile der Diakonischen Werke und ihrer Orientierung an dem Kirchensteueraufkommen wird Herr Schwarz später beim Haushalt etwas sagen. Zur Beziehung Kirche und Diakonie und zu den wichtigen Fragen des Arbeitsrechts werden wir heute Herrn Dr. Witschke und Herrn Kienitz hören.

6. Zur Partnerschaft mit dem Kirchenkreis Mbandaka/Kongo weise ich gerne auf die ausgezeichneten Berichte von Frau Pfnorr-Leihner hin; leider war nur einer dieser Berichte schon vorher verschickt worden; der andere ist heute verteilt worden. Es finden sich dort die genauen Angaben zu dem, was wir tun können. Die meisten von uns sind in diesem Jahr Eliki Bonanga, Régine Boku und Natana Weteto begegnet und haben deshalb mündliche Berichte gehört. Wie es tatsächlich in Mbandaka aussieht, können wir uns wohl trotzdem schwer ausmalen. Es ist bedrückend, angesichts der großen Not verhältnismäßig wenig tun zu können, weil die Wege dafür fehlen. Doch sehen Sie in den Berichten im einzelnen, was wenigstens geschehen kann.

7. Beim *Gemeindedienst für Mission und Ökumene* hat als Nachfolgerin von Pfarrer Dr. Jörg Baumgarten zu Jahresanfang Pfarrerin Sabine

Heimann die Arbeit aufgenommen. Sie hat unserem KSV darüber berichtet. Die Konzeption des Dienstes ist zum Teil neu beschrieben worden, nachdem die Landessynode sich damit eingehend beschäftigt hat. Pastorin Naumann wird darüber berichten und die neue Satzung uns mit der Bitte um Zustimmung unterbreiten. Die Synode hatte sich schon deshalb mit dem Gemeindedienst zu befassen, weil die Finanzierung der Pfarrstelle von den Kirchenkreisen zur Landeskirche übergegangen ist.

Pfarrer Terpitz (siehe auch seinen Bericht) legt heute einen Antrag zur Beteiligung an der Kampagne »Entschuldung« vor. Dieser kirchliche Vorstoß ist von großer Bedeutung. Es ist wichtig, daß wir in dieser Sache nicht nur mit Ratschlägen präsent sind, sondern auch mit der Tat.

8. In diesem Zusammenhang weise ich hin auf den Bericht des Synodalbeauftragten für Bewahrung der Schöpfung. Bruder Doepner berichtet von der Aktion »Zukunft Leben«. Mich hat damals die mahnende Ansprache sehr bewegt, in der Christine von Weizsäcker deutlich gemacht hat, wie schwer sich die Menschheit tut, die für das Leben unausweichlichen Fragen auf die Tagesordnung zu bringen. Ich denke, wir können je in unserem Lebensfeld doch noch manches tun, um die sog. Umwelt zu schonen und schützen. Ich bin dankbar dafür, daß Bruder Doepner dieses Thema umrissen hat.

9. Der Frauenausschuß befaßt sich mit der Bedeutung des Apostolischen Glaubensbekenntnisses. Ich finde gut, daß die grundsätzliche Frage des Bekenntnisses gründlich behandelt wird. Auf den inhaltsreichen Bericht der Frauenbeauftragten weise ich bei dieser Gelegenheit hin.

10. Zum Schutz des Buß- und Bettages wie des Sonntags ist in unserer Kirche des öfteren das Wort erhoben worden - bisher mit bescheidenem Erfolg.

*11. E*ine positive öffentliche Wirkung hat die neue Kirchenzeitung *PROtestant*. Sie war angeregt worden vom Kirchenkreis Bonn und wird nun für zwei Jahre von unserem Kirchenkreis finanziell und inhaltlich mitgetragen.

12. Verschiedentlich wird die Stimme der Kirche zu öffentlichen Themen erbeten. Manchmal bleibt sie dann m. E. zu schwach und unklar. So zur *bioethischen* Konvention. Es ist schwierig, mit den Fachfragen umzugehen und auch mit dem Abwägen der Werte - und doch gehen die Fragen vielleicht zu sehr an uns vorüber - wir könnten reden und tun es nicht - und andere werden und müssen entscheiden.

Wir müssen sehen, daß diesem Zögern die mit tiefstem persönlichen Ernst gestellte Bitte derer gegenübersteht, die aus eigener Nähe es als ganz unerträglich erfahren haben, daß der Forschung Wege geöffnet werden, die sich an der Würde des Menschenlebens offenbar nicht messen lassen. Wir sind doch hier wohl wie im Falle der Atomenergie an den Punkt gekommen, an dem es gilt, den Ausstieg und den Verzicht zu prüfen.

Es ist genuin biblisch, nach dem Maß des Menschen zu fragen; nach dem, was an Erkenntnis tödlich ist; den Leben schenkenden Willen Gottes von dem zu unterscheiden, was der Mensch will und für Leben hält. Der Schutz des Lebens gehört zu unseren Pflichten; auch der Schutz des ungeborenen Lebens. Und der Schutz der Kinder, die zu wenig Raum haben in unserer Gesellschaft; die Seelen der Kinder sind gefährdet durch das, was sie an den Älteren erleben müssen. Im Leben der Kinder stehen wir vor einer hohen Pflicht - wer hier nichts sehen will, der stellt sich außerhalb des Sinns menschlichen Lebens überhaupt.

Was unser Glaube zu sagen hat, ist nicht immer allen gefällig - das müssen wir bedenken bei unseren Hausbesuchen, Dialogen, Predigten.

Zur Bioethik haben wir in den Pfarrkonventen vor einigen Wochen einen bewegenden Vortrag von Günter Altner gehört: auch er hat deutlich gemacht, daß wir auf keinen Fall auf eigenes Urteil und auf ein klares Wort in dieser Sache verzichten dürfen.

Im Frühjahr hatte ich Parteien und Mediziner zu einem Hearing zur *Bioethik*-Konvention nach Bonn ins *Haus der Kirche* eingeladen. Es gab einen merkwürdigen Gegensatz: In großer Deutlichkeit kam aus allen Parteien die Sorge, es könnten Inhumanität und Willkür einziehen in die geschützten Bereiche des menschlichen Lebens - und auf der anderen Seite gab es viel Schweigen und Nichtbeachten im medialen Echo.

Mich bewegt das; weil das Wegsehen und Wegdenken doch eingesehener Weise zu den großen Sündenfällen dieses Jahrhunderts geführt hat.

Die *Wehrmachtsausstellung* hat - wie immer man hinsichtlich der historischen Genauigkeit und der Nachvollziehbarkeit ihrer Absicht und, *wie gesagt*, hinsichtlich der Bedeutung von *Bildern* urteilen mag - diese Fragen wachgehalten und neu heraufgeführt. Als ich dort war, hatte ich den Eindruck, daß sich für Jugendliche mit den furchtbaren Bildern etwas ganz Unbekanntes auftat.

Hat sich der Mensch so gewandelt, daß dies nicht alles täglich neue Mahnung bleiben muß? Für die Gegenwart und die Zukunft? Haben die Nazis nicht manches vollzogen, was mit der Neuzeit immer noch als Versuchung lauert?

Und was also weitergehen könnte - es begann einst mit der Verachtung der Religion und mit der Selbstherrlichkeit des autarken Menschen - wer schützt uns heute vor Selbstherrlichkeit der Vernunft und der Hybris der Autarkie? Lassen wir nicht viel zu viel durchgehen als beliebig, weil wir zu wenig Mut haben, Werte zu formulieren und für sie einzustehen?

Barthold C. Witte, der dieser Synode angehörte, hat am 9.11.1998 im Alten Wasserwerk eine inhaltsreiche *Gedenkveranstaltung* durchgeführt - wir hörten u.a. Prof. Guy (ursprünglich Günter) Stern, geboren 1922 in Hildesheim, jüdischer Herkunft, 1937 ausgewandert, also geflohen, der seine ganze Familie in der Schoah verlor - und fragte am Schluß seines Lebensberichts mit Heinrich von Kleist, ob nicht neue Erkenntnis zu neuer Unschuld werde führen können. Es wird Erkenntnis sein müssen, die sich dem Evangelium verdankt, meine ich, und also - noch einmal: dem Hören.

Wilhelm Bleek, der Sohn unseres Amtsbruders Friedrich Bleek, hat vor einigen Tagen in Bonn noch einmal erinnert an das Schicksal der aus Bonn vertriebenen *Familie Kahle* - endlich hat die Universität Bonn dazu ein Wort gefunden - auf die nun edierten Texte von Marie und Paul Kahle weise ich hin.

Unser Pfarrkonvent hat in Nîmes ein Denkmal für den *französischen Widerstand* aufgesucht und dort bewegenden Kontakt mit Vertretern der Stadt und jener evangelischen Kirche gehabt, in der der Widerstand immer ein notwendiger Lebensfaktor war. Wir haben daran gedacht, daß es Widerstand gegen das Naziregime hier in unseren Gemeinden gegeben hat - verbunden mit Namen wie Heinrich Kolfhaus in Bad Godesberg und Hermann Strakerjahn in Euskirchen oder auch mit denen von Zeitzeugen wie Friedrich Bleek und Klaus Lohmann. Und viele Presbyter wären zu nennen. Um der Gegenwart und der Zukunft willen müssen wir uns erinnern.

Vor wenigen Tagen hatten wir als Gastprediger hier den polnischen Bischof Szarek aus Warschau, vor einem Jahr Bischof Nossol aus Opole (Oppeln) - nie ohne Frage nach dem, was war und was unsere Gegenwart deshalb ist. Ich sehe auch künftig unsere besondere Aufgabe darin, vom Evangelium her unserer Zeit zu dienen mit klarem Wort und beim Namen zu nennen, was hinter eiligen Bildern untergehen könnte.

13. Wenn wir auf die Wende 1999/2000 zugehen, dann sollen wir deshalb nicht so sehr an die Jahrtausendwende denken, sondern an *Ende und Beginn eines Jahrhunderts.* Es gibt vieles festzuhalten, neu zu durchdenken: Das was war, was bleiben muß, was kommen soll, was zu hoffen ist - wie wollen wir dieses Jahrhundert in Gottes Hand legen - welche Worte gibt es - und was wagen wir eben als Christen zu sagen?

Es gibt unter uns schon manche Pläne für das kirchliche Begehen der Jahrhundertwende. Einmal in den Gemeinden. Hiervon habe ich aber nur eine ganz partielle Kenntnis. Dann in den Kirchenkreisen. Hier ist *einmal* etwas Gemeinsames vorgesehen mit der Katholischen Kirche und der Arbeitsgemeinschaft Christlicher Kirchen, u.a. ein Ökumenischer Stadtkirchentag in Bonn im Herbst 2000 (22.-24.9. 2000). *Dann* etwas nur Evangelisches in der Gemeinschaft der drei Kirchenkreise. Hier gibt es die Anregung, etwas anzustoßen, was in die Gemeinden hineingehen kann und von ihnen in je eigener Weise aufgenommen wird. Etwa das Thema Bibel - eine wandernde Bibel könnte in den Gemeinden jeweils mit Einzelthemen verbunden werden - mit besonders wichtigen Stellen und Büchern der Bibel; mit der Bedeutung einzelner Ausleger der Hl. Schrift u.a.m. *Ferner*: Schon vor längerer Zeit habe ich für unseren Kirchenkreis eine Veranstaltungsreihe angeregt, für die auch die Mitarbeit des Pädagogisch-Theologischen Instituts in Bad Godesberg und der Schulabteilung des Landeskirchenamts gewonnen wurde: Wir wollen vom Advent 1999 bis zum Advent 2000 zu einer Reihe von Vorträgen und Kunstveranstaltungen in das neue PTI einladen - Thema: *Ev. Bilanz eines Jahrhunderts - Perspektiven für das neue Jahrhundert.* Aus Politik, Theologie, Pädagogik usf. soll ein Fazit versucht werden im Sinne von Rechenschaft und Hoffnung. Der christliche Glaube soll sich zu wichtigen Zeitfragen aussprechen. Er soll in seiner Eigenart und seiner Bedeutung erkennbar werden.

14. Ein weiterer Plan: Innerhalb unseres Kirchenkreises haben wir den Wunsch, daß sich die Presbyterien kennen lernen und miteinander austauschen. Der KSV hat deshalb vor, Anregungen hierzu aufnehmend, im Frühjahr anstelle der Synode und an ihrem Termin (5.6. 1999) zu einen *Presbytertag* einzuladen. Die Vorbereitung liegt bei Herrn Pfarrer Doepner und Herrn Pastor Kleinebreil.

15. Zum Schluß: Beim Kirchenkreis wird, wie schon früher angekündigt und von der Synode gebilligt, die Gründung einer *Stiftung* vorbereitet, die mit Hilfe des Landes zunächst die Schaffung eines Vereins vorsieht, der von Familien unserer Gemeinden Schenkungen erhofft, um in der Zukunft wichtige Teile unserer Gemeindearbeit zu unterstützen. Es haben auf verschiedenen Ebenen Gespräche stattgefunden, mit der Kirchenleitung, mit dem Land. Dabei geht es um die Finanzierung der Aufbauphase. Alle Beteiligten sind zuversichtlich, daß wir in dieser Sache bald vorankommen.

Mit diesem Blick auf einen neuen Weg möchte ich heute abbrechen. Es wäre noch viel zu sagen. Vielleicht wird von Ihnen noch einiges ergänzt. Ich danke herzlich allen, mit denen ich in diesem Jahr zusammengearbeitet habe. Und ich danke über allem Gott für das, was er uns geschenkt hat.

11. Was ist der Mensch, daß du seiner gedenkst?

Wachtberg-Niederbachem (Gemeindezentrum), 13. November 1999

In vierzehn Abschnitten habe ich einiges aus dem Leben in unserem Kirchenkreis und in unseren Gemeinden für den heutigen Bericht zusammengestellt. Vieles andere hätte hinzugefügt werden können. Das meiste gehört dem Bereich der aktuellen Arbeit an; manches muß der Fülle wegen unerwähnt bleiben. Und ich weiß, daß für unser Gemeindeleben und für das persönliche Leben der einzelnen Christenmenschen manches andere wichtiger ist als das, was hier gesagt werden kann. Es geht jetzt ja meist um Vorletztes, oft allerdings um Aufgaben, die wir auf uns nehmen sollen. Nur hier und da berühre ich den unsichtbaren ewigen Horizont unseres Lebens, wie jetzt zu Beginn.

1. Gedenken

1.1. Unerwartet und früh war Abschied zu nehmen von *Wolfgang Dietzel*, der im Alter von 67 Jahren am Donnerstag, dem 4.11.1999, aus dieser Zeit abgerufen worden ist. Der langjährige Kantor der Johannes-Kirchengemeinde hat leidenschaftlich gewirkt; er hat Menschen begeistert; hat Menschen begleitet - ein Künstler war er und ein Seelsorger. Ich habe ihn immer freundlich erlebt, bereit zum Humor, auch zu einer Ironie, einer großzügigen. Ich denke dankbar an diesen Menschen, der ohne Klage und ohne Verleugnung des Persönlichen ein reiches Arbeitspensum auf sich genommen hat. Es tat gut, wenn man mit ihm zu tun hatte. Am Schluß gab es einen Ausflug ins Laienspieltheater; die »Physiker« von Friedrich Dürrenmatt wurden dargeboten. Ich freute mich, als ich es hörte; konnte es mir gut vorstellen; und nahm es als Ausdruck guten Mutes und aktiver Freiheit im sogenannten Ruhestand. Ganz unerwartet kam nun am Freitag vor einer Woche die Nachricht von seinem Tode. Wir sind der Familie verbunden. Die Freundschaft Wolfgang Dietzels reichte weit - viele Menschen folgten dem Sarge. Wir befehlen unseren Bruder in die Hände unseres himmlischen Vaters.

1.2. Als diese Worte für den heutigen Bericht niedergeschrieben waren, kam die Nachricht vom Tode des Altbischofs D. *Hermann Kunst* (gest. am 6.11.1999). Der 1907 Geborene hat Jahrzehnte in Bonn gewirkt und in der politischen Öffentlichkeit ein großes Ansehen genossen. Als langjähriger Bevollmächtigter der EKD bei der Bundesregierung ist er aus der Geschichte der Bundesrepublik nicht wegzudenken. Er war ein Mann der Kirche, der gehört und gefragt wurde. Er stand für eine würdige Beziehung zwischen Staat und Kirche und hat zum guten Stil des öffentlichen Lebens beigetragen. Manche nannten ihn »Vater Kunst«. Kunst hat vielen Menschen geholfen, die aus der damaligen DDR den Weg in den Westen suchten. Davon wird sicher später einmal genauer berichtet werden. Wir gedenken seiner dankbar; mancher von uns ist ihm des öfteren begegnet. Er nahm am hiesigen kirchlichen Leben teil, wußte gut Bescheid, vergaß Persönliches nicht. Immer fand ich ihn liebenswürdig, geistesgegenwärtig, bescheiden. So hat er viele Menschen dazu ermutigt, wie er ohne viel Aufhebens Wege der Vernunft und der Achtung voreinander zu suchen.

Jeder von uns könnte nun fortfahren im Gedenken. Und es möge auch jede und jeder das bei sich selbst tun; es ist wichtig. Das sich neigende Jahrhundert mit seinen für unser Land so unterschiedlichen beiden Jahrhunderthälften verlangt, immer noch einmal von vorne dieses saeculum zu bedenken. Zu werten, zu bewahren, zu lernen. Und jede und jeder von uns bewahrt ja Menschenleben in seinem Herzen. Möge dies alles geschehen im Licht der Gnade Gottes. Und in der Zuversicht des Glaubens, der nicht sieht und doch hofft.

Wir werden am Schluß noch einige Worte sagen zu den Veranstaltungen, die in unserer Kirche vorgesehen sind zur Jahrhundertwende, nun aber zunächst ein kurzer Gang durch das hinter uns liegende kirchliche Jahr.

2. Partnerschaft

2.1. Uns bewegte und bewegt die Lage in *Mbandaka im Kongo*. Die Nachrichten hießen und heißen: Krieg, Not und Mangel. Der Kontakt war schwierig. Unsere kleinen Hilfen dorthin zu schaffen, war schwierig. Hiltrud Pfnorr-Leihner hat in ihrem Bericht niedergeschrieben, was möglich war. Wir denken dankbar an den Besuch von Ngole Bonanga im Mai des Jahres. Auch im kommenden Jahr erhoffen wir Besuch aus Mbandaka. Dorthin zu fahren, ist z.Zt. nicht möglich. Die Einladung gilt Pfarrer Eliki Bonanga, Superintendent Belandja und Natana Weteto, der zuletzt 1998 bei uns gewesen ist. Es ist wichtig für uns, in unsere geistliche Aufmerksamkeit die Nachrichten aus Mbandaka immer wieder aufzunehmen, sie zu bedenken und sie mit unserem Gebet zu umschließen.

Von anderen Partnerschaften nach Afrika sei die der Ev. Gemeinde Weilerswist mit dem Andreas-Kukuri-Zentrum in Namibia erwähnt; sie wird intensiv gepflegt. Alle Völker sind berufen, einst im Frieden und in Freude miteinander verbunden zu sein vor Gott. Wenn wir unser Herz den Partnergemeinden im fernen, nahen Afrika erschließen, dann öffnet unser Glaube die Augen für diese große wahre Zukunft der Menschheit.

2.2. Mit Sorgen und mit Gebeten haben wir im Pfarrkonvent und in den Gemeinden den Krieg im *Kosovo* begleitet; wir waren bemüht um Information und um eigenes Urteil. Wir haben gebetet um Frieden. Unsere Fürbitte galt und gilt allen Menschen, die in Not sind wo auch immer - jetzt besonders in Tschetschenien; und dort, wo Naturkatastrophen Verwüstungen angerichtet haben. Für die Godesberger Partnerstadt Yalova gab es Hilfsaktionen.

2.3. In den Gemeinden sind die Partnerschaften zu Gemeinden in der ehemaligen DDR gepflegt worden. Menschliche Nähe, Freundschaften und die Gemeinsamkeit des evangelischen Glaubens sind ein Band, das nicht nur dem geteilten Land zugute kam, sondern das den heute notwendigen Dialog erleichtert. Vor zehn Jahren standen wir vor dem Wunder, daß die Mauer fiel. Man konnte sich damals nicht vorstellen, die Dankbarkeit dafür könnte je erkalten. Heute fügen wir hinzu: Manchmal müssen wir doch wieder hinabsteigen ins eigene Herz, um nicht zu vergessen, was uns geschenkt ist; und sich daraus erneut befähigen zu lassen.

2.4. Unsere Gemeinden haben Kontakte und zum Teil enge Beziehungen nach Rußland, Polen, Estland, Lettland und Litauen. Das

Elend in Kaliningrad, dem früheren Königsberg, in den Krankenhäusern, unter den Kindern auf der Straße, hat in der Heiland-Kirchengemeinde zu einer nachhaltigen Hilfsaktivität geführt. Bruder Wachowsky hat vor einem Jahr bereits der Synode berichtet. Die Johannes-Kirchengemeinde (Friedenskreis) hilft Menschen in St. Petersburg. Anderes ließe sich hier anschließen. Es sind Beispiele für die Teilnahme unserer Gemeinden an Aufgaben, die weit hinausgehen über das engere Lebensfeld.

2.5. Hierher gehört der Versuch, Menschen beizustehen, die Asyl suchen, weil sie in ihrer Heimat gefährdet sind. Hier ist besonders die Ev. Gemeinde Weilerswist zu nennen. Sie hat über lange Zeiträume hinweg zwei kurdischen Familien beizustehen unternommen. Möge es gelingen, zu einem guten Ende zu kommen für die Familien, die ihre Abschiebung fürchten.

2.6. Bewußt beteiligen wir uns an der Arbeit des *Gemeindedienstes für Mission und Ökumene.* Die Vollversammlung des ÖRK in Harare ist aufmerksam wahrgenommen worden. Bruder Matthes hat über sie im Pfarrkonvent berichtet. Wir haben die Forderung nach einem Erlaßjahr 2000 unterstützt.

Zu erinnern ist an die große Unterschriftenaktion. Der Godesberger Gemeindebrief zeigte ein Foto: Annetje Brandt vom Marienforster Friedenskreis sammelt Unterschriften.

3. Gottesdienst. Dies alles legt sich herum in weiten Feldern um das gottesdienstliche Leben der Gemeinden. Jeder von uns hat daran Anteil und hat darin Hilfe und Freude. Auch an den neuen Wegen, die wir gehen. Die erste Thomas-Messe im September des Jahres in der Pauluskirche hat ein intensives Echo gefunden.

Das neue *Gesangbuch*, zu dessen endgültiger Gestalt aus unserem Kirchenkreis manche Anregung gekommen war, wird in seinem Reichtum in unseren Gemeinden sehr geschätzt. Nun sehen wir gerne der Einführung des Evangelischen Gottesdienstbuchs am 1. Advent entgegen. Zum ersten Mal werden wir damit eine gemeinsame Agende für die unierten und die lutherischen Gemeinden in Deutschland haben.

4. Jugend. Die Jugend ist einem Übermaß von Veränderungen und Informationen ausgesetzt; und zugleich einem Mangel an Leitbildern. Ob die Mutlosigkeit der Älteren manchmal daraus herrührt, daß sie selbst meinen, Lebenssinn und Jugendlichkeit seien miteinander verschwistert, Alter und Lebenssinn aber nicht? Ob der Glaube nicht doch mehr nach Worten und nach Mündigkeit überhaupt suchen muß? Und auch nach sichtbarer Gestalt?

Die Landessynode hat sich sehr dafür eingesetzt, junge Menschen stärker als bisher in das Leben und auch in die Verantwortung der Gemeinden einzubeziehen. Ich denke, daß die Gemeinden bemüht sind, neue Wege des Miteinanders mit den jungen Menschen zu finden. Der Jugendpfarrer hat in seinem Bericht darauf hingewiesen, daß seine Hoffnungen auf Zusammenarbeit innerhalb des Kirchenkreises nicht am Ziel sind.

Um regelmäßigen Austausch zwischen dem Jugendausschuß und dem KSV zu haben, hat sich eine gemeinsame Arbeitsgruppe gebildet, die sich mit Fragen von Neuanschaffungen für die Jugendbildungsstätte befaßt hat, aber auch mit der Frage nach einem Umzug des Jugendpfarramts nach Merzbach. Die Empfehlung an den KSV hieß, diesem Plan zunächst nicht weiter nachzugehen.

Daß die Jugend des Kirchenkreises den regelmäßigen Austausch mit Jugendlichen in Israel pflegt, ist mir eine besondere Freude. Die besondere Geschichte, die uns mit Israel verbindet und derer wir am 9. November wieder gedacht haben, Vergangenheit und Gegenwart des Judentums in unserem Land werden hier bei uns durch den *Verein an der Synagoge* in bedeutender Weise bewußt gemacht. Für die Arbeit des Vereins und seines Vorsitzenden Pfarrer Klaus Kohl bin ich dankbar.

Eine besonders Freude waren auch die Aktivitäten in der Jugendarbeit der Johannes-Kirchengemeinde; zu erinnern ist an die wiederholte Beteiligung unserer Jugend am Internationalen Begegnungsfest im Juni (12.6.1999).

In Godesberg sind die 4- bis 14jährigen jetzt von einem Malwettbewerb angesprochen worden, den Frau Dr. Hagenberg-Miliu auf den Weg gebracht hat. Das Thema war: »Mein Zukunftstraum«. Am 11. Dezember wird die Preisverleihung sein.

5. Solidarität mit den Frauen. In unserem Kirchenkreis ist durch die Arbeit des Frauenauschusses und der Frauenbeauftragten viel bewegt worden. Im Chor derer, die darüber berichten und das Geschehene auswerten für die Zukunft, gibt es zwar immer wieder unterschiedliche Töne. Aber schließlich heißt es für den Frauenausschuß doch immer: Er hat bleibenden Sinn, er hat noch viel Arbeit, noch viel Gemeinsamkeit vor sich. Und er sucht nach einer Zeit eines eigenen Weges Dialog und Zusammenarbeit mit den Männern in unseren Gemeinden.

Aus der Stelle der Frauenbeauftragten schied Jutta Manecke unversehens früh im Juni (30.6.1999) aus. Wir haben ihr für ihre Arbeit, für eine Fülle von Anregungen und für ein Netzwerk guter Beziehungen in unserem Kirchenkreis und über ihn hinaus sehr gedankt. Früher als erwartet stellte sich damit die Frage nach der Zukunft dieser Stelle, die nach einer schon geschehenen Verlängerung bis zum kommenden Frühjahr befristet ist. In Sabine Cornelissen war aber bald jemanden gefunden, der bereit war, in diese besondere Situation einzutreten. Das Arbeitsfeld der Frauenbeauftragten liegt ihr. Ich denke, wir können dankbar sein dafür, daß diese Nachfolgerin gefunden worden ist. Sie konnte nahtlos (ab 1.7.1999) an die Arbeit von Frau Manecke anschließen. Wie es mit diesem Arbeits- und Lebensfeld unseres Kirchenkreises weitergeht, ist gleichwohl offen. Die Synode wird darüber zu befinden haben, ob es auch in Zukunft eine Frauenbeauftragte in unserem Kirchenkreis geben wird. Der KSV empfiehlt der Synode, darüber erst im Frühjahr 2000 zu entscheiden. Es wäre so Frau Cornelissen Gelegenheit gegeben, sich noch weiter einzuarbeiten in das rasch übernommene Gebiet und auch die synodale Beratung zusammen mit dem Frauenausschuß vorzubereiten.

Die Vorsitzende des Frauenausschusses, Telse Kraaz, war nun schon längere Zeit durch Krankheit an der Ausübung ihrer Tätigkeit gehindert. Auch das hat uns dazu geführt, der Synode zu empfehlen, über die Zukunft der Stelle einer Frauenbeauftragten in unserem Kirchenkreis erst in einem halben Jahr zu entscheiden. Das gleiche gilt für die Stelle von Helga Berbuir. In beiden Fällen handelt es sich um Teilzeitstellen. Der KSV hat vorsorglich mit Sperrvermerk Beträge für eine Fortführung der Arbeit in den Haushalt eingesetzt. Näheres wird dazu später bei der weiteren Tagesordnung zu sagen sein. Frau Kraatz gelten auch von hier aus unsere herzlichen guten Wünsche. Ich denke, die Synode wird sich dem gerne anschließen.

6. *Öffentlichkeitsarbeit.* Die Öffentlichkeit fragt nach dem Wort der Kirche. Es ist gut und notwendig, daß die Kirche sich zu Wort meldet zur sozialen Gerechtigkeit, zur Bioethik, zur Friedensethik, zum Verhältnis zwischen Christentum und Kultur, zur Sonntagsruhe. Das gilt für die Ebene der EKD ebenso wie für die der Landeskirche, der Kirchenkreise und Gemeinden.

Nach dem Ausscheiden von Svantje Krüger, der Medienbeauftragten für unsere drei hiesigen Kirchenkreise, haben wir zunächst für unseren Kirchenkreis keine erneute Beauftragung ausgesprochen. Dann ist Pfarrer z.A. Jochen Kleinebreil im Rahmen des Hilfsdienstes nach Kräften eingesprungen ist, wo es galt, wenigstens ein Mindestmaß an Öffentlichkeitsarbeit wahrzunehmen. Ihm ist dafür herzlich zu danken. Der KSV hat mehrfach darüber beraten, wie es hier weitergehen kann. Er ist der Auffassung, daß wir wie die Nachbarkirchenkreise wieder ein festes Arbeitsfeld installieren müssen. Und zwar nur für unseren Kirchenkreis, weil die Überlastung von Frau Krüger deutlich gemacht hat, daß die Schranken enger zu ziehen sind, als wir es seinerzeit getan haben. Auch ist es wichtig, daß mehr als bisher und mit gleichem Recht wie die Gemeinden in Bonn-Bad Godesberg auch das Oberland in dieser Arbeit in Erscheinung tritt.

Der KSV schlägt der Synode vor, einen Arbeitskreis einzusetzen, der zur Frühjahrssynode ein Konzept für die Öffentlichkeitsarbeit vorlegt. Auf seiner Grundlage wird die Synode dann über die Ausstattung des notwendigen Arbeitsfeldes entscheiden können. Vorsorglich hat der KSV auch hierfür mit Sperrvermerk einen Betrag in den Haushalt eingesetzt.

7. *Diakonie.* Zur weit ausholenden Arbeit der Diakonischen Werke und der Beratungseinrichtungen verweise ich auf die Berichte. Auf dem Gebiet der häuslichen Pflege haben wir erlebt, wie schwierig es

Abb. 20 *Pauluskirche, Bad Godesberg (Friesdorf)*

ist, sich auf dem sog. Markt von Anbietern mit dem Besonderen der kirchlichen Diakonie zu behaupten. Ich hoffe auf enge Verbindung der Diakonie mit dem kirchlichen Leben.

Diakonie ist nicht einfach Mission, natürlich nicht; aber sie soll die geistliche Zuversicht unserer Gemeinden mit sich führen, soll in ihr fußen und uns allen dazu verhelfen, über die Maße unseres Lebens im Glauben nachzudenken; über die Aufgaben, die wir aneinander haben. Über das, was wir einander bedeuten. Was Kindheit ist und was Alter. Und wie der Schutz des Lebens aussehen muß.

In Godesberg ist die Pfarrerschaft mit dem Diakonischen Werk der Kirchenkreise Bonn und Bad Godesberg-Voreifel in einer Gespräch über die künftigen Möglichkeiten eingetreten, den Dienst der Diakonie und den der Gemeinden von neuem aufeinander zu beziehen.

Die Finanzierung der Diakonischen Werke ist bzw. wird auf eine neue Grundlage gestellt, so daß sie künftig wie bei den Gemeinden unmittelbar auf das Kirchensteueraufkommen bezogen ist. Möge dies der richtige Weg sein; ein einfacher ist er nicht, denn die Anforderungen an die Diakonie wachsen immer noch.

Viel, sehr viel liegt an den Personen. Als wir von Ilse Alder in Godesberg (am 25.4.1999) mit großem Dank Abschied nahmen, ist einiges in dieser Beziehung gesagt worden. In meiner eigenen Gemeindearbeit hatte ich besonderen Grund, Hans-E. Loibl besonders für seinen Einsatz dankbar zu sein.

8. Pfarrstellen und übergemeindliche Beratungen. Die Bewertung der Pfarrstellen ist in der rheinischen Kirche dahin verändert worden, daß mehr »Punkte« als früher in einem Punktekatalog erfüllt sein müssen, um die Notwendigkeit einer Pfarrstelle zu erweisen. An der Bedeutung des pfarramtlichen Dienstes gibt es indes überhaupt keinen Zweifel. Im Gegenteil. Die befragten Gemeinden haben deutlich zu verstehen gegeben, daß das, was an gemeindlicher Existenz in den Pfarrhäusern versucht wird, für unbedingt notwendig und erhaltenswert gehalten wird. So deutlich, daß die Pfarrerinnen und Pfarrer und ihre Familien das nur mit Dankbarkeit aufnehmen können. Die Finanzierung der Pfarrstellen im bisherigen Umfang ist indessen in unserem Kirchenkreis nicht in allen Gemeinden möglich. Dies gilt für jene Gemeinden in der Stadt, die zahlenmäßig kleiner geworden sind. Es stellt sich seit längerem die Frage, wie zu verfahren sein wird, wenn Pfarrstellen freiwerden.

Nun muß man eines bei allen offenen Fragen zuerst sagen: Es gab und gibt bei uns keinen erheblichen »Überhang« an Pfarrstellen, wie er in einigen anderen Kirchenkreisen zu erheblichen Einbußen führen mußte. Es geht bei uns um ein behutsames Nachzeichnen der Veränderungen. Namentlich sind Pfarrbezirks- und Gemeindegrenzen in Bad Godesberg neu zu ziehen. Die Fragestellung tritt zwar zu unterschiedlichen Zeitpunkten an die Gemeinden heran, aber es läßt sich doch - u.a. mit Hilfe von Zuweisungen von Pfarrerinnen und Pfarren z. A., also *pastores*, die nur auf Zeit die Aufgaben einer Pfarrstelle wahrnehmen - wohl so einrichten, daß Zeitgleichheit für die notwendigen Maßnahmen erzielt wird.

Nach meinem Urteil empfiehlt sich nicht die Einrichtung von Teilpfarrstellen mit 50% oder 75% des Pfarrdienstes. Das wäre schon deshalb ein Widerspruch in sich, weil es kein Zeitmaß für einen 100% Pfarrdienst geben kann. Das hängt mit jenem Pfarrbild zusammen, das wir eben berührt haben und das auch im Pfarrdienstrecht verankert ist. Die Erfahrungen mit Teilzeitpfarrstellen haben inzwischen die Schwierigkeiten sichtbar gemacht, auf die der eingeschränkte Pfarrdienst praktisch stößt. Im Pfarrkonvent und auch mir persönlich hat Pfarrer Knut Dahl-Ruddies darüber berichtet. Wir haben uns hierüber auch mit dem Vizepräses [Nikolaus Schneider] ausgetauscht, der nach zwei Besuchen einiger Gemeinden und Einrichtungen des Kirchenkreises auch den Pfarrkonvent besucht hat. Auch er rät zur Zurückhaltung bei der Einrichtung von Teilzeitstellen. Seit März 1998 hat ein Arbeitskreis aus den fünf Godesberger Gemeinden es unternommen, das Notwendige und Wünschenswerte für die Zukunft der Gemeindekonzeption, der Bezirks- und Gemeindegrenzen wie der Pfarrstellen zu ermitteln. Wir haben auch die Gemeindeberatung aus Düsseldorf hinzugezogen. Ich denke, daß aus diesen allgemeinen Beratungen nun konkrete Gespräche zwischen den Gemeinden hervorgehen müssen.

Andere, aber analoge Fragen haben sich bei den Oberlandgemeinden gestellt. So ist eine Gemeinde wie Bad Münstereifel so weitläufig, daß sie einen einzigen Pfarrstelleninhaber überfordert. Gleichwohl reichen die finanziellen Mittel nicht für eine Erweiterung des Pfarrdienstes aus. Ähnliches gilt für Flamersheim und Zülpich. Wir haben eingehende Gespräche mit der Gemeinde Bad Münstereifel gehabt.

Auf längere Sicht ist es auch hier angeraten zu fragen, ob nicht Nachbargemeinden zu einem gemeinsamen Konzept kommen können. Die Hilfe durch Pfarrerinnen und Pfarrer im Sonderdienst oder zur Anstellung ist ja immer nur eine Hilfe auf Zeit und dadurch von ihrem Wesen her nur eine Notlösung für eine Gemeinde.

Auch im Oberland gibt es seit Jahresbeginn zwei Arbeitskreise, geleitet von Pfarrer Felix Doepner (für die Gemeinden Wachtberg, Meckenheim, Rheinbach und Swisttal) und Pfarrer Dr. Eberhard Kenntner (für die Gemeinden Euskirchen, Flamersheim, Bad Münstereifel, Weilersweist und Zülpich), die sich mit diesen Fragen befassen und bald ihre Ergebnisse vorlegen werden.

9. Pfarrstellen: Aktuelles. In der Gemeinde Meckenheim sind die Pfarrer Stefan Gottmann (18.4.1999) und Jochen Siebel (3.10.1999) nach langjähriger Tätigkeit mit viel Dank und einer weit über die Gemeinde hinausgehenden Anteilnahme in den Ruhestand verabschiedet worden. Als Nachfolgerin von Pfarrer Gottmann ist Pfarrerin Angelika Schipper-Zädow am 15.8.1999 eingeführt worden. Ihre Nachfolge in Odendorf hat Pfarrer z. A. Volkmar Kamp angetreten.

Nachdem das Ehepaar Claudia und Dirk Stark in eine Pfarrstelle in Solingen berufen worden ist, ist zu unserer Freude Pfarrer z. A. Thomas Tillman nach Bad Münstereifel gekommen.

Dankbar sind wir dafür, daß das Pfarrerehepaar Dagmar und Dieter Schwirschke die Gehörlosenseelsorge im Bereich der Kirchenkreise An Sieg und Rhein, Bonn und Bad Godesberg-Voreifel zum 1.1. 1999 übernommen hat. Pfarrerin und Pfarrer Schwirschke sind schon bisher auf diesem Felde beim Stadtkirchenverband Köln tätig. Es ist möglich geworden, den dortigen Teilzeitvertrag durch die hiesige Berufung zu ergänzen. Die Francophone Gemeinde in Bad Godesberg mit Gemeindegliedern auch in Köln und Düsseldorf ist nach der Verabschiedung von Pfarrer Max Bourgeois (27.6.1999) z. Zt. noch ohne Pfarrer. Die Stelle ist durch die Rheinische Kirche noch für einige Jahre finanziert. Es gibt jetzt zwei Kandidaten für die Stelle.

In der Justizvollzugsanstalt Rheinbach lief der Zeitvertrag mit Pfarrer Matthes zum 31.7.1999 aus. Er ist jetzt aber bis zum 28.2.2005 verlängert worden. Mit dem Vizepräses OKR Nikolaus Schneider und Frau Pfarrerin Sylvia Szepanski-Jansen haben wir auch die Justizvollzugsanstalt in diesem Jahr besucht. Pfarrer Matthes hat eindrücklich von seiner Arbeit im Hause und von dem Zusammenwirken mit Gemeinden der Nachbarschaft berichtet.

Ungewiß ist noch, wie der pastorale Dienst an der jüngst erheblich erweiterten Fachhochschule in Rheinbach gewährleistet werden kann. Eine Anbindung an die Bonner ESG wird den Erfordernissen nicht genügen; es liegt jetzt aus dem Landeskirchenamt eine Anfrage vor, ob im Rahmen des Sonderdienstes von hier aus geholfen werden kann.

10. Verwaltungsoptimierung. 1998/1999 hat die GMO (Gesellschaft für Management- und Organisationsberatung mbH) auf Wunsch unserer Synoden die Verwaltungsdienststellen in den Kirchenkreisen Bad Godesberg-Voreifel und Bonn daraufhin befragt, ob die Verwaltungsvorgänge vereinfacht werden und kostengünstiger als bisher werden können.

Das Nebeneinander der verschiedenen Dienststellen hatte immer wieder zu der Frage geführt, ob nicht durch Zentralisierung »Synergieeffekte« erzielt werden können.

Die GMO ist in der Tat zu diesem Schluß gekommen und hat ihre entsprechenden Ergebnisse jetzt im Oktober den Vertretern der Gemeinden und Gremien vorgetragen. Nach den Erhebungen der GMO könnten durch Zentralisierung insgesamt 2,66 Stellen eingespart werden. Die Vorschläge der GMO gehen darüber hinaus. Sie hält für ratsam, daß die Gemeinden die Ämter von einer Reihe von Aufgaben entlasten und die Aufgaben, die eine besondere Nähe zu der jeweiligen Gemeinde voraussetzen, »vor Ort« wahrgenommen werden. So könnten in den Ämtern etwa fünf weitere Stellen frei werden. In der Regel müßte dann aber bei den Gemeinden selbst für diese Arbeiten Personal eingestellt und Raum vorgehalten werden. Die GMO gibt zu bedenken, ob hier ehrenamtliche Tätigkeit helfen könnte. Dies ist aber allgemein skeptisch aufgenommen worden. Gegenwärtig ist die Verwaltung in Bonn, im Gemeindeverband, besonders teuer. Erst wenn hier eine Verschlankung eingetreten ist und wenn sich auch die Godesberger Stadtgemeinden zu einem neuen, »schlankeren« Versorgungstypus entschließen würden, so wie er jetzt schon für die Oberlandgemeinden existiert, kann an eine Zentralisierung gedacht werden. Bei einer unvorbereiteten Zusammenlegung müßten unsere Oberlandgemeinden rote Zahlen bei den Stadtgemeinden, besonders denen, die dem Gemeindeverband angeschlossen, ausgleichen.

Ich habe das als nicht zumutbar abgewiesen und für zwei Stufen der Verwaltungsoptimierung plädiert. Dieser Gedanke hat dann Eingang in die Schlußempfehlungen der GMO gefunden.

In Bonn sehe ich ein besonderes Problem in der autarken Stellung des Gemeindeverbandes. Dort sind inzwischen Entscheidungen gefallen, die ein Zusammengehen mit unseren Dienststellen zunächst erschweren bzw. unmöglich machen.

Für unseren Kirchenkreis heißt die Frage aber, ob die Godesberger Stadtgemeinden sich für einen »schlankeren« Versorgungstypus entscheiden können und ob wir auf diesem Wege unsere beiden Ämter, das Verwaltungsamt in Bonn und das Godesberger Gemeindeamt miteinander verbinden können.

Dies ist mein Wunsch - er war es schon vor der Beratung der GMO. Durch die Beratung ist aber einiges deutlicher geworden. Auch ist im Zusammenhang dieser Beratung von den Ämtern, insbesondere von Herrn Assenmacher im Verwaltungsamt, wichtiges Zahlenmaterial zusammengetragen worden, das von den Gemeinden angefordert werden kann.

Der KSV wird in Bälde an die Godesberger Stadtgemeinden mit der Bitte herantreten, im Sinne der genannten Empfehlungen für eine erste Stufe der Optimierung Entscheidungen zu treffen.

11. Bauten. Von dem Bau neuer Kirchen und Gemeindezentren ist diesmal nicht zu berichten. Aber doch von wichtigen Baumaßnahmen. In Zülpich ist der Altarraum der Kirche umgebaut und erweitert worden; durch Herausnehmen der tiefen Decke ist auch der Emporenraum vergrößert worden. In Pech ist der Umbau im rückwärtigen Bereich der Kirche abgeschlossen worden, so daß ein freundlicher Eingangsbereich und Platz für eine Orgel gewonnen worden ist.

In Bad Münstereifel ist an der Kirche nach Fertigstellung des wohlgelungenen Anbaus eine umfängliche Renovierung der Wetterseite notwendig und in Angriff genommen geworden. In Buschhoven ist die Restaurierung einer wertvollen Orgel vorgesehen.

In Euskirchen konnte der Neubau des seinerzeit zum zweiten Mal vandalistisch ruinierten Kindergartens am 14.8.1999 eröffnet werden. In Godesberg steht die Grundsteinlegung »der neu zu errichtenden Wohnungen für altengerechtes Wohnen und künftigen Zentrale der Schwesternschaft« (An der Nesselburg), getragen von der Frauenhilfs-Diakonieschwesternschaft, in wenigen Tagen bevor.

Auf der anderen Seite gibt es in unserem Kirchenkreis durchaus auch die Sorge, wie es gelingen kann, vorhandene Bauten zu erhalten und auch weiterhin zu nutzen. Dies gilt besonders für das Nathan-Söderblom-Haus in Bad Godesberg.

12. Zukunft mit Familien. Der Sammelverein, der der Stiftung »Zukunft mit Familien« vorgeschaltet ist und in dreijähriger Arbeit ihre Grundlagen schaffen wird, kann noch in diesem Jahr seine Arbeit beginnen. Während der drei Jahre wird unser Kirchenkreis jeweils DM 30.000 zur Teilfinanzierung der beiden notwendigen Stellen zur Verfügung stellen; es handelt sich um die Tätigkeit einer Moderatorin/eines Moderators hier vor Ort und die wissenschaftliche Begleitung des Pilotprojekts durch einen Mitarbeiter der Lehrstuhls für Familiensoziologie in Marburg. Unsere Synode hatte sich bereits vor zwei Jahren beschlußmäßig für dieses Projekt ausgesprochen.

Wir können erst jetzt mit der Arbeit beginnen, weil der Zuwendungsbescheid des Ministeriums für Frauen, Jugend, Familie und Gesundheit des Landes NRW erst jetzt (28.9.1999) erfolgt ist und sich zunächst nur auf die Zeit bis Ende 2000 bezog. Inzwischen ist aber geklärt, daß das Land NRW durch drei Jahre hindurch, bis Ende 2002, das Projekt mit DM 70.000 jährlich fördert.

Wir haben Grund zur Dankbarkeit gegenüber dem Land, das unser Projekt sehr freundlich aufgenommen hat. Unseren finanziellen Anteil haben wir etwas anheben müssen; es hing hieran die Bewilligung des Landes. Der KSV hat dem zugestimmt und bittet die Synode, die leichte Erhöhung, die der Haushalt ausweist, ebenfalls zu billigen. Bei den Gesprächen mit der Kirchenleitung und mit den Ministerien haben mich Ministerialrat Frank Bertsch und Dr. Dr. Harald Uhl sehr unterstützt; dafür danke ich ihnen herzlich.

13. Zum Schluß. Neben den schon genannten besonderen Veranstaltungen im Kirchenjahr 1998/1999 sei an einige besonderen Tage und Veranstaltungen erinnert:

8.3.1999. Der Kreisverband Bonn der Evangelischen Frauenhilfe im Rheinland feiert sein 70jähriges Bestehen.

24.3.1999. Unter dem Motto *»Berlin grüßt Bonn«* haben die Kirchenkreise An Sieg und Rhein, Bad Godesberg-Voreifel und Bonn zu einer Veranstaltung ins Kunstmuseum eingeladen. Sie hat viel Echo gefunden. Im Mittelpunkt stand ein Gespräch mit Bischof Professor Dr. Wolfgang Huber. Die Berliner Kirche unterrichtete über ihre Einrichtungen. Pfarrer z.A. Joachim Gerhardt (Bonn) ist zu danken für die Vorbereitung dieses Abends. Auch eine Nummer des *PROtestanten* hat unter der Redaktion von J. Gerhardt dem Bonn-Berlin-Umzug gegolten und auch in Berlin viel Anklang gefunden.

8.5.1999. Unsere Consynodale Oberin Helga Funk wurde mit dem Goldenen Kronenkreuz der Diakonie geehrt.

5.6.1999. Vorbereitet von Pfarrer Felix Doepner und Pfarrer z.A. Jochen Kleinebreil fand in Swisttal-Heimerzheim der erste *Presbytertag* - anstelle der Frühjahrssynode - statt. Die Möglichkeit zu Begegnung und Austausch ist freudig aufgenommen worden. Es waren besondere Themen für die Gesprächsgruppen formuliert worden wie: »Die Feier des Abendmahls«; »Gesucht: Frohe Kirche« oder »Kirche am Scheidewege«.

Ein Höhepunkt war schließlich der Auftritt des Kirchenkabaretts *Klüngelbeutel.* Am Schluß des Tages stellte Pfarrer Doepner fest: Man wird ihn von Zeit zu Zeit wiederholen. Ich konnte am 5. Juni nicht dabei sein und danke heute um so mehr allen, die für die Durchführung verantwortlich waren und den Abend durch ihre Teilnahme mit Leben erfüllt haben.

15.6.1999. Karin Gräfin Dönhoff wurde nach langjähriger Tätigkeit als Oberin der Johanniter-Schwesternschaft verabschiedet. Ihre Nachfolgerin ist Andrea Trenner.

19.8.1999. Anläßlich des langjährigen Bestehens der Partnerschaft zwischen Oxford und Bonn lud die ACK zu einem Festgottesdienst in Bonner Münster ein. Mit Recht hat nach der an sich eindrucksvollen Veranstaltung Pfarrer Rolf Schleßmann im *Weg* im Blick auf die Zukunft doch gefragt: »Und die Jugend«? Aber diese Frage gilt auch sonst an verschiedenen Stellen und ist doch im ganzen mehr Ausdruck einer Hoffnung als einer Sorge.

Im August/Oktober 1999 gab es in Münstereifel eine Ausstellung zur Geschichte der Gemeinde. Pfarrer i.R. Wolfgang Sassenscheidt hat eine Geschichte der Gemeinde geschrieben, die wohl bald vervielfältigt werden kann.

5.9.1999. An diesem Tage konnte die Ev. Gemeinde Meckenheim das 10jährige Bestehen ihrer Friedenskirche feierlich begehen.

22.9.1999. In der Johanneskirche und danach in der Stadthalle in Bad Godesberg ist das 150jährige Bestehen der Inneren Mission und Diakonie im Rheinland festlich begangen worden. Die Predigt hielt Präses Manfred Kock. Unser Gastchor aus Jaworze/Polen hat zu unserer Freude den Gottesdienst mitgestaltet. Zur Geschichte der *Rheinischen Diakonie* hat aus Anlaß des Jubiläums der Direktor des Diakonischen Werks, Dr. Reinhard Witschke, den informativen Band »Diakonie bewegt« herausgegeben (Köln 1999, SVRKG, Bd. 140).

Mit einem Festgottesdienst am 22.9.1999 in Bonn wurde das 30jährige Bestehen der *Evangelischen Krankenhaushilfe* EKH (»Grüne Damen«) begangen. Für ihren Einsatz in der Evangelischen Krankenhaushilfe wurde Ehrengard von Cossel mit dem Bundesverdienstkreuz geehrt.

Der *Posaunenchor der Godesberger Gemeinden* feierte am 23.10.1999 in der Erlöser-Kirchengemeinde mit einem Gottesdienst und einem Empfang sein 70jähriges Bestehen.

Am Reformationstag haben wir auch der Unterzeichnung der *Gemeinsamen Erklärung zur Rechtfertigungslehre* an diesem Tage in Augsburg gedacht. In beiden großen Kirchen ist die Zustimmung zu der intendierten Gemeinsamkeit groß.

Der lange Weg zu einer »Einheit in versöhnter Verschiedenheit« ist in seinem Ergebnis allerdings zur Zeit insofern nicht ganz klar erkennbar, als die abschließenden Textveränderungen nicht bekannt geworden sind.

In Godesberg hat an diesem Tage der World Council of Churches den Festgottesdienst in der Erlöserkirche mitgestaltet. Er war auf der *Weltklimakonferenz* mit seinen Delegierten vertreten und brachte der Gemeinde die Menschheitsaufgabe nahe, die mit dem Stichwort Klimawandel angedeutet ist. Bei einem anschließenden Empfang hat Klaus Töpfer in sehr persönlicher Weise von dieser Aufgabe als der Sache des einzelnen Christen gesprochen.

Oktober/November 1999: Unser Kirchenkreis und unsere Gemeinden unterstützen lebhaft die Kampagne zum *Schutz des Sonntags*. Parallel zu den Aktionen der EKD und der Landeskirche (Plakate, Aufkleber, Zeitungsannoncen) und zu der Unterschriftenaktion des WEG, die bei uns ein großes Echo gefunden hat, verschicken die Kirchenkreise Bonn und Bad Godesberg-Voreifel u.a. Materialien, die etwa auch für den Schulunterricht geeignet sind. Wir haben den Wunsch, daß nicht aus Gedankenlosigkeit und aus Konsumbezogenheit das wertvolle Gut der Sonntagsruhe noch weiter verloren geht. Von der Presse sind unsere Intentionen aufmerksam wahrgenommen worden. Für die Gemeindebriefe hat Frau Dr. Ebba Hagenberg-Miliu sehr dankenswert Argumente und Anregungen zusammengestellt.

14. Ganz zum Schluß. Zur Jahrhundertwende ist eine Fülle kirchlicher Veranstaltungen vorgesehen. In Bonn wird es bei Federführung der ACK unter dem Titel »Zwischen Himmel und Erde - Bonner Christen feiern 2000« durch das ganze Kirchenjahr hindurch einen gemeinsamen ökumenischen Weg von Veranstaltungen geben. Sie beginnen mit einem Gottesdienst am Samstag vor dem 1. Advent. Für den September wird ein ökumenischer Stadtkirchentag vorbereitet. Auch in Euskirchen wird im Jahr 2000 ein ökumenisches Stadtkirchenfest veranstaltet werden.

Die evangelischen Gemeinden des Raumes Bonn haben einen »Bibelweg 2000« vorgesehen, der durch das ganze Kirchenjahr führen wird und in symbolischer Weise die Bedeutung der Heiligen Schrift für die Evangelische Kirche bezeichnen wird. Eine große Wanderbibel beginnt ihren Weg am 1. Advent in Oberkassel, bei der ältesten Gemeinde der Region, und wird ihn bei der jüngsten Gemeinde, also hier in Wachtberg, am Ende des Kirchenjahres beschließen.

In Bad Godesberg beginnt in der ersten Adventswoche mit der Aufführung des *Requiems für einen polnischen Jungen* von Dietrich Lohff eine Veranstaltungsreihe, die uns durch das ganze Kirchenjahr begleiten wird und unter dem Titel *Nachdenken - Vordenken. Evangelische Perspektiven zur Jahrhundertwende* sammelt. Neben unserem Kirchenkreis wird diese Reihe vom Pädagogisch-Theologischen Institut und von der Abteilung IV des Landeskirchenamts getragen. Es ist gelungen, eine wirklich gute Themenreihe zusammenzustellen und die Mitarbeit berufener Zeitgenossen zu gewinnen. Einladend weise ich auf die Plakatierung auch heute hier im Raum hin.

In Merzbach lädt das Jugendpfarramt zum Wochenende 3./5.12. 1999 ein unter dem Motto »Ein Jahrtausend geht - na und?«. Pfarrer Gisbert Hatscher hat dazu in Bericht und Einladung Näheres gesagt.

Im übrigen bereiten wir die Presbyterwahlen im Februar des nächsten Jahres vor. Ich freue mich zu sehen, daß sich viele Gemeindeglieder auf dieses Ehrenamt haben ansprechen lassen. Dies paßt gut zu einem letzten Wort, das Dank heißt.

Dank allen Ehrenamtlichen, Neben- und Hauptamtlichen, die in dem vergangenen Jahr das Beste der Menschen und Gemeinden gesucht haben. Dank meinerseits insbesondere meinem Kreissynodalvorstand, meinem Presbyterium, den Mitarbeiterinnen und Mitarbeitern in den verschiedenen Ämtern, und natürlich in der Superintendentur.

Am Ende dieses Jahres und dieses Jahrhunderts habe ich immer wieder an Psalm 8, 5 denken müssen: »Was ist der Mensch« - und an die unverdiente Fortführung dieses Gebets: »Daß du seiner gedenkst«. Es liegt in diesem Wort meine ganze Zuversicht für uns alle.

12. Perspektiven der Ökumene

Bad Godesberg-Mehlem (Heilandkirche), 11. November 2000

Wir sehen zurück auf ein Kirchenjahr mit einem reichen Leben in den Gemeinden, ein Jahr der Gespräche und der Klärungen, der sorgfältigen, frohen und ernsten Verkündigung, der begleitenden Seelsorge, des Unterrichts, der Diakonie; der Teilnahme am öffentlichen Diskurs. Es gab eine Fülle kirchenmusikalischer Veranstaltungen, eine Fülle von Vorträgen zum Beginn eines neuen Jahrhunderts. Es gab eindrückliche ökumenische Veranstaltungen; die Gemeinden, evangelischen Vereine und Einrichtungen in Bad Godesberg haben in erheblichem Maße den ersten ökumenischen Stadtkirchentag in Bonn bestimmt. Partner und Freunde aus dem Kongo, aus Israel und aus Polen waren zu ausgedehnten Besuchen bei uns. Es gab Jubiläen. Wechsel in den Aufgabenbereichen, Eintritt in den Ruhestand, Neubeginn. Einiges aus dieser Fülle soll gleich im einzelnen genannt werden.

1. Zunächst aber wollen wir einiger Menschen *gedenken*, von denen wir in diesem Jahr Abschied haben nehmen müssen.

Am 18. März starb *Eberhard Bethge* im Alter von 90 Jahren. Er lebte seit langem in Wachtberg und hat vielen von uns Gelegenheit gegeben, ihn zu befragen insbesondere auf Dietrich Bonhoeffer hin, über den Kirchenkampf oder zu dem christlich-jüdischen Gespräch. Liebenswürdig, bescheiden und nüchtern gab Bethge Auskunft. Als Persönlichkeit ein Geschenk. Er hatte sich zur Aufgabe gemacht, Dietrich Bonhoeffers Leben und Werk, seinen Christenweg bis zur Hinrichtung durch die Nazis den Nachgeborenen zu erschließen. Er hat das getan in einer beindruckenden mächtigen Leistung. Er hat noch mitgewirkt an der erst kürzlich abgeschlossenen großen Bonhoeffer-Werkausgabe in einem großen Kreis von Herausgebern. Aber seine erste Ausgabe, jene frühen Bände, jene ganz eigene Auswahl, mit der Bonhoeffer durch Bethge in den 50er Jahren einer weiten Öffentlichkeit bekannt wurde, sind unvergessen und haben einen bleibenden eigenen Wert. Sie sind die Arbeit eines Zeitzeugen. Wie die bedeutende Bonhoeffer-Biographie. Daß Bethge sich in den Dienst des großen Freundes und seines Werkes gestellt hat, verdeckt nicht, daß er selbst ein Theologe und Gelehrter von hohem Rang gewesen ist. Wir hier in unserem Kirchenkreis bewahren sein Gedächtnis mit der besonderen Dankbarkeit derer, die sich der häufigen Begegnung mit ihm erfreuen durften und menschlich, theologisch, kirchlich von ihm reich beschenkt worden sind. Eberhard Bethge ist auf dem Burgfriedhof in Bad Godesberg am 25. März 2000 beigesetzt worden.

Im April haben wir Abschied genommen von *Joachim Mehlhausen*, der am 3.4.2000 im Alter von 64 Jahren nach schwerer Krankheit gestorben ist. Joachim Mehlhausen war in den 70er Jahren Pfarrer an der Kreuzkirche in Bonn, wirkte auch als Kirchengeschichtler an der Bonner Fakultät und wurde dann Oberkirchenrat in Düsseldorf. 1987 ging er als Ordinarius für Kirchengeschichte und Kirchenordnung nach Tübingen. Die Rheinische Kirche verdankt ihm viel, insbesondere hatte der theologische Nachwuchs an ihm einen sorgfältigen Ratgeber. Auf verschiedenen Feldern der Kirchengeschichte hat er Wesentliches geleistet, namentlich in der für die Rheinische Kirche so wesentlichen Kirchenkampfforschung. Er wurde am 10. April auf dem Kaiserswerther Friedhof in der Nähe des Grabes des einstigen Präses Karl Immer beerdigt.

Am 29. Oktober ist *Brigitte Schröder, geb. Landsberg*, im Alter von 83 Jahren gestorben. Sie war bis zum Schluß begleitet von ihrer Familie, namentlich ihrer Tochter Christina Manig, unserer Consynodalen. Am Freitag der vorigen Woche hat eine große Gemeinde in der Immanuelkirche auf dem Heiderhof in Bad Godesberg von ihr Abschied genommen. Frau Schröder hat die Evangelische Krankenhaushilfe in Deutschland aufgebaut und damit ein großes ehrenamtliches Werk aufgebaut. Die »Grünen Damen und Herren« sind aus den Kliniken und Seniorenheimen nicht mehr wegzudenken. Frau Schröder hat sich auch sonst mannigfach ehrenamtlich in der Evangelischen Kirche engagiert und mit ihrer souveränen wie bescheidenen Haltung als Vorbild gewirkt. Gestern ist sie in Keitum auf Sylt beigesetzt worden.

Frau Manig kann eben deshalb heute nicht hier sein. Wir denken an die ganze Familie in Anteilnahme und Dankbarkeit.

Am 30. Oktober ist *Eberhard Hübner* im Alter von 78 Jahren gestorben. Er hat vor allem an der Pädagogischen Hochschule Dortmund und an der Universität Münster gewirkt. Sein Fach war die Praktische Theologie, insbesondere die Religionspädagogik. Mancher von uns wird sich seiner Predigtmeditationen (Göttinger Predigtmeditationen) erinnern. Als Vikar und Hilfsprediger hat er in Godesberg gewirkt. Die Anfänge der Paulus-Kirchengemeinde sind mit seinem Namen verbunden. Wir haben am 7. November mit einem Trauergottesdienst in Köln-Rondorf und mit der Beisetzung in Rodenkirchen von ihm dankbar Abschied genommen.

2. Der Jahreswechsel 1999/2000 war Veranlassung, in einer Fülle von Veranstaltungen in den Gemeinden und im Kirchenkreis Orte und Wege des Glaubens in unserer Zeit zu sichten, das Jahr 2000 als ein Christusjahr zu bekennen und in der *Arbeitsgemeinschaft Christlicher Kirchen* in Bonn ein gemeinsames, ökumenisches Christenjahr zu begehen.

Dem *Nachdenken und Vordenken* des Glaubens galt eine gleichnamige Veranstaltungsreihe, die in wenigen Tagen mit einem Vortrag des Präses und Ratsvorsitzenden Manfred Kock zu seinem Ende und Ziel kommen wird. Der Kirchenkreis hat diese Reihe zusammen mit dem Pädagogisch-Theologischen Institut und mit der landeskirchlichen Abteilung Schule und Bildung geplant und durchgeführt.

Am Anfang hatte das *Requiem für einen polnischen Jungen* von Dietrich Lohff gestanden. Bewußt sollte dieses Gedenken mit Texten von Opfern des Faschismus den Weg weisen und uns zu Beginn in die Kirche führen. Später folgte eine Kette außerordentlicher Vorträge, die auf verschiedenen Lebensgebieten Perspektiven zur Verortung unserer heutigen Existenz boten. Wir haben uns mit der Situation der Jugend und der Frauen im 20. Jahrhundert befaßt, mit dem Erbe Friedrich Schleiermachers und Adolf von Harnacks, Dietrich Bonhoeffers und besonders Karl Barths, mit der Bedeutung des Bildes und seiner Wir-

Abb. 21 *Rigalsche Kapelle, Bad Godesberg*

kung bei der Verführung der Menschen im Ersten und Zweiten Weltkrieg; mit kirchlichen Gestalten, die Deutschland und Polen wie die Evangelische und die Katholische Kirche miteinander verbunden haben; mit dem Religionsunterricht in der Gegenwart bis hin zu der Frage des islamischen Unterrichts. Ich hoffe, daß recht bald alle Vorträge in einem Buch vorliegen werden, wie es bereits angekündigt worden war.

Im Rahmen des Ökumenischen Kirchenjahres in Bonn gab es zwei große, nur von der evangelischen Seite getragene Ereignisse, die ich vorweg nenne. Einmal den *Bibelweg*, der in der ältesten Kirchengemeinde der Region, in Oberkassel, begonnen hat und am Sonnabend vor dem 2. Advent in der jüngsten Gemeinde der Region, in Wachtberg, an sein Ziel kommen wird. Einer der Höhepunkte dieses Weges war der Himmelfahrtsgottesdienst am Rhein, als die Bibel aus dem Kirchenkreis An Sieg und Rhein der Heiland-Kirchengemeinde in einem Familiengottesdienst unter strahlendem Himmel überbracht wurde.

Die Lutherbibel wird auf diesem Wege begleitet von Texten und Bildern, die in einem Begleitband aus allen Gemeinden der Wanderbibel beigefügt worden sind. So ist der Weg der Bibel auch ein Weg durch den Glauben und das Leben unserer Gemeinden geworden. Ein Dokument der Vielfalt und der Gemeinsamkeit zugleich. Ich hoffe, daß viele Menschen in diesem Begleitband werden nachlesen können, was uns in unserer Zeit bewegt hat und bewegt.

Und zum anderen gab es den *Reformationsgottesdienst* in der Kreuzkirche in der Verantwortung unserer drei hiesigen Kirchenkreise. Mit Zitaten aus der Spaßgesellschaft wurde diese selbst als Gegenüber und als Partner des reformatorischen Evangeliums bedacht und in Szene gesetzt. Der gut besuchte Gottesdienst hat ein großes, teils zustimmendes, teils auch ganz kritisches Echo.

In den Godesberger Gemeinden wurde bedauert, daß es in diesem Jahr hier keinen eigenen Reformationsgottesdienst gegeben hat. Wir werden künftig dies noch deutlicher mit zu bedenken haben: Gemeindeleben ist wesentlich dezentral. Zentrale Veranstaltungen sollten mehrere Pole haben; und sie können das, was zum Alltag und zum Sonntag der Gemeinden gehört, nur ergänzen, nicht ersetzen.

3. In *Euskirchen* gab es in den Tagen 26.-28.6.2000 ein *Ökumenisches Stadtkirchenfest* unter dem Motto »Suchet der Stadt Bestes«. In *Zülpich* ist im Sommer eine *ökumenische Straßenprozession* veranstaltet worden. *Das Bonner ökumenische Jahr* unter dem Motto »Zwischen Himmel und Erde - Christen feiern 2000« hatte seinen Auftakt mit einer ökumenischen Vesper am Vorabend des 1. Advent, dem 27. November 1999. Einer seiner Höhepunkte war der ökumenische Pfingstweg am 12. Juni mit sechs Stationen von Bad Godesberg nach Schwarzrheindorf. Die Beteiligung an diesem ökumenischen Weg war über Erwarten groß und so ein eindrückliches Zeichen für eine existierende christliche Gemeinschaft in Bonn. Dies gilt auch für den ersten ökumenischen Stadtkirchentag in Bonn vom 22. bis zum 24. September. Das kirchliche Leben in Bonn und in Bad Godesberg hat sich in seiner Vielfalt, Fröhlichkeit, Intensität so gezeigt hat, daß wir mit Dankbarkeit an dieses frohe und reiche Geschehen denken und sich immer wieder der Ruf einstellt, dies alles müsse eine Fortsetzung haben.

Die Ökumene stand auch sonst in guter Blüte in dem vergangenen Jahr. Nach einem ökumenischen Sommerfest der evangelischen und katholischen Christen in Bad Godesberg-Süd (unsererseits waren die Heiland- und die Johannes-Kirchengemeinde beteiligt) sprach man gar von einem ökumenischen Meilenstein. Es war dies ein sehr erfreulicher Tag.

Katholische und evangelische Gemeinden suchen die Gemeinsamkeit. Es ist die Aufgabe der Theologie und der Verantwortlichen in den Gemeinden, diese Bewegung künftig mehr noch als bisher auch in die Form des theologischen Gesprächs zu bringen. Inhalte und Lebensprägungen der sehr reichen Überlieferung auf beiden Seiten müssen artikuliert und einander bekannt gemacht werden. Nicht um das Wesentliche zu verlieren, sondern um an dem jeweils Wesentlichen des Partners Freude zu finden; am Reichtum des Christentums und daran, daß die gemeinsamen Gehversuche tatsächlich begründet sind.

Die Godesberger Pfarrer, die seit Jahrzehnten einen kleinen ökumenischen Konvent bilden, haben unter dem Eindruck der *Gemeinsamen Erklärung zur Rechtfertigungslehre* und der jüngsten päpstlichen Verlautbarung *Dominus Jesus* über die »Einzigkeit und Heilsuniversalität Jesu Christi und der Kirche« eine gemeinsame Lektüre einschlägiger Texte vereinbart, um die katholischen und evangelischen Wegmarken des Verstehens besser als bisher zu erkennen und zu verstehen. Eine Anmerkung zu der veränderten Situation: Es mag Christen geben, die vor einem Jahr angesichts der *Gemeinsamen Erklärung zur Rechtfertigungslehre* zu viel von dem ökumenischen Prozeß erwartet haben und jetzt durch *Dominus Jesus* sehr enttäuscht sind. Ich habe damals darauf hingewiesen, daß die Konsensformulierungen zum Teil offenbar mehr aus diplomatischen als aus theologischen Motiven zu verstehen sind (*PROtestant* 8/April 2000). Es gab wohl den Wunsch, so weit zu sein wie die Wünsche der Christenmenschen in beiden Kirchen.

Was jetzt in dem erwähnten päpstlichen Papier gesagt ist, sollte uns zu einem verschärften Nachdenken über das Wesen der Kirche bringen; und zwar nicht, um uns zu befragen, ob wir auch den Namen »Kirche« führen dürfen, sondern um zu fragen, ob denn einerseits das von Rom geleitete Gebilde den Namen »Kirche« unbefragt in Anspruch nehmen darf und andererseits, was denn Kirche für uns wesentlich ist und ob wir an diesem Punkte nicht manche Unklarheit mit uns herumschleppen.

Klaus Berger, katholischer Theologe in einer Evangelisch-Theologischen Fakultät hat bei seinem Vortrag zum Stadtkirchentag am 23.9. 2000 im *Matthias-Claudius-Gemeindehaus* darauf hingewiesen. Wie spannend es sein kann, das kirchliche Selbstverständnis der Evangelischen Kirche zu befragen, hat jüngst ein Text von Martin Niemöller aus dem Jahre 1939 gezeigt, der aus seinem Nachlaß veröffentlicht worden ist (FAZ v. 1.11.2000).

Es gibt hier viel theologische Arbeit. Wir müssen hinaus auf ein freies Feld. Daß dabei nie und nimmer die Gleichgültigkeit gegenüber der Klarheit des Evangeliums uns leiten kann, das müßte von Luther und Calvin her deutlich sein - und eben das mahnt zu recht *Dominus Jesus* an.

4. Der Kreissynodalvorstand hat für das Erscheinen des *PROtestanten* auch im Jahr 2001 Mittel zu bewilligen. Diese drei- bis viermal im Jahr erscheinende evangelische Zeitung, die wir zusammen mit dem

Kirchenkreis Bonn herausgeben, wendet sich an eine weite Öffentlichkeit und zeigt die Bedeutung der evangelischen Stimme im Forum der notwendigen Diskurse der sogenannten Zivilgesellschaft. Die Öffentlichkeit ist erschüttert durch Diskussionen über sogenannte Werte, deren Geltung man für selbstverständlich gehalten halt. Was zählt, was bleibt, wer steht für Verbindliches ein? Was kann die Kirche mit ihrer Stimme und ihrem Verhalten leisten?

Innerhalb unserer Synode erwägen wir, die Reihe *Nachdenken - Vordenken* fortzuführen. Mir liegt daran, die Möglichkeiten zu nutzen, im Raum der Kirche neben dem Bekenntnis selbst dem Nachdenken *über* das Bekenntnis im Gespräch mit Kunst und Kultur wie mit den geistigen und moralischen Aufgaben unserer Gegenwart Raum zu geben. Stehen in der Mitte unseres Gemeindelebens die Gottesdienste, so ist doch auch wichtig, daß in zahlreichen *theologischen Gesprächskreisen* Gelegenheit zu Aussprache und Verständigung über unseren geistigen und geistlichen Standort und Weg besteht.

Ich selbst versuche mich mit Vergnügen seit beinahe zwei Jahrzehnten an solchen Gesprächen mit jungen und alten Menschen, die wir einladen zur Beschäftigung mit Texten von Friedrich Schleiermacher, Karl Barth, Romano Guardini, Albert Schweitzer, Carl Friedrich von Weizsäcker usf.

In Bad Godesberg hat sich ein Kreis gebildet, der sich mit den Fragen der *Bioethik* befaßt. Der Kirchenkreis hat mit bescheidenen Mitteln dessen Bemühungen um Aufklärung und Urteilsbildung auf einem schwierigen, aber sehr wichtigen Felde ein wenig unterstützt.

Die Erschließung des neuen *Gottesdienstbuches* soll in unserem Kirchenkreis im kommenden Jahr in einer ganzen Reihe von Veranstaltungen angeregt werden. Kreiskantor Hans-Peter Glimpf und Pfarrer z.A. Privatdozent Dr. Harald Schroeter-Wittke werden in allen Gemeinden Einführungsveranstaltungen anbieten. Ich erhoffe sehr viel Anregendes von dieser Beschäftigung mit der Gestalt unserer Gottesdienste.

5. Gemeinsam mit dem Kirchenkreis Bonn hatten wir im vorigen Jahr einen *Bonn-Berlin*-Abend veranstaltet. Das Echo war damals groß und positiv. In diesem Jahr haben wir am 30. September *Neubonner* in die

Schloßkirche zu einem ökumenischen Gottesdienst eingeladen. Auch hier war die Aufnahme freundlich, wenn auch die Beteiligung verhältnismäßig gering war. Besonders geschätzt wurde die Möglichkeit des Kennenlernens bei einem Stehempfang im Freien bei freundlichem Wetter nach dem Gottesdienst. Auch in Zukunft soll es ähnliche Einladungen geben.

Am Ende des vorigen Jahres haben wir eine *Kampagne zum Schutz des Sonntags* auf den Weg gebracht, parallel zu einer entsprechenden Kampagne der EKD.

Das Echo war durchaus beachtlich. Ich habe den Eindruck, gegenüber den Konsumgesichtspunkten der Gedankenlosigkeit ist es gelungen, den Schutz der arbeitenden Menschen zu artikulieren und auch uns selbst auf den Sinn des Sonntags zu besinnen. Der aus der Kette der Werktage herausgenommene besondere Tag Gottes und des Menschen gleichermaßen ist ein so weitreichendes religiöses Symbol und eine so tiefgehende religiöse Wirklichkeit, daß sich seiner Bedeutung auch in dieser Hinsicht der nachdenkliche Mensch nicht entziehen kann.

Im übrigen besteht der Sinn der Kirche natürlich nicht in »events« und Kampagnen. »Die Leute woll'n, daß was *passiert*«, titelte neulich eine Zeitung (FAZ 13.10.2000). Der Artikel hat das des näheren ausgewiesen. Aber schließlich fragt er nachdenklich, ob die Freiheit der sogenannten Freizeitkultur nicht durch wirtschaftliche Kräfte und menschliche Schwäche gefährdet ist.

Wir sind nicht dazu da, ins selbe Horn zu blasen, in das die Gedankenlosigkeit tutet. Bedenken wir, wie viele Menschen kaum Zeit finden, über das Eiligste des Alltags hinauszudenken. Die Kirche aber beschäftigt mit großem Aufwand speziell dazu Menschen, daß sie über das Aufdringlichste des Täglichen hinausdenken und beständig über das Wort der Heiligen Schrift, über Predigt und Seelsorge nachdenken.

6. Möglicherweise wird sich bei der Ausweitung der *Notfallseelsorge* zumindest für den Bonner Raum ein gemeinsamer Weg mit dem Nachbarkirchenkreis ergeben. Wir haben das Thema erneut angesprochen und werden es im Pfarrkonvent behandeln.

Auf seiner Achten Vollversammlung in Harare hat der Ökumenische Rat der Kirchen für das nächste Jahr den Beginn einer *Dekade zur Überwindung der Gewalt* beschlossen. In unserem Kirchenkreis findet dieser Anstoß schon jetzt ein deutliches Echo. Das Thema »Überwindung der Gewalt« wird uns auch heute in einem Beschlußantrag beschäftigen, den Felix Doepner vortragen wird. Ich bin für diesen Anstoß ausgesprochen dankbar. Es ist außerordentlich wichtig, daß der christliche Glaube in der ihm eigenen Unerschrockenheit und Klarheit aufklärend und mahnend zu Worte kommt.

Ich gehe davon aus, daß auch Präses Kock auf seinem Vortrag bei uns in der nächsten Woche (15.11.2000, 20 Uhr, Heiderhof) unmittelbar nach der Synode der EKD in Braunschweig zu diesem Thema etwas sagen wird.

Unsere schon genannte Themenreihe zur Jahrhundertwende *Nachdenken - Vordenken,* die wir diesem Vortrag ihr Ende findet, zielt ja auf die Klärung unseres Ortes auf dem Hintergrund der Erfahrungen des vorigen Jahrhunderts. In diesem Bereich Kirche und öffentliche Verantwortung sei noch erinnert, daß im Rahmen des *Konziliaren Prozesses* in unserem Kirchenkreis und in den Nachbarkirchenkreisen Vorlagen zu einem stufenweisen Übergang zum *ökologischen Strom* erarbeitet worden sind. Kirchengemeinden und Kirchenkreis haben sich die Überlegungen zu eigen gemacht. Die bisherigen Beschlüsse sehen - unter Berücksichtigung ausgeglichener Kosten - einen ökologischen Stromanteil in Höhe von 30-100% vor.

7. In Merzbach hatte das Jugendpfarramt im Dezember 1999 unter dem Motto: »Ein Jahrtausend geht - na und?« zu einem Podiumsgespräch eingeladen, bei dem junge Leute mit Pädagogen und Theologen die Erwartungen der Jugend an die Kirche, die Chancen der Jugendarbeit und die Situation junger Menschen in unserer Gesellschaft diskutieren konnten. Ich habe mich gefreut über die Fülle der Perspektiven, die zur Sprache kamen, wie über die Freimütigkeit der Aussprache.

Die schnelle Veränderung unserer Lebenswelt bedeutet für junge Menschen ständige Herausforderung und Verunsicherung. Krisenhafte Umbrüche belasten ihre Weltorientierung. Wie kann kirchliche

Jugendarbeit und überhaupt eine Beheimatung der jungen Menschen in der Kirche gelingen, was kann sie bedeuten? Inwieweit können wir die Familien in ihrer Bedeutung für Erziehung und Orientierung unterstützen? Gisbert Hatscher hat in seinem Bericht für die Synode über die Situation der Jugend berichtet. Schwer einschätzbar ist, was es bedeutet, daß der Sog der Postmodernität Alt und Jung abhält, das von den Vätern und Müttern Ererbte wieder und wieder zu sichten auf das hin, was gefunden und in ihm bewahrt war und ist als Glaubenshilfe zum Leben.

An Inhalten, an Formen. Ich sage nicht: das ist nur die Jugend, die sich etwas kopflos und im ersten Sturm erst einmal abwendet von dem, was die Eltern zu ihren Fundamenten zählen. Ich denke eher, es gibt bei Alt und Jung eine Kurzatmigkeit in Sachen Kirche und übrigens auch in Sachen Kultur.

Mit dem Fachausschuß für Kinder- und Jugendarbeit planen wir, auf der Frühjahrssynode 2001 das Thema Jugend und Kirche in die Mitte unserer Beratungen zu stellen.

Im August gab es wieder den Besuch von Jugendlichen aus Polen und Israel. Bei der Begegnung mit ihnen stand mir wieder vor Augen, wie wichtig dieser Austausch ist. Hier wird ein Kapital für die Zukunft geschaffen. Verhetzende Rede über einander und Verleumdungen werden nicht möglich werden, wenn man sich so kennengelernt hat, wie es in den Wochen hier geschehen ist. Die gemeinsame Vergangenheit der Völker ist in den Familien und bei Exkursionen so intensiv besprochen und anschaulich gemacht worden, daß damit gegen Vorurteile und für ein künftiges Verstehen wichtige Arbeit geleistet worden ist.

Die Hinführung junger Menschen zu einer verantwortlichen, achtungsvollen und sensiblen Haltung gegenüber anderen Menschen überhaupt und gegenüber anderen Menschen anderer Kulturen und Heimatländer ist eine Aufgabe der christlichen Erziehung. Ich habe mich gefreut zu sehen, daß das Amos-Comenius-Gymnasium als kirchliche Einrichtung hier in Bad Godesberg sich intensiv den Themen »Gewalt und Extremismus« wie »Nord-Süd-Partnerschaft« zuwendet. Dies gilt auch für die Jugendarbeit in einigen Gemeinden und für die erzieherische Arbeit im Godesheim.

8. Der Besuch einer Delegation aus Mbandaka im September (2.-29.9.2000) war von dem Mbandaka-Arbeitskreis unter Leitung von Hiltrud Pfnorr-Leihner nicht nur gründlich vorbereitet, sondern bis in alle Einzelheiten begleitet und koordiniert worden. Alle Beteiligten waren dadurch belastet, daß Natana Weteto im Kongo festgehalten und gefangen gehalten worden war und erst elf Tage später nachkommen konnte. Allen denen, die ihn wie Eliki Bonanga und den Superintendenten Belandja Bonkone gastfreundlich aufgenommen haben, ist herzlich zu danken. Auch diese Begegnung war wieder äußerst anregend. Die Partnerschaft mit Mbandaka ist dank der Arbeit von Frau Pfnorr-Leihner und Gisbert Hatscher eine Sache auch unserer Jugend. Vom 14.-17. September gab es mit unseren Gästen ein Jugendseminar in Merzbach.

Die politischen und kirchenpolitischen Probleme im Kongo sind uns in diesen Wochen erneut verdeutlicht worden. Sie erfüllen uns mit großer Sorge. Die zeitgleichen Beratungen aller hiesigen Kirchenkreise, die Partnerschaften im Kongo unterhalten, mit der VEM in Wuppertal haben hinsichtlich des Geldtransfers in den Kongo zu einem gänzlichen Moratorium geführt. Die Entscheidung ist außerordentlich schwergefallen; gerade unser Kirchenkreis hat besonders intensiv und lange in der Vergangenheit nach Möglichkeiten gesucht, doch einen Geldfluß dorthin aufrecht zu erhalten, wo Positives bewirkt werden kann, ohne fragwürdige Praktiken damit zu unterstützen. Insofern stehen wir an einem schwierigen Punkt. Es ist für uns immer wieder fast unmöglich, die dortigen Verhältnisse angemessen zu beurteilen. Ich weise auf den Bericht von Frau Pfnorr-Leihner hin. Sie hat sich am meisten abgequält mit den gestellten Problemen, besonders mit der Verhängung des Moratoriums. Sobald die Situation günstiger sein wird, werden die hier so gerne gegebenen Hilfen auch wieder den notleidenden Menschen im Kongo zukommen.

Ich bin dankbar für die großen Hilfsaktionen, die in der Heiland- und Johannesgemeinde auch in diesem Jahr wieder unternommen worden sind, um Menschen, die in Königsberg und St. Petersburg in größter Armut leben, zu helfen.

In den Gemeinden werden die Partnerschaften mit Gemeinden im einstigen Ostblock weiter gepflegt, so mit Gemeinden in Lettland und natürlich besonders in der ehemaligen DDR. Angesichts der Spannung zwischen dem Weg auf ein vereinigtes Europa hin und einer großen zivilen Unreife in allen Teilen unseres Landes kommt diesen Kontakten eine besondere Bedeutung zu. Aber nicht nur im Blick auf Europa, sondern ganz schlicht im Blick darauf, daß die Achtung, die Menschen einander aus humanen und gar christlichen Motiven schulden, offenbar oft genug ganz neu gelernt werden muß. Gemeinden können hier eine wegweisende Funktion haben.

Ausländischen Menschen wird in unseren Gemeinden an vielen Stellen und sehr unterschiedlich geholfen. Ich denke hier an den Ökumenischen Arbeitskreis Wachtberg und an das Kirchenasyl in Weilerswist. Im *Haus der Familie* in Bad Godesberg wird die Begegnung mit ausländischen Menschen gefördert.

Lassen wir in diesen Bemühungen nicht nach. Sie sind übrigens auch ein Beleg dafür, daß unser Glaube die Wirklichkeit menschengemäß zu verstehen lehrt und die Verhältnisse tatsächlich verändert – auch dann, wenn andere Menschen verblendet noch in ganz andere Richtungen laufen.

Ich bin dankbar dafür, daß unsere Rheinische Kirche die pastorale Arbeit in der Francophonen Gemeinde finanziell möglich macht, und bin dankbar dafür, daß wir in Rudolf Gebhard den richtigen Pastor für diese Gemeinde gefunden haben.

9. Die Perspektiven, die sich für unsere Gemeinden aus dem Bonn-Berlin-Umzug ergeben, sind im ganzen immer noch schwer zu erheben. Finanziell sind unsere Gemeinden, namentlich in Godesberg, durch den *landeskirchlichen Finanzausgleich* stark belastet. Durch die Absenkung des Freibetrages kommen noch einmal Einbußen auf uns zu. Unsere Haushalte sind im Kirchenkreis und in den Kirchengemeinden von Sparsamkeit bestimmt. In diesen Zusammenhang gehören auch die Bemühungen um eine Reform der Gemeinde- und Verwaltungsstrukturen.

Gegliedert nach drei Regionen ist in den Gemeinden intensiv weiterberaten worden über die Gemeindestrukturen und über Möglich-

Abb. 22 *Thomaskapelle, Bad Godesberg (Plittersdorf)*

keiten der Zusammenarbeit zwischen Nachbargemeinden und über mögliche und notwendige Veränderungen in den Strukturen. Für den Fall des Freiwerdens hauptamtlicher Stellen müssen Pläne vorliegen, in welcher Richtung die weitere Entwicklung gehen soll.

Die Beratungen, die im März 1998 begonnen worden waren, haben in Godesberg dazu geführt, daß in allen fünf Gemeinden mit den jeweiligen Nachbarn über die Zukunft der verschiedenen Arbeitsfelder gesprochen wird. Die Gespräche sind nun in die Schlußphase getreten. Sehr bald ist über die künftige Gestalt mehrerer Pfarrstellen zu entscheiden. In diesem Zusammenhang ist ausführlich über die Bewertungskriterien pfarramtlicher Arbeit gesprochen worden. Unter anderem ist dabei darauf hingewiesen worden, daß die landeskirchlichen Bewertungsformulare einer Überarbeitung bedürfen. Wir haben entsprechende Vorschläge der Landeskirche zukommen lassen.

Auch im Oberland haben zwei Arbeitskreise mehrfach beraten, geleitet von Pfarrer Felix Doepner (für die Gemeinden Wachtberg, Meckenheim, Rheinbach und Swisttal) und Pfarrer Dr. Eberhard Kenntner (für die Gemeinden Euskirchen, Flamersheim, Bad Münstereifel, Weilersweist und Zülpich). Es sind Vorschläge zur Reform der Gemeindegrenzen und weiteren hiermit verbundenen Fragen erarbeitet worden. Auch hier weiß ich, daß die Gemeinden sich jetzt mit den Folgerungen daraus beschäftigen.

10. Zur Verwaltungsoptimierung in den Gemeinden und im Kirchenkreis. 1998/1999 hatte die GMO (Gesellschaft für Management- und Organisationsberatung mbH) auf Wunsch unserer Synoden die Verwaltungsdienststellen in den Kirchenkreisen Bad Godesberg-Voreifel und Bonn daraufhin befragt, ob die Verwaltungsvorgänge vereinfacht werden und kostengünstiger als bisher werden können. Das Nebeneinander der verschiedenen Dienststellen hatte immer wieder zu der Frage geführt, ob nicht durch Zentralisierung »Synergieeffekte« erzielt werden können.

Für unseren Kirchenkreis heißt die Frage aber, ob die Godesberger Stadtgemeinden sich für einen »schlankeren« Versorgungstypus entscheiden können und ob wir auf diesem Wege unsere beiden Ämter, das Verwaltungsamt in Bonn und das Godesberger Gemeindeamt, miteinander verbinden können. Hierzu haben ausgiebige Beratungen mit den beiden Amtsleitern, mit der Vorsitzenden des Gemeinsamen Ausschusses, Frau Pfarrerin Iris Giesen, und mit Herrn Dr. August-Jürgen Maske als sachkundigem Berater stattgefunden. Wir haben nun unsere Ergebnisse in dieser Woche mit positivem Echo im Gemeinsamen Ausschuß eingebracht.

11. An dieser Stelle möchte ich einige Personalnachrichten aus den Gemeinden und aus dem Kirchenkreis unterbringen.

In der Kirchengemeinde Rheinbach ist Pfarrerin z. A. Claudia Weik-Schäfer in den Mutterschutz eingetreten; Pfarrer z. A. Stephan Kern/Flamersheim hat zur Entlastung des Skriba, der auch Vorsitzender eines landeskirchlichen Ausschusses ist, einige Aufgaben übernommen. Am Predigtturnus ist auch Antje Kenntner beteiligt, die am 12.12.1999 zur Predigthelferin ordiniert worden ist.

In Meckenheim ist im zweiten Bezirk Pfarrerin Gisela Martin an 11.6.2000 verabschiedet worden. Am 3.9. 2000 ist die Nachfolgerin in dieser Stelle, Ingeborg Dahl, in ihr Amt eingeführt worden. Im ersten Bezirk ist am 25.6.2000 Pfarrer Mathias Mölleken als Nachfolger von Pfarrer i.R. Jochen Siebel in sein Amt eingeführt worden.

In Flamersheim ist Pfarrer z. A. Stephan Kern an 8.10.2000 ordiniert worden. Er entlastet dort Pfarrer Winfried Wengenroth, der am 1.7.2001 in den Ruhestand eintreten wird.

In der Johannes-Kirchengemeinde wurde im 2. Bezirk Pfarrer Klaus Kohl am 25.6.2000 nach der sog. 58er Regelung in den Ruhestand verabschiedet; so wie es hier vor einem Jahr angekündigt worden ist, ist ein Pfarrer z. A. zur vorübergehenden Wahrnahme der Pfarrdienste eingewiesen worden: Pfarrer z. A. Horst Gaevert; er ist am 22.10.2000 ordiniert worden. Im 1. Bezirk ist die Verabschiedung von Pfarrer Dr. Kai Dose für den 10.12.2000 vorgesehen (Vorruhestand nach der 58er Regelung zum 1.1.2001). Es ist schon jetzt für die Übergangszeit, in der die Pfarrbezirke neu zu definieren sind, Pfarrer z. A. Andreas Satzvey eingewiesen worden.

In der Christus-Kirchengemeinde Bad Godesberg wird Pfarrer Georg Terpitz zum 1.3.2001 in den Ruhestand eintreten. Auch hier ist für die Gemeinde die Einweisung eines Pfarrers z. A. erbeten worden.

Zugleich berät die Gemeinde zusammen mit der Erlöser-Kirchengemeinde über eine künftige Kooperation auf allen Gebieten und auch hinsichtlich einer Veränderung der Pfarrbezirksgrenzen, um gemeinsam mit der Nachbargemeinde - namentlich nach meinem Ausscheiden zum 1.1.2002 - die Einsparung einer Pfarrstelle vorzubereiten. Pfarrer Terpitz hat bisher den Arbeitskreis für Mission und Ökumene geleitet. Ihm ist für sein jahrelanges Engagement von Herzen zu danken. Als Nachfolger konnte zu unserer Freude Herr Dr. Manfred Wadehn gewonnen werden.

Ebenfalls in der Christus-Kirchengemeinde Bad Godesberg ist die Leitung des *Hauses der Familie* nach Ausscheiden von Walter Schiffer am 31.1.2000 in die Hände von Petra Hassinger-Maaß übergegangen. Das *Haus der Familie* hat im Juni einen notwendigen und schönen Umbau festlich begehen können. Der erst vor wenigen Jahren begründete Förderverein hat für den Umbau 45.000 DM aufgebracht

In der Erlöser-Kirchengemeinde Bad Godesberg ist Pfarrerin Ulrike Graupner am 13.2.00 verabschiedet worden; sie hat in Köln-Mitte eine Pfarrstelle übernommen. In gewissem Umfang wird ihre Arbeit hier weitergeführt von Pfarrerin z. A. Simone Klaus, die einen eingeschränkten Dienst mit halber Stundenzahl wahrnimmt.

Von der Möglichkeit, eine Pastorin oder einen Pastor im Sonderdienst zu erbitten, habe ich keinen Gebrauch gemacht, um künftige Planungen nicht zu behindern. Frau Klaus ist am 15.10.2000 ordiniert worden.

In Euskirchen ist Pfarrer Knut Dahl-Ruddies für die Zeit vom 1.10.2000 bis zum 30.4.2001 vom pfarramtlichen Dienst freigestellt für eine Ausbildung im Rahmen des landeskirchlichen Projekts »Change-Agents«. Die Gemeinde hat Pastor Walter Niefindt (Bad Münstereifel) mit der Wahrnahme der pfarramtlichen Aufgaben beauftragt.

Die Kreissynode im Frühjahr 2000 hatte beschlossen, die Stelle einer Frauenbeauftragten für vier Jahre in der Besetzung durch Sabine Cornelissen fortzuführen. Nach der Geburt einer Tochter beginnt sie zunächst am 13. November ihren Mutterschaftsurlaub; sie wird auch während dieser Zeit mit 19 Stunden, also beinahe der vollen bisherigen Stundenzahl, beschäftigt sein.

Ebenfalls im Frühjahr hatten wir die Einrichtung der Stelle eines Presse- und Öffentlichkeitsreferenten des Kirchenkreises beschlossen. Ein Arbeitskreis aus allen Gemeinden hatte diese Entscheidung vorbereitet und die Erwartungen der Gemeinden formuliert. Die Stelle ist zum 15.10. mit Dietmar Kehlbreier besetzt worden; er ist heute offiziell eingeführt worden. Auf dem Felde Erwachsenenbildung/Kirchenmusik und Kultur arbeitet seit 1.10.2000 Pfarrer z. A. Privatdozent Dr. Harald Schroeter-Wittke in unserem Kirchenkreis. Auf seine Veranstaltungsreihe zum neuen Gottesdienstbuch habe ich schon hingewiesen.

In der Justizvollzugsanstalt Rheinbach wird Pfarrer Klaus Matthes zum 1.3.2001in den Vorruhestand gehen. Der Kreissynodalvorstand bereitet die Wiederbesetzung der Stelle vor. Pfarrer Matthes hat uns bisher im Kuratorium der GMÖ vertreten. Außerdem ist er der Vorsitzende der *Ökumenischen Entwicklungsgenossenschaft* (Oikokredit), die in diesen Tagen ihr 25jähriges Bestehen feiert.

In der Glasfachschule Rheinbach hat Pfarrerin Gudrun Schlösser um eine weitere Beurlaubung über den Erziehungsurlaub hinaus gebeten. Ihre Stelle wird nun neu zu besetzen sein. In ihrer Vertretung war bisher Pastor im Sonderdienst Dirk Nolte tätig; er war in unserem Kirchenkreis zunächst mit eingeschränktem Dienstumfang in der Gemeinde Meckenheim tätig, seit Mai 2000 in der Studierendenseelsorge an der erweiterten Fachhochschule in Rheinbach (eingeführt am 10.5. 2000).

Im Jugendpfarramt tritt Ilse Kistler zum 31.12.2000 in den Ruhestand. Und bereits im März 2001 folgt ihr darin Renate Walkhoff. Der Kreissynodalvorstand hat mit Pfarrer Hatscher über den Wechsel beraten und hatte in Abstimmung mit ihm nach entsprechender Ausschreibung einen Nachfolger für Frau Kistler bereits zum 1.11.2000 – wegen der notwendigen Einarbeitung zum vorgezogenen Termin – berufen. Während ich diesen Bericht schreibe, kommt die Nachricht, daß dieser Nachfolger wegen akuter Krankheit in der Familie seinen Dienst nicht antreten kann. Wir werden hierüber in den nächsten Tagen zu beraten haben.

In der Superintendentur ist seit dem 1.12.1999 die vielen von Ihnen schon bekannte Frau Barnikol-Körner tätig; sie hat nach Ausscheiden von Herrn Dieter Schmidt zum 1.4.2000 die Leitung meines Büros übernommen. Herr Schmidt, jetzt in Ruanda, war neulich für einige Wochen hier und hat uns bei seinem Besuch herzliche Grüße an die Synode aufgetragen.

Die Francophone Gemeinde in Bad Godesberg mit Gemeindegliedern auch in Köln und Düsseldorf hat nach der Verabschiedung von Pfarrer Max Bourgeois (27.6.1999) Pfarrer Rudolf Gebhard aus der Schweiz am 2.4.2000 in sein Amt eingeführt.

Den ausscheidenden Synodalbeauftragten ist herzlich zu danken. Ich nenne unter ihnen besonders den langjährigen Beauftragten für Presse- und Medienarbeit, Karl-Heinz Wurm.

Im Kirchenkreis verändert sich mit den heutigen Wahlen der Kreissynodalvorstand. Christina Manig, Paul Schwarz und Pfarrer Doepner werden ihm nicht mehr angehören. Damit geht eine Ära zuende.

Den ausscheidenden KSV-Mitgliedern fühle ich mich in Dankbarkeit verbunden. Ich kann mir gar nicht vorstellen, wie in den gemeinsamen Jahren so vieles hätte beraten und entschieden werden können ohne ihre Geduld, Sachkenntnis, ihre Freundlichkeit und ihr festes Stehen auf den Fundamenten unserer Kirche. Heute werden die Nachwahlen sein. Für Verabschiedung und Neueinführung haben wir den Abendgottesdienst am 6. Januar 2001 in der Erlöserkirche Bad Godesberg vorgesehen.

Meine Amtszeit endet am 31.12.2001. Es wird die Herbstsynode 2001 über meine Nachfolge zu entscheiden haben. Der Nominierungsausschuß bleibt also im Amt und wird so wie heute für mehrere Ämter so in einem Jahr auch hierfür der Synode einen Vorschlag vorlegen.

12. Die Diakonischen Werke in Bonn und in Euskirchen haben sprechende Berichte über ihre Tätigkeiten vorgelegt. Die Diakonischen Werke haben fortgesetzt mit knapper werdenden Mitteln zu rechnen. Man kann das im einzelnen nachlesen. Defizite in den Sozialstationen des DW Bonn/Bad Godesberg sind kaum aufzufangen. Die hauptamtliche Familienpflege soll hier ganz eingestellt werden. Die Gemeinden sind derzeit auf der Suche, hier neue Wege zu finden.

Öffentliche Zuschüsse stagnierten. Kürzungen sind überdies angekündigt. Das DW bemüht sich um Intensivierung der Öffentlichkeitsarbeit, so durch die Freiwilligen-Zentrale »Bonn Your« und die Einrichtung einer eigenen Stelle für Öffentlichkeitsarbeit. Über die nötige Gemeindenähe des von den Gemeinden berufenen Diakonischen Werks ist gesprochen worden und muß weiter gesprochen werden.

Inmitten der zahlreichen Fragen, auch der nach den Prioritäten, möchte ich nicht versäumen, besonderen Dank denen zu sagen, die hauptamtlich oder ehrenamtlich unbeirrt engagiert sind, in einer Zeit, in der sich beständig neue diakonische Dimensionen auftun, Wort und Tat der Kirche in die konkrete Situation hineinzubringen.

13. Es gab im vergangenen Jahr viel Grund und Anlaß, Dank zu sagen. In Flamersheim wurde in einem Festakt der Geschichte der Gemeinde gedacht. Die Kirche in Flamersheim wurde vor 225 Jahren errichtet; sie ist der älteste evangelische Kirchbau in unserem Kirchenkreis in einer noch viel älteren Gemeinde, die sich einst in der Diaspora als eine »Gemeinde unter dem Kreuz« hat behaupten müssen.

In Euskirchen ist am 27.8.2000 dankbar die Arbeit des dortigen Diakonischen Werks bedacht worden bei dem Abschied der langjährigen Mitarbeiterinnen Frau Podschaske und Frau Schenk. Das 40jährige der Pauluskirche in Bad Godesberg konnte am 9. April 2000 gefeiert werden.

Das Kantantenorchester in Bad Godesberg beging sein 25jähriges Bestehen mit einem Konzert in der Marienforster Kirche am 29. Oktober. Und die Heilandgemeinde feierte am 30.9./1.10.2000 die über 40jährige Geschichte der Kantorei mit festlichen Veranstaltungen und der Veröffentlichung einer Festschrift.

Vorgestern ist mit einem Gottesdienst in der Bonner Schloßkirche und einem Empfang im *Haus der Evangelischen Kirche* das 25jährige Bestehen des Diakonischen Werkes der Kirchenkreise Bad Godesberg-Voreifel und Bonn gefeiert worden. Das alles geschah als Dank gegen Gott. Dem schließe ich mich mit diesem Rückblick an.

Ein Blick nach vorn am Schluß: Unsere *Stiftung Zukunft mit Familien* kann nun ins Leben treten, wenn heute die gut vorbereitete Satzung verabschiedet wird. Seit dem 1.3.2000 ist Patrick Martin damit beschäftigt, der Stiftung mit einem Kuratorium und Förderkreis den Weg zu ebnen. Nach drei Jahren soll die noch unselbständige Stiftung in eine rechtsfähige Stiftung umgewandelt werden, um fortan aus den Zinsen des in drei Jahren anzusammelnden Stiftungsvermögens die familienbezogene Arbeit unserer Gemeinden finanziell zu unterstützen. Die Aufbauphase wird wissenschaftlich vom Marburger Lehrstuhl für Sozialethik begleitet und ausgewertet; als Modellprojekt wird unser Unternehmen vom Land Nordrhein-Westfalen durch Übernahme des Großteils der Personalkosten gefördert.

Arbeit und Leben in Gemeinde und Kirchenkreis haben mir Freude gemacht. Ich danke allen herzlich, deren gute Arbeit beigetragen hat zum Gelingen von Gemeinschaft in den Gemeinden und im Kirchenkreis und in den weltweiten Partnerschaften. Und ich danke besonders all' denen, mit denen ich täglich zusammengearbeitet habe.

Wenn wir über allem Gott selbst danken, dann bedeutet dies: auch ein Rückblick endet mit der Zuversicht auf ihn und das bedeutet: in der Gewißheit einer guten Zukunft unserer Kirche und unserer Gemeinden.

13. Gott weiß allein die rechte Zeit

Weilerswist (Martin-Luther-Kirche),
10. November 2001

1. Auf der einen Seite:

1.1 Kirche in der Zeit. Das Kirchenjahr 2000/2001 geht zu Ende. Ein Jahr tiefer Veränderungen in der Welt. Es ist notwendig, daß wir uns besinnen auf unseren Glauben. *In allen meinen Taten laß ich den Höchsten raten - er weiß allein die rechte Zeit - er weiß zu allen Sachen Rat - nichts wird mir fehlen, was mir ewig nützt* (Paul Fleming, EG 368). Was mir ewig nützt, darum geht es schließlich. Um diesen Horizont, in dem manches, was wir denken und sorgen, entweder unbedeutend wird oder aber bei aller Schwere von Situationen diese doch in ein Licht bringt, das über sie hinausreicht.

Die Weltgeschichte hat mit dem 11. September ein neues schreckliches Datum in sich aufnehmen müssen. Ein Verbrechen höllischer Dimension hat die Menschheit erschaudern lassen. Wie ist aus dem Teufelskreis von Schuld und Wahnsinn herauszukommen? War uns nicht längst gesagt, welche Nöte auf der Menschheit lasten? Wo liegen die Ursachen dafür, daß Notwendiges nicht geschah und nicht geschieht? Wie handlungsfähig sind die Völker? Wer unschuldig ist, der werfe den ersten Stein ... Wer ist unschuldig? Die Wunden, die jetzt ein Krieg schlägt, werden lange, lange nachwirken, und Haß wird aus Haß hervorgehen. Das uns nahegelegte Schema: Kampf des Guten gegen das Böse trägt nicht. Das christliche Erbe erlaubt nicht die Verbindung unseres Glaubens mit einer Überhöhung des Nationalen. Wir haben es bitter gelernt. Wir glauben nicht an allerlei Mächte, sondern an den Herrn, der sich uns in Christus zeigt. Die Frage: Was dürfen wir hoffen? hat damit die entscheidende Antwort. Nicht aber die Frage: Was können, was sollen wir dann tun?

Hier ist unsere Vernunft gefragt, unser Fleiß, unsere Wahrhaftigkeit. *Niemand hat Gott je gesehen; der eingeborene Sohn, der in des Vaters Schoß ist, der hat es uns verkündigt* (Johannes 1, 18). Für diese Verkündigung sollen wir Worte unserer Zeit finden. Wir sollen für sie einstehen mit unserem Herzen und mit unserem Denken.

Zum Krieg in Afghanistan und zur Bekämpfung des Terrorismus hat Pfarrer Doepner eine Erklärung vorbereitet, die wir noch vor der Synode verschickt haben. Daraufhin hat Jutta Mack ebenfalls einen Text entworfen, den wir Ihnen heute vorlegen.

1.2 Kirche und Theologie. Mir ist aufgefallen, daß die Kirche um theologische Arbeit zu aktuellen Fragen der Menschheit sozusagen »von außen« gebeten wird und daß auch wesentliche Anregungen »von außen« kommen, so als hätten bei uns Ängstlichkeit oder Abgelenktheit notwendige Arbeit liegen lassen.

Karlfried Gründer hat einmal im Blick auf Johann Georg Hamann geschrieben: *Zu der Zeit, da die Theologen entweder den Glauben an den Verstand oder die Lehre an das Gefühl verrieten, mußte ein Zöllner die fällige Theologie machen, auf seine Weise* (*Hamann in Münster*, in: Erich Trunz [Hg.], *Fürstenberg, Fürstin Gallitzin und ihr Kreis*, Münster 1955, S. 74).

Manchmal denke ich an dieses Wort, weil man den Eindruck haben kann, es gebe über den verständigen Alltagsaufgaben der Kirche und der persönlichen Frömmigkeit der Einzelnen immer wieder ein Defizit an theologischen Klärungen; und wir täten gut daran, auf das zu achten, was Philosophen, Mediziner, Politiker fragen.

Zwei Beispiele: Der Philosoph Michael Theunissen hat uns neulich gemahnt, in den religiösen Dialogen unserer Zeit nicht die Einzigartigkeit der Christologie zu opfern (FAZ 17.5.2001). Er seinerseits geht Wege einer *negativen Theologie*: Aus Erfahrungen von Leid und Vergänglichkeit sucht der Mensch Zugang zu *Positivem, Tragendem, Bergendem* und damit eben zu dem, *dessen wir nicht unmittelbar habhaft werden können*. Ich sehe hier eine sich bescheidende Philosophie, die geöffnet ist zur Theologie hin, und sehe darin eine Ermutigung für einen Dialog und überhaupt für die theologische Arbeit in der Kirche.

Oder: Jürgen Habermas, ausgezeichnet mit dem Friedenspreis des deutschen Buchhandels 2001, erhebt in der Frankfurter Paulskirche die Stimme und erklärt, es gehe nun wieder um *Glauben und Wissen* (vgl. den Abdruck der Rede in der FAZ vom 15.10.2001). Um dieses Thema. Das uralte. Angeblich völlig überholte. Und zwar in diesem Sinne: Die Menschheit könne über die Polarität von Frömmigkeit und Wissenschaft nicht hinauskommen. *Als sich Sünde in Schuld, das Vergehen gegen göttliche Gebote in den Verstoß gegen menschliche Gesetze verwandelte, ging etwas verloren*.

Also mehr Mut, so finde ich manchmal, in der Kirche das Eigene und Besondere des christlichen Glaubens im Verhältnis zu den Fragen unserer Zeit zu formulieren. Wir haben ja ein reiches Erbe, um für das Gegenüber Gottes zur Welt auch für die Gegenwart Worte zu finden. Und um den besonderen Ort zu bezeichnen, von dem aus der Glaube an Jesus Christus zu reden versucht. Zum Beispiel nicht zu reden über Gott und die Welt, so als gebe es einen Standpunkt oberhalb des Glaubens, sondern zu reden *aus* dem Glauben heraus, aber doch so, daß das Verhältnis der Glaubensrede zu einer säkularen Selbstverständigung des Menschen unserer Zeit bezeichnet werden kann. Das ist eine mühsame und tägliche neue Aufgabe; es gilt, über den Nachlässigkeiten des Lebens und über dem Fragmentarischen und der Zeitgebundenheit persönlicher Einsicht an dieser Stelle nicht auszuweichen. Wir haben, wie gesagt, ein reiches Erbe, in dem wir Hilfe finden. Wenn wir die Bücher wieder aufschlagen. Als Gerhard Ebeling vor einigen Wochen starb, nahm ich sein *Wesen des christlichen Glaubens* noch einmal in die Hand und fragte mich beinahe vierzig Jahre nach der ersten Lektüre, wie viel hier immer noch ungehoben auf einen Prediger wartet, etwa in einem Satz wie diesem: Wenn es um *die Person Jesu* geht, dann handelt es sich *nicht um einen Gegenstand des Glaubens, sondern um den Zeugen des Glaubens, der zum Grund des Glaubens wird* (*Das Wesen des christlichen Glaubens*, München/Hamburg 1964, 57). Es gibt einen notwendigen Übergang von der Sache zur Person, vom Objekt zum Subjekt; ein Zeuge wird zum Grund, ein Zeugnis - und doch kann und muß man davon reden und wissenschaftliche Verständigung suchen.

Einerseits ist Szientismus kein Ratgeber des Lebens, auf der anderen Seite ist ein Verzicht auf das saubere Argument der Vernunft ein Danaergeschenk für den Glauben. Ängstlichkeit ist ein schlechter

Ratgeber, das Ausweichen davor, alle Aspekte einzubeziehen, rächt sich in den Verdrossenheit der Späteren - »wenn es denn doch so unklar bleibt ...«. Unser Glaube muß ja nichts fürchten; er verherrlicht keine Standpunkte. Nirgends liegen Offenbarungen bereit, aber Christus hat uns den Vater gezeigt. Und die Heilige Schrift ist längst nicht genug gelesen.

2. Auf der anderen Seite:

2.1 Die Finanzen. Immer wieder sind wir gefangen von finanziellen Fragen und Sorgen. Tatsächlich liegen hier erhebliche und ganz neue Aufgaben vor uns. Auch hierüber ist zu reden - ohne zu vergessen, daß es tatsächlich in der Kirche um unser ewiges Leben geht.

Wir erwarten einen weiteren Rückgang der Kirchensteuereinnahmen, sind im Augenblick aber besonders belastet durch hohe Rückzahlungsforderungen im Rahmen des sogenannten Clearing-Verfahrens. Darüber wird später noch berichtet werden.

Es hat sich ein aus allen Gemeinden beschickter Finanzausschuß gebildet und Klaus Ziegenhagen zu seinem Vorsitzenden gewählt. Der Ausschuß hat seine bewertende Arbeit intensiv begonnen und den Kreissynodalvorstand bei der Aufstellung des neuen Haushalts beraten. Herr Ziegenhagen wird heute aus der Ausschußarbeit berichten und die Arbeitsziele bezeichnen. Ich kann deshalb an dieser Stelle auf Ausführungen zur finanziellen Lage des Kirchenkreises und der Gemeinden verzichten.

Die Gemeinden, die seit Jahren auf den innersynodalen Finanzausgleich angewiesen waren, haben erhebliche Anstrengungen unternommen, um Einsparungen zu erzielen. Erfolge sind schon eingetreten oder sind abzusehen. Zugleich ist es unverändert schwierig, in unseren Gemeinden Verständnis für die Notwendigkeit von Einsparungen, namentlich bei den Pfarrstellen, zu finden. Und es sind weitere Sparmaßnahmen nötig.

Wir werden in vieler Hinsicht in den Gemeinden bescheidener werden müssen. Die Inhalte aber der Verkündigung und der Seelsorge

Abb. 23 *Versöhnungskapelle, Rheinbach-Merzbach*

sind notwendig wie eh und je und gerade in der jüngsten Zeit in unerwarteter Schärfe herausgefordert. Ich wünsche mir, daß die theologische Arbeit die Gemüter beschäftigen wird, die Pfarrerinnen und Pfarrer ebenso wie die Nichttheologen. Die Worte der Bibel sind in bewegender Weise transparent für die Fragen und die Nöte unserer Zeit. Das wird zu vertiefter Beschäftigung mit der Heiligen Schrift wie überhaupt hoffentlich zu neuer Intensivierung theologischer Bemühung führen.

2.2 Die Strukturen. Die Lösung der Probleme liegt durchaus nicht immer in Fusionen von Einrichtungen, von denen man sich Einsparungen erhofft. Aber oft helfen Konzentrationen doch ein Stück weiter, wenn man nur schonend vorgeht und sich sehr genau fragt, an welchen Stellen das verloren ginge oder gefährdet wäre, was gerade der Sinn aller Arbeit ist, also etwa die Nähe zum Menschen. Es ist in den letzten Jahren von vielen Menschen viel Zeit und Kraft investiert worden, um das Eine zu tun und das Andere nicht zu lassen. Umgesetzt ist bis jetzt noch wenig, zu wenig. Im nächsten Jahr wird gehandelt werden müssen, wenn wir nicht zu spät kommen wollen und überstürzt womöglich dann das tun, was gerade nicht sein sollte.

Die Pfarrbezirke müssen den veränderten Gemeindegliederzahlen angepaßt und damit auch den finanziellen Verhältnissen angepaßt werden. Um einen Gottesdienst zu besuchen, wird man vielleicht hier und da wieder etwas weiter gehen müssen. Mancher Dienst wird eingeschränkt werden müssen. Es wird nicht sinnvoll sein, aus Teilpfarrstellen die unveränderte Fülle der Dienste erzielen zu wollen; es würde schief gehen und würde auch Unrecht gegen die Menschen erzeugen, die es mit ihrem pastoralen Dienst ja gut meinen. Ob sich die Errichtung von Pfarrstellen mit eingeschränktem Dienst überhaupt empfiehlt, ist mir fraglich. Es ist der Schaffung von vollen Pfarrstellen bei veränderten Aufgabenbereichen, auch Zusammenfassungen über bisherige Gemeindegrenzen hinweg, der Vorzug zu geben. Wie über die Pfarrstellen ist auch über andere Dienste in den Gemeinden und im Kirchenkreis nachzudenken.

Immer noch wartet die Frage auf eine Lösung, ob und dann welche Aufgaben in den Kirchenkreisen jeweils stellvertretend für den oder die Nachbarkirchenkreise wahrgenommen werden können, so daß eine Entlastung entsteht. Es hat hierzu erst jüngst Gespräche zwischen den Kirchenkreisen gegeben, und ich denke, hier wird man bald weiter kommen.

Dringend ist die Reform der Verwaltungsstruktur durchzuführen. Jahrelange Vorarbeiten sind geschehen. Wenigstens in unserem Kirchenkreis sollten möglichst bald die beiden Verwaltungsdienststellen miteinander verzahnt werden. Vermutlich wird dies aber nur ein Anfang sein, dem sich eine Kombination mit Dienststellen der Nachbarkirchenkreise anschließen wird.

So viel zu den beiden Polen gegenwärtigen kirchlichen Lebens. Sie streben auseinander, sie müssen aber zusammengehalten werden. Und faktisch geschieht das auch im Leben der Gemeinden und in der Arbeit der Gremien. So sehr wir uns mit Finanz- und Strukturfragen herumschlagen, so sehr halten Verantwortung und konkrete Arbeit das alles doch zusammen mit den Inhalten des kirchlichen Lebens.

3. Der lebendige Kirchenkreis:

3.1 Die Gemeinden: Strukturen und Personalia. Das vielfältige Leben in unseren Gemeinden kann sich in meinem Bericht nicht spiegeln. Den Presbyterien ist für treue Arbeit sehr zu danken, vielen weiteren Ehrenamtlichen und auch den haupt- und nebenamtlich Tätigen.

Die *Christus-Kirchengemeinde* Bad Godesberg hat erhebliche Anstrengungen unternommen, um künftig ihren Haushalt aus eigenen Mitteln zu decken. Sie verzichtet auf das Söderblomhaus und damit auf ein Feld bisheriger Arbeit. Sie gibt das Zentrum Thomaskapelle zu großen Teilen auf, läßt eine Pfarrstelle nach Ausscheiden von Pfarrer Georg Terpitz im März des Jahres unbesetzt, wartet darauf, daß die Erlöser-Kirchengemeinde sich an diesem Punkte mit ihr zusammenschließt. Jan Reintjes tut dort nun als Pfarrer zur Anstellung Dienst, er wurde am 7.10.2001 in der Christuskirche ordiniert. Dr. Bernd U. Schipper hat mit dem Oktober sein Vikariat abgeschlossen.

In der *Erlöser-Kirchengemeinde* Bad Godesberg besteht der Wunsch, nach meinem Ausscheiden möglichst weiterhin bei zwei Pfarrstellen zu bleiben. Mein bisheriger Pfarrbezirk soll etwas erweitert und künftig von Pfarrer Norbert Waschk wahrgenommen werden. Der nördlich gelegene Pfarrbezirk soll so definiert und besetzt werden, daß er mit dem ehemals Terpitzschen Pfarrbezirk der Christus-Kirchengemeinde zu Teilen verbunden werden kann. Die Gespräche zwischen den Gemeinden halten an. Der Kreissynodalvorstand empfiehlt, eine zunächst avisierte Pfarrstelle mit eingeschränkten Dienst lediglich als Übergangslösung zu betrachten und auf eine von beiden Gemeinden getragene volle Pfarrstelle zuzugehen.

Pfarrerin z.A. Simone Klaus wird zum Jahresende in den Mutterschutz treten. Pfarrer z.A. Privatdozent Dr. Harald Schroeter-Wittke nimmt die Vertretung eines Lehrstuhles in Paderborn wahr.

Die *Johannes-Kirchengemeinde* Bad Godesberg hat ihre Aufgabenstellungen so alteriert, daß die pastorale Arbeit auf zwei statt bisher drei Pfarrstellen zugeschnitten sein wird. Nach Verabschiedung von Pfarrer Klaus Kohl und Pfarrer Dr. Kai Dose (zum 1.1.2001) waren zwei Pfarrer zur Anstellung eingewiesen worden: Horst Gaevert und Andreas Satzvey. Andreas Satzvey ist inzwischen nach Köln umgewiesen worden. Das Presbyterium ist nun mit der Besetzung der neu definierten zweiten Pfarrstelle beschäftigt. Gegenwärtig hat Pfarrer Christian Werner die nicht leichte Aufgabe, über seinen früheren Bezirk deutlich hinaus zu wirken und als Vorsitzender des Presbyteriums dessen Bemühungen um eine neue Struktur der Gemeinde zu leiten.

Am 27.5.2001 ist in der Johanneskirche der Direktor der Otto-Kühne-Schule, Hans Georg Kercher, zum Predighelfer ordiniert worden. Wir sind dankbar für seine Hilfe im Predigtdienst. Seit dem Frühjahr ist Susanne Esposito als Vikarin in der Gemeinde tätig.

Auch in der *Heiland-Kirchengemeinde* und in der Kirchengemeinde Wachtberg wurden eine Predigthelferin und ein Predigthelfer ordiniert: Susanne Hartenstein am 22.11.2000 und Dr. Wolfgang W. Osterhage am 8.4.2001. Beide wirken dankenswert im regelmäßigen Predigtdienst mit. Pastor Jochen Kleinebreil hat seinen Dienst in der Gemeinde und im Kirchenkreis im Juli 2001 beendet.

Vikarin Simone Werner, bisher in der Heiland-Kirchengemeinde, ist im Oktober nach Meckenheim umgewiesen worden.

Die *Paulus-Kirchengemeinde* hat den kirchenmusikalischen Dienst eingeschränkt bzw. verändert, um Einsparungen zu erzielen. Von ihr gingen auch Anstöße aus, für die Kindergärten in Bad Godesberg einen gemeinsamen Weg zu finden. In der Paulus-Kirchengemeinde ist neben Pfarrerin Iris Giesen zur vorübergehenden Entlastung Pfarrerin zur Anstellung Michaela Schuster tätig; sie ist am 19.11.2000 ordiniert worden. Die Gemeinde hat in diesem Jahr das 25jährige Bestehen ihres Diakonie- und Buchvereins BRÜCKE feiern können. In der Paulus-Kirchengemeinde hat Tanja Kraski ihr Vikariat mit dem II. Examen beendet.

In der *Kirchengemeinde Flamersheim* konnte nach der Emeritierung von Pfarrer Winfried Wengenroth die Pfarrstelle umgehend neu besetzt werden. Zum 1.7.2001 wurde Pfarrerin Christina Fersing in ihr Amt eingeführt. Wir begrüßen sie heute in unserer Synode mit guten Wünschen. Die Frage der künftigen Zusammenarbeit der Gemeinde mit der Kirchengemeinde Euskirchen oder auch einer besonderen Abstimmung mit Odendorf als einem Teil der Kirchengemeinde Swisttal wird weiter zu bedenken sein. Mit Hilfe des Kirchenkreises wird in Flamersheim das Gemeindezentrum erfreulich erweitert.

Pfarrer zur Anstellung Stephan Kern ist in die *Kirchengemeinde Zülpich* umgewiesen worden. Dort war Pfarrer zur Anstellung Jörg Weinberg, ordiniert am 4.2.2001, ausgeschieden; eine pfarramtliche Entlastung ist hier wie in Münstereifel auch künftig nötig. In Zülpich ist im Juni das 50jährige Bestehen der Christuskirche feierlich begangen worden.

In der *Kirchengemeinde Münstereifel* ist neben Pfarrer Frank G. Raschke zur Entlastung Pfarrer zur Anstellung Thomas Tillman tätig. Familie Tillman gratuliere ich zum am 6.11. geborenen Sohn Lukas Johannes. Pfarrer Raschke hat vor, für ein Jahr in einen Erziehungsurlaub zu gehen, so daß wir für diese Zeit die Landeskirche um die Einweisung einer weiteren Theologin oder eines Theologen gebeten haben.

In der *Kirchengemeinde Euskirchen* ist Tanja Kamp-Erhard aus dem Vikariat ausgeschieden wegen der Berufung ihres Mannes in ein Pfarramt.

In Euskirchen ist für Pfarrer Knut Dahl-Ruddies ein Antrag auf Freistellung zum 31.12.2001 gestellt worden. Er möchte eine wissenschaftliche Arbeit anfertigen. Für unseren Kirchenkreis ist er bereit, die Synodalbeauftragung für den konziliaren Prozeß zu übernehmen. Auch in Euskirchen steht eine Erweiterung des Gemeindezentrums bevor, die vom Kirchenkreis gefördert werden soll.

In der *Kirchengemeinde Meckenheim* sind alle drei Pfarrstellen neu besetzt. Die Gemeindegliederzahlen sind hoch, aber die Errichtung einer weiteren Pfarrstelle kann wohl nicht erwogen werden. Bis zum März nächsten Jahres wird Pfarrer zur Anstellung Dietrich Jeltsch dort tätig sein. Auch hier hoffen wir weiterhin auf landeskirchliche Hilfe. Als Vikarin ist, wie gesagt, jetzt Frau Werner (bei Pfarrerin Zädow) tätig. Zu Pfarrer Mölleken ist Vikar Dirk Fiedler eingewiesen.

In der *Kirchengemeinde Rheinbach* ist zur Entlastung des Assessors Pfarrer Dr. Eberhard Kenntner Pfarrer zur Anstellung Dr. Diethard Römheld tätig. Zu Pfarrer Schaefer ist Vikarin Iris Fabian eingewiesen. Die Gemeinde hat im Mai/Juni ihr 50jähriges Bestehen eindrücklich gefeiert, u.a. mit einem Festgottesdienst, in dem der Vizepräses, Nikolaus Schneider, die Predigt hielt.

In der *Kirchengemeinde Swisttal* ist Ende März 2001 Pfarrer z.A. Volkmar Kamp ausgeschieden. Er hat eine Pfarrstelle im Süden unserer Landeskirche übernommen. In der Gemeinde Swisttal war er insbesondere für Odendorf zuständig. Die dortigen pastoralen Dienste werden jetzt von den beiden Pfarrern der Gemeinde wahrgenommen. Frau Bettina Wittke hat ihr Gemeindevikariat mit dem II. Examen abgeschlossen und ist in ein Sondervikariat im Bereich der Öffentlichkeitsarbeit eingetreten.

In der *Kirchengemeinde Weilerswist* geht Pfarrer Felix Doepner zum 1.1.2002 in den Ruhestand. Am vorigen Sonntag ist in einem Wahlgottesdienst Pfarrerin Renate Schäfer zu seiner Nachfolgerin gewählt worden.

Aus dem Leben der Gemeinden berichten die Gemeindebriefe. Es lohnt sich, sie sorgfältig zu lesen und aufzubewahren. Hier werden in Leitartikeln immer wieder wichtige Themen reflektiert. Hier spiegelt sich die ganze Fülle von Aktivitäten in den Gemeinden nach innen und nach außen.

So intensiv das Leben hier am Ort ist, so ist auch die Fülle der Partnerschaften in alle Welt beeindruckend. Besonders dankbar sehe ich, wie auch in diesem Jahr in der Heiland- und in der Johannes-Kirchengemeinde große Hilfslieferungen in den Osten auf den Weg gebracht werden.- Eine besondere Freude ist auch das reiche kirchenmusikalische Leben in den Gemeinden.

3.2 Kirchenkreis. Im Kirchenkreis hat im Januar des Jahres ein neuer *Kreissynodalvorstand* seine Arbeit aufgenommen. Als neue Mitglieder gehören ihm an: Diethelm Bopp und Dr. Eckehard König. Und die Stellvertreter: Pfarrer Klaus Merkes und Pfarrer Edgar Hoffmann sowie Gisela Brech und Harald Krehl. Pfarrer Dr. Eberhard Kenntner hat das Amt des Assessors, Pfarrerin Iris Giesen das der Scriba übernommen.

Wir sehen dankbar die Arbeit unserer beiden *Diakonischen Werke* in unserem Kirchenkreis, in Euskirchen und in Bonn. Auch hier sind erhebliche Einsparungen notwendig. Zugleich ist überdeutlich, daß unsere Gesellschaft als ganze auf unsere diakonischen Einrichtungen angewiesen ist; daß ihre Leistungen einen ganz festen Platz im öffentlichen und privaten Leben haben. Sie sind unverzichtbar. Ich weiß, daß von öffentlicher Seite diese kirchliche Tätigkeit sehr geschätzt wird und daß die Zusammenarbeit mit den Kommunen gut ist.

Das *Behindertenreferat* der Kirchenkreise Bonn und Bad Godesberg-Voreifel ist seit einigen Jahren in unser gemeinsames Diakonisches Werk eingegliedert worden. Wir haben es in den letzten Wochen visitiert. Die Arbeit ist in den letzten Jahren erweitert worden, zugleich ist sie zu einem großen Anteil refinanziert. Es ist ermutigend zu sehen, wie die kirchliche Seelsorge Menschen nachgeht und auf besonderen Feldern neue besondere Formen findet. Das gilt ebenso für die Gehörlosenseelsorge, die Klinikseelsorge wie die Seelsorge in den Vollzugsanstalten.

In der *Justizvollzugsanstalt Rheinbach* ist nach Verabschiedung von Pfarrer Klaus Matthes als Gefängnisseelsorgerin Pfarrerin Heike Rödder am 2.9.2001 eingeführt worden. Wir haben dankbar von Pfarrer Matthes Abschied genommen.

In Rheinbach war bis zum Anfang des Jahres Pastor im Sonderdienst Dirk Nolte in der Studierendenseelsorge an der Fachhochschule tätig. Außerdem hatte er in der Glasfachschule Pfarrerin Gudrun Schlösser vertreten. Er hat inzwischen eine Schulpfarrstelle in Köln übernommen. Für die Hochschulseelsorge muß seitens der Landeskirche noch eine Lösung gefunden werden.

In der Glasfachschule Rheinbach ist Pfarrerin Gudrun Schlösser aus familiären Gründen endgültig aus dem Dienst ausgeschieden. Ihr Stelle ist zur Wiederbesetzung ausgeschrieben.

Wir müssen Sorge dafür tragen, daß unser Glaube in Schule und Gesellschaft mit den Mitteln gründlicher Bildung zur Sprache kommt, als Gesprächspartner der Bildung, als ein Begleiter der Gesellschaft, der sie ernst nimmt und der weiter denkt, als sie es oft tut.

Kein Verzicht auf Klarheit! Kein Verzicht auf Niveau! Es ist hierzu das zu bedenken, was Elisabeth Thissen, die Schulreferentin, über die Situation in den Schulen geschrieben hat (Jahresbericht 2001). Der evangelische Glaube nimmt die Gesellschaft kritisch wahr. Er hat seine Freiheit, indem er sich von Gott befreit findet - der Mensch gerechtfertigt - *der Strick ist zerrissen, der Vogel ist frei* - das muß mit Schülern in der Schule gefunden und buchstabiert werden, aus Religion über Religion nachdenkend und dann auch über vieles anderes, über alles andere. Unser Glaube befreit zur Bildung, braucht Bildung.

Die Begegnung mit der *Jugend* in unserer Kirche bei unserer Kreissynode im Frühjahr war eine Ermutigung. Wir wissen, wie schnell sich schablonenhaftes Urteil zwischen die Generationen schiebt. Das ist kein Wunder angesichts des sehr schnellen Wandels von Lebensformen in unserer Zeit.

Der Jugendausschuß tritt heute an die Synode mit einigen Vorschlägen und Wünschen heran. Es ist gut, daß es solche Anliegen der Mitarbeit und Teilnahme gibt. Über das Einzelne werden wir später noch zu sprechen haben.

Ich freue mich, daß das Jugendpfarramt die wichtigen Kontakte nach Polen und Israel pflegt.

Begegnungen mit Jugendlichen in Israel mußten in diesem Jahr wegen der Sicherheitslage zurückgestellt werden. Aber im Dezember kommen wieder Gäste aus Israel hierher, und alle Beteiligten sind sich darin einig, daß die Partnerschaft weitergeführt werden soll.

Auch die Partnerschaft mit Lodz ist lebendig. Eben ist Pfarrer Gisbert Hatscher mit einer Delegation des Fachausschusses in der Matthäi-Gemeinde in Lodz gewesen. Die Kollekte unserer letzten

Synode, die dort übergeben wurde, hat Dankbarkeit und Freude ausgelöst. Ein weiterer Jugendaustausch ist vereinbart.

Im Jugendpfarramt sind Ende vorigen Jahres und im April diesen Jahres Ilse Kistler und Renate Walkhoff mit dem Eintritt in den Ruhestand aus dem Dienst geschieden. Eine der beiden Stellen ist inzwischen durch Frau Heike Werner besetzt worden.

Im *Frauenreferat* hat Sabine Cornelissen, eingeführt am 17.02.2001, ihren Erziehungsurlaub, während dessen sie aber mit 19 Stunden beschäftigt war, abgeschlossen. Die Sekretärin Helga Berbuir ist zum 31.07.2001 in den Ruhestand getreten. Ihre Stelle wurde danach auf sieben Stunden in der Woche reduziert und wurde inzwischen mit Ingrid Wellenbeck (zum 15.08.2001) besetzt.

Pfarrer Rudolf Gebhard, der Pfarrer unserer Francophonen Gemeinde, hat in dem klaren und nüchternen Bericht, den er als *Ausländerbeauftragter* unseres Kirchenkreises vorgelegt hat, gezeigt, wie auf unspektakuläre Weise in der Begegnung mit Ausländern etwas geschehen kann, um schlichten Neigungen entgegenzutreten, die Welt vom Bauchnabel aus zu deuten und alles im Schatten zu finden, was nicht die Zufallsfreude der Nabelnähe besitzt.

Hilfe wächst nur da, wo alle Kraft des Herzens und des Verstandes eingesetzt ist, die ganze Person beteiligt. Man kann das im Einzelnen etwa belegt finden in dem Tätigkeitsbericht der *Evangelischen Beratungsstelle für Erziehungs-, Jugend-, Ehe- und Lebensfragen*. Hilfe für die Seelen ist notwendig. In den üblichen Nachrichten kommt das Wort Seele kaum vor. Was heißt das? Wo doch die Seele die Mitte des Menschen ist.

Sorge um die Seelen ist Sorge um die Menschen, heißt es in dem Bericht der *Telefonseelsorge*. Unendlich einsam werden Menschen in unserer so lebhaften, kommunikativen Welt - ist alles Schein? Alles unwahr, was so laut sich dartut als unsere Wirklichkeit? Alles sehr einseitig, sehr verkürzt - die Dialektik leugnend, in der wir stehen - hier Menschenleistung und Mencheneinsicht, dort aber die Tatsache, daß wir Kinder sind und bleiben; und daß sich vieles nur von daher sehen läßt, daß wir schlechthin abhängig sind von Gott.

Darum ist nun öffentlich zu reden - noch einmal zu diesem Thema: Kirche in der Gesellschaft. Hoch interessant ist, das was Pfarrerin

Gudrun Schlösser unter dem Stichwort *Sekten und Weltanschauungsfragen* berichtet. Über die erstaunliche Bereitschaft zu einer kruden »Gläubigkeit« bei Menschen unserer Zeit. Die Gesellschaft ist keineswegs neutral, man ist nur skeptisch gegenüber dem, was von der Kirche kommt. Aber was bedeutet das im Ernst?

Die evangelisch-katholische *Ökumene* ist in unserem Kirchenkreis eine gelebte Realität. Für eine Einschätzung der Situation insgesamt verweise ich auf den Bericht unseres Synodalbeauftragten für innerdeutsche Ökumene und Catholica Pfarrer Markus Schaefer. Auch hier ist sorgfältige theologische Arbeit von uns gefordert. Daß die Dinge etwas komplizierter liegen, als manche es wünschen, habe ich schon seinerzeit angesichts der *Gemeinsamen Erklärung* gesagt. *Dominus Jesus* hat es sichtbarer gemacht. Schon in der *Gemeinsamen Erklärung* war der diplomatische Wille weitergegangen, als die systematische Substanz hergab. Wenn wir nur beieinander bleiben und uns gegenseitig anerkennen und uns der Vielfalt freuen, ist viel gewonnen. Auch die Heilige Schrift birgt in sich unterschiedliche Aspekte und Akzente des christlichen Glaubens; die Unterschiede müssen nicht geleugnet werden, sie spiegeln die Geschichtlichkeit der Offenbarung - wir haben den Schatz in irdenen Gefäßen. Von diesem Schatz gilt es nach wie vor und für jede Zeit viel zu heben; vor allem aber: von ihm etwas im persönlichen Verhalten erkennbar zu machen. Neulich hat Bischof Dr. Joachim Wanke in der Bonner Schloßkirche gesagt: Es sei wie bei Opel - wer einen Opel verkaufen wolle, müsse selber Opel fahren. Es hilft nichts, wenn man zum Fenster hinaus predigt, anderen Leuten. Mal sehen, ob's jemand glaubt und ernst nimmt. Nein, die Bewährung kommt vorher. Unsere Rechtfertigungslehre verkleinert diesen ethischen Anspruch nicht.

Ich bin dankbar für das, was Dr. Wolfgang Kessel als Synodalbeauftragter für das *Christlich-Jüdische Gespräch* zuwege bringt. Sein Bericht stellt aus der neuen EKD-Studie *Christen und Juden III* folgenden wichtigen Satz in die Mitte seiner Erwägungen: »Sinnvoll und weiterführend sind Dialoge nur dann, wenn beide Partner sich selbst, ihre eigenen Positionen und die dahinter stehenden Traditionen in ihrer Tragweite und Bedeutung aufzuschließen bereit sind, und wenn gleichzeitig die Bereitschaft vorhanden ist, die Positionen und Traditionen ihres Gesprächspartners zu verstehen und ggf. den eigenen Standpunkt zu verändern. Dabei machen sie die Erfahrung, daß die Bereitschaft, den Partner in seiner Eigenständigkeit und individuellen Prägung wahrzunehmen, dazu führt, sich selbst neu zu erkennen und Neues über die eigene Identität zu erfahren.« Ich fahre fort: Über solcher Art Dialog nachzudenken, ist gerade in der neueren jüdischen Philosophie Anregendes gesagt worden. Mir scheint der hier bezeichnete Dialog hinauszuführen über manchen Engpaß, den es in den Bemühungen der Landeskirchen gegeben hat, beide Glaubenswege mehr von ihrer Ähnlichkeit und Gleichheit als von dem her zu sehen, was sie einander geben können. Das dem Bericht des Synodalbeauftragten beigefügte Papier jüdischer Theologen *Dabru Emet/Redet Wahrheit. Eine jüdische Stellungnahme zu Christen und Christentum* bietet reichlich Stoff, über das jeweils Eigene der beiden Glaubenswege nachzudenken.

Wirkliche Not herrscht nach wie vor in unserem *Partnerkirchenkreis Mbandaka* im Kongo. Die kirchlichen Verhältnisse sollen (mit unserer finanziellen Hilfe) neu geordnet werden. Hiltrud Pfnorr-Leihner hat mir einen kurzen Text dazu aufgeschrieben, aus dem ich einiges wiedergebe:

- Die Synode hat im September getagt. Laut der Aussage der Gäste aus Deutschland (Kakule Molo, Eva Meinerts, Pfr. Hölscher/Iserlohn) war sie außerordentlich gut vorbereitet durch Natana Weteto, der das Büro des Generalsekretärs leitet. Allen Synodalen lagen erstmals alle Unterlagen zur Beratung vor.
- Neuer Kirchenpräses ist Rev. Iwewe, der seit der Absetzung Dr. Ngilis zu Anfang des Jahres bereits Interimsgeneralsekretär war. Sein Stellvertreter ist Pfarrer Botsuna aus dem Kirchenkreis Boende, wohl ein jüngerer Mann. Zu den Personen bzw. Persönlichkeiten kann ich aus eigener Kenntnis keine Angaben machen.
- Der Mitarbeiterstab des Generalsekretariates ist von 45 auf 27 verkleinert worden. Dies geschah sowohl aus finanziellen Gründen als auch, um die Arbeit zu straffen. Bonanga ist weiterhin Partnerschaftsreferent, nun aber im »im Ehrenamt«, und hauptverantwortlich für die Druckerei zuständig, mit der bislang als einzigem Zweig der Kirche auch ein bißchen Geld in die Kirchenkasse kam.

Allerdings wird er nicht mehr mit der Weitergabe der Spendengelder der dt. Kirchenkreise befaßt sein. Unser Freund Maingowa arbeitet als staatlicher Schulinspektor.

- Die Synode hat die Vorschläge der Vorbereitungsgruppe zur Einsetzung von Kontrollmechanismen für die Finanzen beschlossen in der Hoffnung, daß ein größtmögliches Maß an Ordnung, Transparenz, Verläßlichkeit und Kompetenz das bisherige korrupte und auch unfähige System ablöse. Die Dachorganisation der Protestantischen Kirchen soll durch einen Fachmann die Kontrolle garantieren.
- Unser Kirchenkreis hat, wie die anderen deutschen Kirchenkreise auch, die Synode mit 5.000 DM mitfinanziert.
- Über unseren Partnerkirchenkreis wissen wir fast nichts. Die Werkstätten hatten wohl lange eine Zwangspause eingelegt und sollten im September ihre Arbeit wieder aufnehmen. Über die Stipendien liegen uns auch keine Angaben vor. Aus diesen Gründen fließen im Moment auch keine Gelder zu den Partnern.
- Alle Entwicklungen müssen sich nun erst mal zeigen, um eine Prognose für die Zukunft zu wagen. Ich kann im Moment nur abwarten und hoffen, daß die Partner es diesmal packen, denn sonst wird es eng für unsere Partnerschaft. Ein Besuch dort wäre dringend nötig, um mal selbst genau hinzusehen.

Dietmar Kehlbreier ist als Beauftragter für *Presse- und Öffentlichkeitsarbeit* ausgeschieden. Seine Nachfolge hat Dr. Uta Garbisch angetreten. Das umfangreiche und viel gefragte Arbeitsfeld wird mit einem bescheidenem Stundendeputat wahrgenommen. Dr. Garbisch gelingt eine Vernetzung der Informationen. Das wird als hilfreich empfunden. Auch hat sie Menschen dafür gewonnen, im WEG Berichte zu geben vom Leben in unserem Kirchenkreis und seinen Gemeinden.

Die Internet-Seite des Kirchenkreises ist seit einiger Zeit nicht mehr zu erreichen. Der Server der Evangelischen Kirche im Rheinland wurde verändert und erfordert Umstellungen - hier soll die Gelegenheit zu Überarbeitung genutzt werden.

Ich bin dankbar dafür, daß Siegfried Formanski aus Rheinbach, unterstützt vom landeskirchlichen Archiv und auch vom Landschaftsverband, ein *Archiv des Kirchenkreises* aufbaut. Wir können also sagen, wir haben jetzt einen Ort, an dem man Wichtiges aus der Geschichte des übergemeindlichen kirchlichen Lebens ablegen kann. Das ist nicht nebensächlich. Die Rückfrage der Späteren nach der Art und Weise, wie Menschen vor ihnen als Christen tatsächlich im Alltag der Gemeinde, in bestimmten Rechtsformen gelebt haben, wie sie sich um angemessene Formen kirchlichen Wirkens gemüht haben, welche Zuversicht in ihren Taten lag - diese Rückfrage gehört durchaus zur notwendigen Orientierung des Christen in seiner Zeit. Darum ist die historiographische Arbeit notwendig; und deshalb muß dafür gesorgt werden, daß unsere Gegenwart sich in dem tatsächlich spiegelt, was in die Archive wandert, um Späteren Auskunft zu geben.

Ein Arbeitskreis aus den Kirchenkreisen Bad Godesberg-Voreifel und Bonn hat die Einrichtung einer gemeinsamen *Notfallseelsorge* vorbereitet. Bescheidene Sachmittel sind in unserem Haushalt vorgesehen. In der nächsten Woche haben wir hierzu einen wichtigen Termin.

3.3. Weitere Projekte und Themen im Kirchenkreis und in den Gemeinden. Die Vortragsreihe *Nachdenken - Vordenken. Evangelische Perspektiven zur Jahrhundertwende* ist vor einem Jahr mit dem Vortrag von Manfred Kock abgeschlossen worden. Am Anfang hatte das Requiem auf einen polnischen Jungen gestanden. Inzwischen ist die Vortragsreihe in Buchform veröffentlicht, das Requiem auf einer CD beigegeben:* Die Themen des Bandes reichen von der Besinnung auf die deutsch-polnische Geschichte bis zu Ausblicken auf das künftige Europa und sein Verhältnis zu den Kirchen, vom Religionsunterricht bis zu der Propagandakraft von Bildern, von Luther über Schleiermacher und Harnack bis zu Karl Barth, von der evangelisch-katholischen Ökumene bis zum Verhältnis zu Israel und zum Islam, von der Jugendbewegung bis zum Feminismus in der Kirche, von der Bedeutung des Pluralismus in der Kirche bis zu den Aufgaben der Bioethik.

* Stephan Bitter (Hg.), *Nachdenken - Vordenken. Evangelische Perspektiven zur Jahrhundertwende* [mit der CD »Requiem für einen polnischen Jungen«], Rheinbach 2001.

Ein *Bibelweg* hat uns in das neue Jahr begleitet. In unserer jüngsten Gemeinde kam er am 1. Advent 2000 nach einem Weg durch alle Gemeinden der drei hiesigen Kirchenkreise im Ev. Gemeindezentrum Wachtberg-Niederbachem an sein Ziel.

Das Wort sie sollen lassen stan - das führt uns wieder und wieder auf das, was ewig nützt. Woran sollen wir sonst messen, woran uns festhalten, wo die notwendige Freiheit gewinnen? Wir laufen zu seinem Wort, wir fliehen zu Gott.

Der uns wieder und wieder in die Freiheit entläßt, hält und doch hinaussendet - gehe hin, laß dein Herz das Notwendige und das Gute finden; und laß deine Vernunft erleuchtet sein von dem Licht des Glaubens; laß dich beschenken mit der Ruhe und Souveränität des Christenmenschen.

Gegen die Gewalt. Wir wollen gegen alle Gewalt wirken, für die Freiheit - gegen das Zuschlagen, gegen die Rache, gegen die Blindheit, gegen unsere Vernunft, wenn sie nichts ist als ein toter Spiegel des Todes, lebloser Spiegel des Hasses; wenn die Vernunft nichts ist als Verteidigung schnöden Gewinns - *was hülfe es dem Menschen, wenn er die ganze Welt gewönne und nähme doch Schaden an seiner Seele ...?*

Die drei Kirchenkreise der Region haben einen Förderpreis *Gewalt überwinden* ausgeschrieben. Dank allen, die sich um diese Sache bemüht haben, Dank dem Fußballtrainer Ewald Lienen, der die Schirmherrschaft übernommen hat; Dank Pfarrer Felix Doepner und Brigitte Barnikol-Körner, die die Ausschreibung möglich gemacht haben; und Dank allen, die sich mit wunderbaren Projekten um den Preis beworben haben. Dies alles gehört hinein in die Dekade *Gewalt überwinden*, die im Februar eröffnet worden ist.

In vielen Gemeinden waren am 11.2.2001 Gottesdienste zum Auftakt der *Dekade zur Überwindung von Gewalt* [2001-2010] gefeiert worden. Heute wird Pfarrer Doepner ergänzend über den Preis berichten. Über die Vorträge und Workshops im Jahre 2002. Auch Ulla Heger und Dr. Manfred Wadehn ist in diesem Zusammenhang zu danken. Und den Öffentlichkeitsbeauftragten der drei Kirchenkreise, für uns also besonders Dr. Uta Garbisch.

Morgen wird im *Haus der Geschichte* in Bonn die Preisverleihung in einem festlichen Akt stattfinden. Er soll ein Zeichen sein. Ermutigung. Wenn man genauer hinsieht, findet man nicht nur, daß sich hinter manchem schönen Schein sehr Unschönes verborgen hat, man kann auch finden, daß Menschen das Gute suchen; daß wahr und wahrhaftig Gutes im Verborgenen liegt - wie in der Schöpfung, so auch in Menschentaten.

Reinhold Schneider hat einmal schön gesagt: *Ich war immer geneigt, den Stand des Christentums und der Kultur am Verhältnis des Menschen zur Kreatur zu messen und nur, wenn die Menschen alle sich für das Ganze der Schöpfung, für alles Leben als Beschützer einsetzen, können wir den Frieden erhoffen, den wir so sehr ersehnen* [Reinhold Schneider, *Leben und Werk im Bild*, Frankfurt/Main 1977, 124].

Die Stiftung *Zukunft mit Familien* ist in diesem Jahr deutlich in Erscheinung getreten, hat einen Preis ausgeschrieben und hat Menschen zur Mitarbeit gewonnen. Die Stiftung wird dort helfen, wo Menschen verschiedener Generationen Verantwortung für einander wahrnehmen. Der Zusammenhalt von Familien ist heute durch manche Entwicklung gefährdet. Ideell und finanziell kann geholfen werden. Pfarrer Hoffmann und Herr Martin werden vom Aufbau der Stiftung heute kurz berichten.

Unsere Kirche hat sich bemüht, zu wichtigen Fragen des Lebens das angemessene Wort zu finden, das Wort des freien Glaubens - zum Problem der Sterbehilfe, zur Frage nach der medizinischen Nutzung embryonaler Stammzellen. Die Wucht der Fragen war größer als die der Antworten. Der Ruf, die Bitte um Rat lauter als die Antworten. Anmaßende Rede aber wäre das Schlimmste.

Unbedingt notwendig ist die Besinnung auf das Unbedingte. Die Fragen der *Bioethik* begleiten uns, verlangen von uns einen besonderen Ernst der Verständigung, fordern uns in die Schranken - hier stehe nun also, verlasse deine Dialogpartner nicht, verketzere sie nicht; und verleugne nicht deine Herkunft: daß du glaubst: ich habe mein Leben aus Gottes Hand. Es muß das Feld ganz frei werden von wirtschaftlichen Absichten. Und von der Hybris. Beide Versuchungen sind immer gegenwärtig.

In den Erwägungen zur Bioethik hat die Herbstausgabe des *PROtestanten* besondere Beachtung gefunden. In der Herausgabe dieser regionalen evangelischen Zeitung geschieht eine beachtliche Wahrnahme der kirchlichen Aufgabe, ein Redeforum an den Schnittstellen von Kirche und Gesellschaft zu bieten. Ich freue mich darüber, daß sich unter Leitung von Pfarrerin i.R. Ilse Maresch ein Arbeitskreis Bioethik gebildet hat und energisch und deutlich aufsucht und ans Licht bringt, was unbedingt bedacht werden muß. Ein Positionspapier des Arbeitskreises kann heute hier verteilt werden.

Wir danken den Menschen, die in öffentlichen Stellungnahmen zu den hier angesiedelten Themen ihr Wort und ihre Person in die Waagschale werfen und uns helfen. Aus unserem Kreise danke ich insbesondere Frau Professor Sabina Laetitia Kowalewski.

4. Dank und Gedenken

Wir haben Abschied genommen von den Pfarrern Friedrich Bleek (4.9.1912-22.1.2001), früher Heiland-Kirchengemeinde; Werner Klingenheben (19.2.1924-22.3.2001), früher Johannes-Kirchengemeinde und Helmut Kolfhaus (23.9.1913-7.6.2001), früher Christus-Kirchengemeinde Bad Godesberg; von dem langjährigen Presbyter ebenfalls der Christus-Kirchengemeinde Albrecht Klein (4.6.1925-15.3.2001), der auch als Mitglied der Kreissynode und des Kreissynodalvorstandes gewirkt hat; und wir haben Abschied genommen von dem langjährigen Küster der Christus-Kirchengemeinde Helmut Rothe (5.8.1912-25.6.2001). Ich nenne diese Namen nur stellvertretend für viele, die uns wichtig sind.

Als wir Abschied nahmen, hatten wir Anlaß, an das wichtige Erbe des Kirchenkampfes zu denken. In Godesberg steht hierfür besonders der Name von Heinrich Kolfhaus. Die Stadt hatte vor Jahren eine Straße in Bad Godesberg nach ihm benannt. Jetzt hat sie auf meinen Antrag hin - ich folgte mit ihm einer Anregung Pfarrer i. R. Achim Quistorp -, eine erläuternde Tafel am Straßenschild hinzugefügt, die festhält, was wir eben festhalten müssen: daß in Godesberg der Pfarrer Kolfhaus in finsteren Zeiten nicht allerlei Mächten Glauben geschenkt hat, sondern allein dem Menschensohn. Es ist der Stadt Bonn zu danken, daß sie ihrerseits dieses Erbe ehrt.

Abb. 24 *Versöhnungskirche, Swisttal-Buschhoven*

Lassen Sie uns oft an Menschen denken, denen wir Dank schulden. Es ist notwendig, auf diese Weise Maß zu nehmen für eigenes Handeln.

Pfarrer i.R. Klaus Lohmann, hochbetagt auf dem Heiderhof lebend, die Jüngeren begleitend, ist geehrt worden. In Trier hat man ein kirchliches Haus nach ihm benannt, weil der junge Vikar in Nazi-Zeiten das Evangelium bekannt hat und damit beigetragen hat zu einem evangelischen Erbe, von dem wir bis heute zehren. Wir denken mit guten Wünschen an Klaus Lohmann und seine Frau.

Henning Schröer, emeritierter Praktischer Theologe in Bonn, ist zu seinem 70. Geburtstag mit einer Festschrift geehrt worden. Und zwar in einer engen Verbindung akademischer und kirchlicher Würdigung. Ich betone das, weil mir die Verbindung von Theologie und Kirche so wichtig erscheint. Unser Kirchenkreis ist Henning Schröer dankbar für Mitarbeit und zahlreiche Anregungen.

Dietrich Steinwede, früher Dozent am Pädagogisch-Theologischen Institut, ist mit der Theologischen Ehrendoktorwürde der Universität Bonn ausgezeichnet worden. Wir sind ihm nicht nur für viele hilfreiche Bücher dankbar, sondern auch für den Kontakt zu unseren Gemeinden und zu unserem Pfarrkonvent.

Der Frauenbeauftragten danke ich für den Bericht aus den Jahren 1999-2001. Die Vielfalt erfreut. Einen besonderen Gruß möchte ich Telse Kraaz sagen. Sie hat lange, wichtige Jahre hindurch den Frauenausschuß geleitet hat und nun den Vorsitz abgegeben hat. Ich danke ihr für ihre überlegte, das Wesentliche immer wieder bedenkende Art, auch auf ungewöhnlichen Wegen die Mitte zu bedeuten. Ich danke ihr für gute, eingehende Gespräche - für die Selbstverständlichkeit freundlicher Dialogkultur. Ihr Tätigkeitsbericht für die Jahre 1997 bis 2001 steht Ihnen als Tischvorlage zur Verfügung.

In der Frauenhilfs-Diakonieschwesternschaft ist Oberin Helga Funk in den Ruhestand verabschiedet worden. Ihre Nachfolgerin ist Oberin Barbara Kösterke. Frau Funk danke ich für viele vertrauensvolle Gespräche.

Zum Schluß. Meine Zeit als Superintendent und auch als Gemeindepfarrer neigt sich dem Ende zu. Mit raschen Schritten. Ich beeile mich, noch das zu sagen und zu tun, was jetzt geschehen muß. Dazu gehört vor allem der Dank.

Oft habe ich dankbar an meine beiden Vorgänger im Superintendentenamt Gerhard Saß (9.1.1913-8.2.1991) und Theodor Brandt (20.9.1925-3.6.1990) gedacht und tue dies auch heute.

Ich danke allen Synodalen, die in großer Treue zur Kirche stehen und den begleitet haben, von dem sie es wußten, daß er nach den Maßen seiner Kräfte versucht, seine Aufgabe zu erfüllen. Ich habe ein reiches Maß an Geschwisterlichkeit und menschlicher Wärme erfahren. Das bleibt ein Schatz meines Lebens.

Ich danke von Herzen den Menschen, die im Kreissynodalvorstand mitgearbeitet haben. Wir sind immer gemeinsam vorangekommen, haben uns nie verhakt. Ich habe viel Sachliches dabei gelernt. Vom Menschlichen ganz zu schweigen. Ich sage wie jene, die vor mir aus dem KSV gegangen sind: ich habe gerne mitgetan, es war eine gute Zeit.

Pfarrer Doepner geht zum Jahresende in den Ruhestand. Ihm ist für treue Arbeit in der Gemeinde und auch im Kirchenkreis zu danken. Er hat als Synodalassessor dafür gesorgt, daß der Superintendent nicht allein war, wo das hätte leicht so kommen können. Er hat brüderlich und ohne Aufhebens geholfen. Dafür Dank. Aber auch für das, was er Synodalbeauftragter für den konziliaren Prozeß in unserem Kirchenkreis getan hat; ich denke an die Umstellung auf Ökostrom und an die sonstige Beratung der Gemeinden in Sachen Umweltschutz.

Ich danke den Gemeinden für gute Zusammenarbeit und den Nachbarkirchenkreisen, den Werken und Ämtern, den Kommunen und auch der Presse.

Kirchenleitung und Landeskirchenamt haben Arbeit und Leben in unserem Kirchenkreis stets hilfreich begleitet. Auch dafür ist besonders zu danken.

Schließlich danke ich herzlich meinen täglichen Mitarbeiterinnen in der Superintendentur, insbesondere dem jetzigen vorzüglichen Team: Brigitte Barnikol-Körner, Brigitte Schmitt und Hilma Wittwer. Aber ich denke auch an die früheren Mitarbeiterinnen und Mitarbeiter, jeder und jedem bin ich in besonderer Weise verbunden.

Ich wünsche dem Kirchenkreis und den Gemeinden von Herzen, daß alles möglichst gut weitergehe.

Ich bin ganz gewiß, daß Gott walten wird und daß uns nicht bange sein muß.

Eberhard Kenntner

Daß ich mich zu Gott halte

Antrittspredigt* als Superintendent über Psalm 73, 28

Aber das ist meine Freude, daß ich mich zu Gott halte und meine Zuversicht setze auf Gott den Herrn, daß ich verkündige all dein Tun.

Diese Losung der Herrenhuter Brüdergemeine zum heutigen Tag scheint ganz speziell ausgelost zu sein für den Anlaß, der uns zusammengeführt hat. Stellt doch ein Wechsel im Superintendentenamt immer auch zugleich die Frage nach dem Weg der Kirche in unserer Zeit und auch in die Zukunft hin. Aber: Hat Kirche überhaupt noch Zukunft? Ist sie nicht für viele zum Auslaufmodell geworden, ein Objekt zum Abwickeln, ohne Chance, sich in den gesellschaftlichen Strömungen unserer Zeit noch zu behaupten?

Was soll denn eine Glaubensgemeinschaft an Zukunft haben, wo es doch allgemein darum geht, das je einzelne Individuum auf den je ganz persönlichen Selbstverwirklichungs- und Spaß-Trip zu bringen?! Wie soll Kirche Zukunft haben angesichts alles zersetzender Religionskritik, die mit der Frage nach Gott auch die Frage nach der Verantwortung des Menschen hinwegzufegen versucht?! Beispiele aus Bioforschung, Börsenalltag oder auch der Weltpolitik zu suchen, erübrigt sich. Und dazu noch die bohrende Frage nach der Theodizee, nach der Gerechtigkeit Gottes, die nicht erst seit dem 11. September Menschen in tiefe Glaubens- und Lebenskrisen stürzt. Eine vergehende Welt voller Hunger, Ungerechtigkeit und Gewalttätigkeiten - wo ist denn da Gott? Und was soll angesichts der Unbeantwortbarkeit solcher Fragen dann noch eine Gemeinschaft der an Gott Glaubenden - Kirche also - in Zukunft für eine Aufgabe haben?

* Friedenskirche Meckenheim, 13. Dezember 2001.

Alle diese Fragen, so modern sie anmuten, sind nicht neu, sondern es sind Grundfragen der Menschheit zu allen Zeiten. Das zeigt der Zusammenhang, aus dem unser heutiges Losungswort stammt. Zeichnet doch der 73. Psalm den Glaubensweg eines Beters von vor über 2½ tausend Jahren nach; einen Weg, der durch tiefste Anfechtung und Zweifel führt. Menschlicher Egoismus und niederträchtige Gemeinheit, die offene Leugnung der Existenz Gottes und eben die uralte Frage nach der Gerechtigkeit - warum geht es den Gottlosen so gut und warum müssen Gerechte so leiden? - diese Fragen drohten dem Psalmbeter sein Gottvertrauen gänzlich zu zerstören.

Doch er fand den Weg vom Schauen und Beweisen-Wollen zum Glauben, den Weg aus der Anfechtung zum trotzigen »Dennoch bleibe ich stets an dir ...«. Und die entscheidende Wende geschah für ihn nicht durch eine gedankliche oder theoretische Lösung der ihn quälenden Probleme - auf die so oft gestellte Frage nach dem »Warum« gibt es keine schlüssige Antwort -, sondern die Wende zum Glauben geschah in der Gemeinschaft der Gemeinde, im Tempel. Da machte der Beter die Erfahrung der lebendigen Gegenwart Gottes, und diese Erfahrung machte ihn offen für die Wahrnehmung einer Wirklichkeit, die höher ist als all unsere Vernunft. Einer Wirklichkeit, deren Wahr-Sein sich im Vollzug des Gottesdienstes erschließt, einer Wirklichkeit, die neue Perspektiven schenkt, die über die Endlichkeit von Raum und Zeit hinausgehen. Perspektiven auch, die eine neue Freiheit eröffnen können - *so frage ich nichts nach Himmel und Erde*, sagt der Psalmist in grenzenloser Freiheit -, und diese Freiheit gibt Raum, sich aus falscher Knechtschaft von Logik, Vernunft und der Suche nach irdischen Beweisbarkeiten zu lösen und sich ganz auf die unbeweisbare, aber erfahrbare Wirklichkeit Gottes zu verlassen.

»Dennoch« - allen Fakten dieser Welt zum Trotz, *»dennoch bleibe ich stets an dir«*. Dahin wurde der Beter des 73.Psalms aus tiefster Glaubensnot geführt. Und unser Losungswort für den heutigen Tag, liebe Schwestern und Brüder, das beschreibt nun, wie ein Leben aus solchem »Dennoch des Glaubens« für den einzelnen wie für eine Gemeinschaft von Glaubenden aussehen kann.

Abb. 25 *Gnadenkirche, Rheinbach*

Aber das ist meine Freude, daß ich mich zu Gott halte und meine Zuversicht setze auf Gott den Herrn,daß ich verkündige all dein Tun. Solches neues Leben, das macht unser Schriftwort gleich am Anfang klar, ist ein Gegenentwurf zu den scheinbar unabänderlichen Gesetzmäßigkeiten dieser Welt. *Aber das ist meine Freude.* Dieses »Aber« markiert Protest, markiert eine Wende in eine ganz andere Richtung, dieses »Aber« ist ein Zeichen für etwas radikal Neues.

Drei Schwerpunkte beschreibt unsere Tageslosung für dieses radikal neue Leben aus dem »Dennoch des Glaubens«.

1. *Aber das ist meine Freude.* - Wer die Wirklichkeit Gottes als Gegenwart in seinem Leben gespürt und in aller fortbestehenden Dunkelheit erlebt hat, der wird erfüllt von tiefer Freude. Das »Dennoch des Glaubens« macht uns nicht zu freudlosen Grüblern und ewigen Bedenkenträgern, sondern zu Menschen, die auch in dunkler Zeit zur Freude befreit sind. Im zweiten Teil der Bibel wird das dann geradezu zum Programm, beginnend in der Finsternis auf dem Hirtenfeld in Bethlehem mit der Ansage der *großen Freude, die allem Volke widerfahren wird,* bis dahin, daß diese Botschaft und auch ihre schriftlichen Urkunden den Namen »Evangelium«, frohe Botschaft, bekommen.

Aber das ist meine Freude - eine Gemeinschaft von Glaubenden, die so lebt, ist grundsätzlich eine frohe Gemeinschaft der Hoffnung. Und für eine so geprägte Kirche werden die Menschen unserer Spaßgesellschaft nicht einfach Verlorene oder gar abgeschrieben sein, sondern gerade sie sind die ersten Adressaten, denen wir aus dem »Dennoch des Glaubens" zu Gehilfen der Freude werden können - einer Freude, die dann allerdings sehr viel dauerhafter ist und tiefer geht als der Kick beim Bungee-Jumping oder beim Dreifach-Looping auf Pützchens Markt.

Der 2. Schwerpunkt eines Lebens aus dem »Dennoch des Glaubens« heißt: daß ich mich zu Gott halte und meine Zuversicht setze auf Gott den Herrn. Wer mit der unbeweisbaren Wirklichkeit Gottes rechnet, der wird selber auch frei von der Suche nach beweisbaren Sicherheiten, frei auch vom krampfhaften Festhalten- und Behalten-Wollen von Besitz jeglicher Art. Das »Dennoch des Glaubens« befreit so aus aller Egozentrik und Selbstüberschätzung - und führt hin in die grundsätzliche Haltung der Demut und des Empfangens: *daß ich meine Zuversicht setze auf Gott den Herrn* ... Die geöffneten, leeren Hände sind geradezu Kennzeichen solcher Zuversicht - aber genauso die immer neue Erfahrung, daß solche Hände dann nicht leer bleiben.

Keinen Zwang zu guten Werken oder zu moralischem Überlegensein gibt es hier, erst recht nicht den Zwang zu religiöser Selbsterlösung, der hinter so vielen aktuellen Esoterik-Lehren unserer Zeit steht. Nein, hier erfolgt die Einladung an die, die nicht mehr können, an die Mühseligen und Beladenen dorthin, wo geknickte Rohre nicht zerbrochen und glimmende Dochte nicht ausgelöscht werden. Wo so alles von Gott erwartet wird, sola gratia, sola fide, allein aus Gnaden, allein aus dem Glauben, da entsteht inmitten einer oft so gnadenlosen Leistungsgesellschaft ein Ort der Barmherzigkeit. Da gibt es inmitten der Hektik und Schnellebigkeit unserer Zeit eine Oase der Ruhe, des Aufatmen-Könnens, da finden Menschen, die von unserer Rund-um-die-Uhr-Erlebnisgesellschaft ausgebrannt sind, eine Quelle der Kraft.

Solch ein Ort kann die Kirche sein - wenn sie denn bewußt aus jenem »Dennoch des Glaubens« lebt und wirklich ihre Zuversicht setzt auf Gott den Herrn - und nicht allein auf Consulting-Konzepte, Unternehmensberatungen und aus Marktanalysen gewonnene Prognosen. So hilfreich das alles manchmal sein kann: Jene tiefe Freude und hoffnungsfrohe Zuversicht, die aus unserem Psalmwort spricht, ist ja gerade nicht entstanden aus Theorie und Konzepten, sondern aus der Praxis, aus dem Erleben und der Erfahrung der Wirklichkeit Gottes im Gottesdienst in der Gemeinschaft der Tempelgemeinde.

Und damit rückt der dritte Schwerpunkt in den Blick: *daß ich verkündige all dein Tun.*

Das Leben aus dem »Dennoch des Glaubens« ist immer ein Weg aus der Vereinzelung des zweifelnden Ich zum glaubenden Wir. Gilt dies schon grundsätzlich für die Betenden der Psalmen, die sich als Einzelne ja immer als Teil des ganzen Gottesvolkes verstanden, so wird die Erfahrung erlebter Gottes-Gemeinschaft in der Gemeinde geradezu zur Verpflichtung, auch anderen solche Erfahrung zu ermöglichen.

Die geschenkte »Freude in allem Leide«, die Zuversicht inmitten einer düsteren Welt will geteilt und weitergegeben werden: *Daß ich verkündige all dein Tun.* Verkündigung wird so die zentrale Aufgabe eines gemeinsamen Lebens aus dem »Dennoch des Glaubens«, Verkündigung in Wort und Tat, in Leiturgia und Diakonia. Wobei es bei solcher Verkündigung nicht um kluge Selbstdarstellung im Sinne gelungener PR-Arbeit geht, sondern um die Verkündigung der großen Heilstaten Gottes: *Daß ich verkündige all dein Tun.* Das bedeutet, daß in solcher Verkündigung das Ergehen des einzelnen Glaubenden hineingestellt werden darf in den großen Rahmen des Geschichtshandeln unseres Gottes. Eines Gottes, der keine Idee ist, sondern der vom Exodus über den Ostermorgen bis heute in Raum und Zeit wirkt und weiter wirken wird.

Die Losung des heutigen Tages kann bei solchem Bedenken uns als Einzelnen, erst recht aber uns als Kirche geradezu zu einem Leitbild werden, an dem wir uns und unsere Aufgaben in der Zukunft orientieren können. Und in solchem Leitbild wäre die beschriebene Dreiheit aus Freude, Zuversicht und Verkündigung das Kennzeichen eines Glaubens, der ohne Beweise seine prägende Kraft aus einem trotzigen »Dennoch« schöpft und der sich ganz und gar als Geschenk Gottes versteht. Und ich bin fest davon überzeugt, daß geprägt von solchem Glauben, der den Krisen der Zeit ein fröhliches und zuversichtliches »Aber« entgegenhält, daß von solchem Glauben geprägt unsere Kirche alle Zukunft dieser Welt hat.

Eine Zukunft nicht trotz aller Krisen, sondern vielleicht gerade wegen und in ihnen. Kann doch eine so geprägte Kirche um Gottes Willen den im Individualismus versinkenden Menschen unserer Zeit tragende Gemeinschaft bieten, den in immer absurderen Fun-Events sich verirrenden Glück-Suchern zu bleibender Freude helfen und die alles beherrschende Macht der Vernunft einholen durch die gottesdienstliche Erfahrung jener Wirklichkeit, die höher ist als alle Vernunft.

In solch einer Perspektive ist die anfangs gestellte bange Frage nach der Zukunft der Kirche wohl keine Frage mehr, ist doch Kirche mit ihrem dreifachen Auftrag von Freude, Zuversicht und Verkündigung selbst ein Teil von Gottes Zukunft, von ihm selbst geschenkt.

Und in dieser Perspektive wird dann allerdings auch ein Wechsel im Superintendentenamt eigentlich ganz und gar belanglos. Denn nicht von Menschen, die Dienste und Ämter innehaben, sondern von

Gottes Gnade und seiner Treue lebt die Kirche. Und darum wollen wir in unserem Kirchenkreis und seinen Gemeinden alle gemeinsam fröhlich und voller Zuversicht das Werk der Verkündigung fortsetzen und zusammen weiter am Haus des Herrn bauen in dieser Zeit und Welt nach *der* Orientierung, die das Leitbild der Tageslosung uns vorgibt: *Aber das ist meine Freude, daß ich mich zu Gott halte und meine Zuversicht setze auf Gott den Herrn, daß ich verkündige all dein Tun.*

Und der Friede Gottes, der höher ist als alle Vernunft, bewahre unsere Herzen und Sinne in Christus Jesus, unserem Herrn. Amen.

Abb. 26 *Portal der Christuskirche, Meckenheim*

Anhang

Ordinationen

1989	28.05.	*Norbert Waschk* (Bad Godesberg, Erlöserkirche)
	04.06.	*Walter Niefindt* (Bad Godesberg, Erlöserkirche)
1990	04.02.	*Anna-Margarete Wirges* (Odendorf, Gemeindezentrum)
	21.04.	*Daniela Emge* (Bad Godesberg, Erlöserkirche)
	17.06.	*Gudrun Straube* (Rheinbach, Gnadenkirche)
1991	03.02.	*Susanna Lauterjung* (Flamersheim, Ev. Kirche)
	14.04.	*Joachim Trauthig* (Bad Godesberg, Erlöserkirche)
1992	02.02.	*Sigrid Frentzen-Stöhr* (Flamersheim, Ev. Kirche)
	26.04	*Katrin Viertel* (Weilerswist, Martin-Luther-Kirche)
	21.06.	*Christoph Rau* (Bad Godesberg, Heilandkirche)
	30.08.	*Frank Thönes* (Euskirchen, Ev. Kirche)
	13.09.	*Antje Maurer* (Meckenheim, Christuskirche)
	11.10.	*Petra Reitz* (Zülpich, Christuskirche)
	01.11.	*Joachim Triebel-Kulpe* (Rheinbach, Gnadenkirche)
	13.12.	*Martin Will* (Bad Godesberg, Erlöserkirche)
1993	07.03.	*Christina Schlarp* (Bad Münstereifel, Ev. Kirche)
	20.06.	*Ulrike Graupner* (Bad Godesberg, Erlöserkirche)
	04.07.	*Ruth Wirths* (Bad Godesberg, Heilandkirche)
	05.09.	*Sabine Busmann* (Bad Godesberg, Heilandkirche)
	29.08.	*Michael Verhey* (Bad Godesberg, Pauluskirche)
	24.10.	*Gunnar Horn* (Bad Godesberg, Marienforster Kirche)
1994	06.02.	*Siegfrid Eckert* (Wachtberg-Pech, Gnadenkirche)
	01.05.	*Christian Knoche-Hager* (Weilerswist, Martin-Luther-Kirche)
1995	05.02.	*Barbara Kulpe* (Odendorf, Gemeindezentrum)
	26.03.	*Stefan Jansen* (Heimerzheim, Maria-Magdalena-Kirche)
	25.05.	*Markus Schaefer* (Rheinbach, Gnadenkirche)
1996	04.02.	*Birgit Ewald* (Bad Godesberg, Pauluskirche)
	24.03.	*Knut Dahl-Ruddies* (Euskirchen, Ev. Kirche)
	22.09.	*Klaus A. Resimius* (Flamersheim, Ev. Kirche)
	29.09.	*Albrecht Roebke* (Wachtberg-Berkum, Alte Kirche St. Gereon)
	13.10.	*Cordula Gerstenberger* (Bad Godesberg, Heilandkirche)
	20.10.	*Andrea Döhrer* (Bad Godesberg, Johanneskirche)
1997	02.02.	*Ulrike Aufderheide* (Bad Godesberg, Immanuelkirche)
	02.02.	*Christina Manig* (Bad Godesberg, Immanuelkirche)
	23.03.	*Martin Jordan* (Zülpich, Christuskirche)

1998	15.03.	*Ingeborg Dahl* (Meckenheim, Friedenskirche)
	02.05.	*Udo Hahn* (Bad Godesberg, Erlöserkirche)
1999	20.03.	*Jörg Eckert* (Wachtberg-Berkum, Alte Kirche St. Gereon)
	12.12.	*Antje Kenntner* (Rheinbach, Gnadenkirche)
2000	08.10.	*Stephan Kern* (Flamersheim, Ev. Kirche)
	15.10.	*Simone Klaus* (Bad Godesberg, Erlöserkirche)
	22.10.	*Horst Gaevert* (Bad Godesberg, Marienforster Kirche)
	19.11.	*Michaela Schuster* (Bad Godesberg, Pauluskirche)
	22.11.	*Susanne Hartenstein* (Bad Godesberg, Heilandkirche)
2001	04.02	*Jörg Weinberg* (Zülpich, Christuskirche)
	04.02.	*Dietrich Jeltsch* (Meckenheim, Christuskirche)
	14.02.	*Andreas Satzvey* (Bad Godesberg, Johanneskirche)
	14.02.	*PD Dr. Harald Schroeter-Wittke* (Bad Godesberg, Johanneskirche)
	08.04.	*Dr. Wolfgang Osterhage* (Wachtberg-Berkum, Alte Kirche St. Gereon)
	27.05.	*Hans-Georg Kercher* (Bad Godesberg, Johanneskirche)
	07.10.	*Jan Reintjes* (Bad Godesberg, Christuskirche)

Amtseinführungen

1989	15.5.	*Ruth Reusch* als Pastorin im Sonderdienst (Meckenheim, Christuskirche)
	20.8.	*Johannes Kramp* als Schulreferent (Bad Godesberg, Christuskirche)
	22.10.	*Klaus Kohl* als Gemeindepfarrer (Bad Godesberg, Marienforster Kirche)
	9.11.	*Beate Warning-Rau* als Pastorin im Sonderdienst im Rehabilitationszentrum (Bad Godesberg, Rehabilitationszentrum)
	29.11.	*Joachim Brose* als Pastor im Sonderdienst an der Berufsschule (Bonn, Haus der Ev. Kirche)
	10.12.	*Christian Werner* als Gemeindepfarrer (Bad Godesberg, Haus der Gemeinde Heiderhof)
1990	5.8.	*Dr. Hanns Stephan Haas* als Gemeindepfarrer (Rheinbach, Gnadenkirche)
	2.12.	*Walter Niefindt* als Pastor im Sonderdienst (Bad Münstereifel, Ev. Kirche)
1991	20.1.	*Achim Hasselhoff* als Schulpfarrer (Euskirchen, Ev. Kirche)
	7.12.	*Erika Heller* als Krankenhauspfarrerin (Bad Godesberg, Ev. Krankenhaus)
1992	4.10.	*Dr. Kai Dose* als Gemeindepfarrer (Bad Godesberg, Johanneskirche)
	8.11.	*Winfried Wengenroth* als Gemeindepfarrer (Flamersheim, Ev. Kirche)
1993	31.1.	*Jutta Manecke* als Frauenbeauftragte (Meckenheim, Friedenskirche)
	10.10.	*Karin Zumbusch* und *Ulrich Zumbusch* als Gemeindepfarrerin und Gemeindepfarrer (Zülpich, Christuskirche)
	17.10.	*Frank Thönes* als Gemeindepfarrer (Euskirchen, Ev. Kirche)
	24.10.	*Gunnar Horn* als Pastor im Sonderdienst in der Rehabilitationsklinik Bad Godesberg (Bad Godesberg, Marienforster Kirche)

1994	20.2.	*Norbert Waschk* als Gemeindepfarrer (Bad Godesberg, Erlöserkirche)
	16.10.	*Klaus Matthes* als Anstaltspfarrer (Rheinbach, Justizvollzugsanstalt)
1995	19.2.	*Frank G. Raschke* als Gemeindepfarrer (Bad Münstereifel, Ev. Kirche)
1996	4.2.	*Ralf Ramacher* als Pfarrer im Behindertenreferat (Bonn, Apostelkirche)
	25.2.	*Angelika Schipper-Zädow* als Pastorin (Odendorf, Gemeindezentrum)
	15.6.	*Markus Schaefer* als Gemeindepfarrer (Rheinbach, Gnadenkirche)
	15.7.	*Gudrun Schlösser* als Schulpfarrerin (Rheinbach, Glasfachschule)
1997	27.2.	*Gunnar Horn* als Krankenhauspfarrer (Bad Godesberg, Ev. Krankenhaus)
	9.3.	*Monika Greier-Morck* als Pastorin im Sonderdienst in der Gehörlosenseelsorge (Bonn-Tannenbusch, Apostelkirche)
	1.5.	*Carla Vanselow* als Pastorin im Sonderdienst im Rehabilitationszentrum (Bad Godesberg, Rehabilitationszenrtum)
	28.6.	*Iris Giesen* als Gemeindepfarrerin (Bad Godesberg, Pauluskirche)
	31.8.	*Rudolf Hebeler* als Anstaltspfarrer (Euskirchen, Justizvollzugsanstalt)
	12.10.	*Knut Dahl-Ruddies* als Gemeindepfarrer (Euskirchen, Ev. Kirche)
	14.12.	*Dirk Nolte* als Pastor im Sonderdienst (Meckenheim, Arche)
1998	9.6.	*Arnd Prüßmann* als Schulpfarrer (Euskirchen, Ev. Kirche)
	20.10.	*Christian Knoche-Hager* als Schulpfarrer (Godesberg, Friedrich-List-Berufskolleg)
1999	15.8.	*Angelika Schipper-Zädow* als Gemeindepfarrerin (Meckenheim, Arche)
2000	2.4.	*Rudolf Gebhard* als Pfarrer der Francophonen Gemeinde (Bad Godesberg, Rigalsche Kapelle)
	10.5.	*Dirk Nolte* als Pastor der ESG Rheinbach (Rheinbach, Gnadenkirche)

	25.6.	*Mathias Mölleken* als Gemeindepfarrer (Meckenheim, Christuskirche)
	3.9.	*Ingeborg Dahl* als Gemeindepfarrerin (Meckenheim, Friedenskirche)
2001	17.2.	*Sabine Cornelissen* als Frauenbeauftragte (Bad Godesberg, Marienforster Kirche)
	1.7.	*Christina Fersing* als Gemeindepfarrerin (Flamersheim, Ev. Kirche))
	2.9.	*Heike Rödder* als Anstaltspfarrerin (Rheinbach, Justizvollzugsanstalt)

Abkürzungen

ABM	Arbeitsbeschaffungsmaßnahme
ACK	Arbeitsgemeinschaft christlicher Kirchen
ECDS	Ökumenische Entwicklungsgesellschaft
CVJM	Christlicher Verein Junger Männer
DW	Diakonisches Werk
EG	Evangelisches Gesangbuch
EKD	Evangelische Kirche in Deutschland
ESG	Evangelische Studierendengemeinde
GA	Gemeindeamt Bad Godesberg
GMO	Gesellschaft für Management- und Organisationsberatung mbH
GMÖ	Gemeindedienst für Mission und Ökumene
JVA	Justizvollzugsanstalt
KED	Kirchlicher Entwicklungsdienst
KSV	Kreissynodalvorstand
ÖRK	Ökumenischer Rat der Kirchen
OKR	Oberkirchenrat
PTI	Pädagogisch-Theologisches Institut
SVRKG	Schriften des Vereins für Rheinische Kirchengeschichte
UIM	United in Mission
VA	Verwaltungsamt Bonn
VEM	Vereinigte Evangelische Mission
VKSVs	Vereinigte Kreissynodalvorstände der Ev. Kirchenkreise Bonn, Bad Godesberg-Voreifel und An Sieg und Rhein

Abbildungsliste

Register der Namen

Register der Einrichtungen, Orte und Sachen

Die Register wurden von Stephan Bitter, Kirsten Blanck und Winrich C.-W. Clasen erstellt.

Winrich C.-W. Clasen
Michael Meyer-Blanck
Günter Ruddat (Hg.)

Evangelischer Taschenkatechismus

1. Aufl. 2001, 18.-22. Tausend 2002

400 S., 8 Farbtafeln

Bibelstellen- und Sachregister,13,5 x 21 cm
gebunden, Lesebändchen, Schutzumschlag, € 18,80
(kartoniert € 13,80)

ISBN 3-87062-055-2 kart.
ISBN 3-87062-056-0 geb.

In einer Zeit, da der Glaube aus der öffentlichen Diskussion zu verschwinden droht, ist es um so wichtiger, daß die Evangelische Kirche den Menschen gegenüber in ihrer Sprache und ihren Inhalten verständlich bleibt.

Der Evangelische Taschenkatechismus (ETK) versucht in fast 80 Stichworten zusammenzufassen, was zu wissen für Menschen wichtig ist, die sich als Christinnen und Christen verstehen oder die an Fragen des christlichen Glaubens interessiert sind. Die acht Kapitel des ETK gehen von der Kirchengemeinde aus und vertiefen deren Wahrnehmung dann durch die Glaubenslehre und durch die Bibel (Kapitel 1-3). Es folgt ein Blick nach innen auf Gottesdienst und Kirchenjahr (Kapitel 4 und 5) und ein Blick über die Kirchenmauern hinweg auf andere Religionen, Alltag und Gesellschaft (Kapitel 6-8).

Jeder Artikel umfaßt zwischen 4 und 6 Seiten, ist in verständlicher (Alltags-) Sprache geschrieben und enthält jeweils am Ende zwei Literaturhinweise auf aktuelle Titel zum gleichen Stichwort.

Der ETK ist eine Gemeinschaftsarbeit von theologischen und humanwissenschaftlichen Lehrerinnen und Lehrern aus der Hochschul- und Gemeindepraxis. Die Artikel sind dabei trotz der notwendigen Knappheit auf dem neuesten wissenschaftlichen Stand, so daß eine verläßliche Information möglich ist.

Mit dem ETK liegt nun eine aktuelle Bestandsaufnahme des protestantischen Glaubens in der Sprache von heute vor.

"Der Evangelische Taschenkatechismus füllt eine Lücke. Er hat das Zeug zum Standardwerk. [...] Es bleibt, daß die Herausgeber mit diesem Buch Maßstäbe setzen."
Rheinischer Merkur

"Verständliches ABC des Glaubens." *Bonner General-Anzeiger*

cmz

CMZ-Verlag • Kallenturm 2 • 53359 Rheinbach
Tel. 02226-912626 • Fax 02226-912627 • info@cmz.de